# VIOLENCIA DE GÉNERO Y EFICACIA JURÍDICA EN COLOMBIA



UN ANÁLISIS PENAL COMPARADO SOBRE LA BRECHA ENTRE LA LEY, LA REALIDAD Y LAS TECNOLOGÍAS EMERGENTES

YACKSON EUSTAQUIO CHAVERRA MENA

**UNIVERSIDAD DE SAN MARTÍN DE PORRES – PERÚ**

**EDICIÓN 2025**

## DERECHOS RESERVADOS



ISBN: 978-628-01-9250-5



Primera edición impresa y digital**, Colombia, 2025.**

**Contacto profesional:**

jachame@hotmail.com

+57 322 514 9572

https://co.linkedin.com/in/yackson-eustaquio-chaverra-mena

@YEChaverraMena

https://orcid.org/0000-0003-4858-6779

# DEDICATORIA

A la memoria de *mis padres*: Eustaquio Chaverra Chaverra (1940–2023) e Isaura Mena Gamboa (1943–2024), auténticos maestros de vida y vocación, cuyo ejemplo y legado forjaron mi carácter, integridad y pasión por la investigación jurídica.

A *mis hijos:* Jackson Jr., Angie, Andwel y Jayleen, fuente inagotable de constancia y esperanza.

A *mi esposa:* Sunandmoon Olave Lozano, faro y compañera insustituible en cada etapa de la vida.

*In memoriam*
León Darío Palacios Hernández
(Alto Baudó, Chocó, 13 de octubre de 1970 – Quibdó, Chocó, 14 de julio de 2025)
Colega ejemplar y *amigo leal*, cuya memoria perdura.

# AGRADECIMIENTOS

A la Fiscalía General de la Nación, institución en la que he tenido el honor de ejercer como fiscal, enfrentando de manera directa la realidad social, experiencia que fortaleció mi sensibilidad humana, mi vocación investigativa y mi compromiso inquebrantable con la justicia.

A la Universidad de San Martín de Porres y a los docentes de la Maestría en Derecho con mención en Ciencias Penales, por su excelencia académica y generosa acogida. Mi gratitud especial a la Dra. Diana Gisela Milla Vásquez, por su guía sabia, constante y orientadora en cada etapa de este proceso.

## DECLARACIÓN DE ORIGINALIDAD

La presente obra surge de una investigación jurídica desarrollada en el marco de la Maestría en Derecho con mención en Ciencias Penales de la Universidad de San Martín de Porres (Perú), y ha sido ampliada y profundamente revisada para su publicación.

El texto aborda la violencia de género en Colombia desde un enfoque interseccional y territorial, sustentado en fuentes oficiales, doctrina especializada y jurisprudencia constitucional. Esta versión editorial trasciende su origen académico para convertirse en una propuesta crítica y comprometida con los desafíos del derecho penal contemporáneo.

En su elaboración se emplearon herramientas de inteligencia artificial—entre ellas, *ChatGPT 4.1* y *Grok 3.0*—con fines estrictamente técnicos: verificación de datos, organización bibliográfica y apoyo en la edición preliminar. La redacción, el análisis jurídico y el enfoque conceptual corresponden íntegramente al autor.

Esta edición es inédita y refleja un compromiso firme con la construcción de conocimiento transformador desde una perspectiva ética, jurídica y humanista.

Yackson Eustaquio Chaverra Mena
Lima, Perú – 2025.

## RESUMEN

La violencia de género en Colombia persiste como una realidad estructural, profundamente enraizada en patrones culturales que reproducen discriminación, desigualdad y silencios institucionales. Esta obra examina la eficacia instrumental del marco jurídico vigente frente a dicha problemática, contrastando su diseño normativo con su aplicación real.

El estudio articula un análisis comparado con experiencias de España, Perú, Argentina y México, incorporando la perspectiva de derechos humanos y las potencialidades de las tecnologías emergentes en la prevención, investigación y sanción de estas conductas. Asimismo, plantea reformas estructurales para garantizar una respuesta penal más efectiva, respetuosa de los principios de proporcionalidad, legalidad y dignidad humana.



**Palabras clave:** violencia de género, derecho penal, eficacia normativa, derechos humanos, feminicidio, interseccionalidad, inteligencia artificial.

## ABSTRACT

Gender-based violence in Colombia persists as a structural reality, deeply rooted in cultural patterns that reproduce discrimination, inequality and institutional silences. This work examines the instrumental effectiveness of the current legal framework in the face of this problem, contrasting its normative design with its actual application.

The study articulates a comparative analysis with experiences of Spain, Peru, Argentina and Mexico, incorporating the human rights perspective and the potential of emerging technologies in the prevention, investigation and punishment of these behaviors. It also proposes structural reforms to guarantee a more effective criminal response, respectful of the principles of proportionality, legality and human dignity.



**Keywords**: gender-based violence, criminal law, normative effectiveness, human rights, femicide, intersectionality, Artificial Intelligence.

# TABLA DE CONTENIDO

# ÍNDICE DE GRÁFICOS

# ÍNDICE DE TABLAS

# LISTA DE ABREVIATURAS Y SIGLAS

**IA** Inteligencia Artificial.

**TIC** Tecnologías de la Información y la Comunicación.

**VBG** Violencia Basada en Género.

**VioGén** Sistema integral de seguimiento y protección contra la violencia de género, implementado en España.

**CEDAW** Convención sobre la Eliminación de Todas las Formas de Discriminación contra la Mujer.

**CEPAL** Comisión Económica para América Latina y el Caribe.

**CIDH** Comisión Interamericana de Derechos Humanos.

**Corte IDH** Corte Interamericana de Derechos Humanos.

**DANE** Departamento Administrativo Nacional de Estadística (Colombia).

**OEA** Organización de los Estados Americanos.

**ONU** Organización de las Naciones Unidas.

**ONU** *Mujeres* Entidad de las Naciones Unidas para la Igualdad de Género y el Empoderamiento de las Mujeres.

**UNICEF** Fondo de las Naciones Unidas para la Infancia.

**MIMP** Ministerio de la Mujer y Poblaciones Vulnerables (Perú).

**INE** Instituto Nacional de Estadística (España).

**INEGI** Instituto Nacional de Estadística y Geografía (México).

**ENDIREH** Encuesta Nacional sobre la Dinámica de las Relaciones en los Hogares (México).

**CEM** Centros de Emergencia Mujer (Perú).

**CAJ** Centros de Acceso a la Justicia (Argentina).

**OIT** Organización Internacional del Trabajo (si se menciona en el texto).

**ONG** Organización No Gubernamental

**IDH** Índice de Desarrollo Humano

**VIF** Violencia Intrafamiliar

# PREFACIO

Este libro nació entre dos márgenes: el de la ley y el de la realidad. Como fiscal y como jurista, he transitado durante años las sendas—a veces paralelas, a veces en tensión—entre el derecho escrito y la justicia posible. En ese trayecto, he sido testigo de las múltiples formas que adopta la violencia de género en Colombia, así como de las respuestas—insuficientes, parciales, necesarias—que el sistema jurídico ofrece.

El texto que hoy presento es resultado de mi tesis de Maestría en Derecho Penal por la Universidad de San Martín de Porres (Perú), pero también de mi recorrido vital como servidor público, investigador y ciudadano comprometido con la equidad.

Aquí se cruzan datos y sentencias, regiones y cifras, voces de mujeres y normas legales. La obra propone un enfoque penal comparado y territorializado que, sin perder el rigor académico, busca aportar insumos reales para una transformación jurídica con rostro humano.

Agradezco profundamente a quienes han hecho posible este trabajo: a mis maestros, por su lucidez; a mi familia, por su constancia; y a cada mujer cuyo testimonio, lucha o silencio ha dejado una huella ética en estas páginas.

# INTRODUCCIÓN

La violencia de género representa un desafío histórico y persistente para los sistemas jurídicos contemporáneos, lo cual evidencia las tensiones entre la norma y la realidad vivida por miles de mujeres en Colombia y Latinoamérica.[1] Pese a la promulgación de marcos normativos avanzados y el desarrollo de instrumentos internacionales en materia de derechos humanos, la respuesta estatal ha sido insuficiente para erradicar prácticas discriminatorias y proteger de manera eficaz la dignidad y la vida de las mujeres.[2]

Esta obra se concibe como una apuesta por una mirada crítica e innovadora del derecho penal frente a la violencia basada en el sexo. El análisis parte de la constatación—respaldada por la literatura académica, informes institucionales y la experiencia jurisdiccional—de una fractura insalvable entre la protección formal consagrada en la ley y la respuesta efectiva de los operadores judiciales.[3] No es suficiente la producción de leyes: se requiere una transformación de las prácticas, estructuras y mentalidades que perpetúan la ausencia de consecuencias judiciales y el silenciamiento de las víctimas.[4]

En este libro, el lector encontrará un recorrido riguroso por los fundamentos teóricos, históricos y normativos del problema; una revisión de la legislación comparada; el estudio de experiencias y barreras específicas en regiones como el Chocó, así como el análisis de los desafíos éticos y jurídicos que plantea la incorporación de tecnologías emergentes—especialmente la inteligencia artificial—en la administración de justicia.[5] El enfoque humanista y garantista se refleja en cada capítulo: la centralidad de la víctima,

[1] ONU Mujeres, Informe regional sobre violencia de género, 2024.

[2] Comisión Interamericana de Derechos Humanos, "Acceso a la Justicia para Mujeres Víctimas de Violencia en las Américas", 2007.

[3] Corte Constitucional de Colombia, Sentencia T-289/2022; Ferrajoli, "L, Derecho y razón: Teoría del garantismo penal", 2011.

[4] MacKinnon, C. A, Toward a Feminist Theory of the State, 1989.

[5] O'Neil, C, *Weapons of Math Destruction*, 2016.

la perspectiva interseccional, el respeto por el debido proceso y el escrutinio crítico de los nuevos dispositivos de poder tecnológico.[6]

La estructura del libro se compone de capítulos que avanzan desde el planteamiento del problema, el marco teórico y la metodología, hasta estudios de caso y propuestas de reforma. Cada sección está fundamentada en fuentes doctrinales, jurisprudenciales y empíricas actuales, y busca no solo diagnosticar, sino también abrir caminos para una justicia penal más eficaz, innovadora y respetuosa de la dignidad humana.[7]

El propósito último de esta obra es doble: contribuir al debate académico y judicial sobre la eficacia instrumental del derecho en la protección de las mujeres, y ofrecer herramientas para la reflexión y la acción de legisladores, operadores jurídicos, investigadores y sociedad civil comprometida con la erradicación de las agresiones motivadas por razones de género.

---

[6] Crenshaw, "K, Mapping the Margins: Intersectionality, Identity Politics, and Violence against Women of Color", 1991; Naciones Unidas, "Buenas prácticas para la reforma judicial con enfoque de género", 2022.

[7] Hernández Sampieri, R. *et al, Metodología de la investigación*, 2014.

# CAPÍTULO PRIMERO

# LA VIOLENCIA DE GÉNERO EN COLOMBIA: UN PROBLEMA ESTRUCTURAL Y MULTIDIMENSIONAL

## 1.1 Delimitación y diagnóstico de la Violencia de Género en Colombia

La violencia de género en Colombia no constituye un fenómeno reciente ni marginal; por el contrario, se manifiesta como un problema estructural y transversal que impregna todos los sectores de la sociedad, la cultura y el sistema jurídico.[8] A pesar de los esfuerzos legislativos emprendidos desde la Ley 1257 de 2008[9] y las reformas posteriores, la persistencia de altos índices de homicidio femenino, violencia de mujeres por razones de género y agresiones sexuales, evidencia que el derecho penal, por sí solo, resulta insuficiente como mecanismo de protección real para las víctimas.[10]

Las estadísticas del Observatorio de Feminicidios y de la Fiscalía General de la Nación muestran que, solo en 2024, se han registrado más de 62.000 casos de violencia intrafamiliar y 782 feminicidios consumados; cifras que reflejan tanto la magnitud del problema como el subregistro endémico que afecta la documentación de estos delitos.[11] La Corte Constitucional ha advertido, en fallos reiterados, que la existencia de un marco normativo robusto no garantiza, en la práctica, la superación de los obstáculos institucionales y socioculturales que perpetúan la impunidad y la revictimización.[12]

El problema central que articula este libro es la permanencia de una distancia persistente entre la norma y la realidad: ¿por qué, a pesar de contar con leyes avanzadas y sentencias paradigmáticas, el derecho penal colombiano

---

[8] Orozco Pantaleón, *J, Cultura, derecho y violencia de género en Colombia*, 2008.

[9] Ley 1257 de 2008, "Por la cual se dictan normas de sensibilización, prevención y sanción de formas de violencia y discriminación contra las mujeres…", Diario Oficial No. 47.193 de 4 de diciembre de 2008.

[10] Ley 1761/2015, Ley 2126/2021, Ley 2300/2023.

[11] Observatorio de Feminicidios Colombia, "Informe anual 2024. Bogotá: OFC. Disponible en: https://www.observatoriofeminicidioscolombia.org", 2024; Fiscalía General de la Nación, "Boletín estadístico de violencia de género. Bogotá: FGN", 2024.

[12] Corte Constitucional, Sentencia T-878 de 2014, M.P. Gloria Stella Ortiz Delgado; Sentencia C-521 de 2019, M.P. José Fernando Reyes Cuartas; Sentencia C-209/07; T-289/2022.

no logra prevenir, sancionar y erradicar la violencia de género, especialmente en contextos de alta vulnerabilidad social y étnica como el Chocó?[13] Esta pregunta se desglosa en varios subproblemas:

a) Permanencia de factores culturales y estructurales—como el machismo, la desigualdad económica, el racismo y el aislamiento territorial—que limitan el acceso de las mujeres a la justicia y condicionan la actuación de los operadores jurídicos;[14]
b) Insuficiencia de recursos materiales y humanos, así como la falta de formación con enfoque de género y de rutas integrales de atención y protección;[15]
c) Ausencia de articulación interinstitucional: falta de seguimiento y evaluación de las políticas públicas y la fragmentación de los sistemas de información judicial;[16]
d) Surgimiento de nuevas modalidades de violencia, incluidas las mediadas por tecnologías digitales, que desafían la capacidad del derecho para adaptarse a realidades cambiantes;[17]
e) Riesgos éticos y jurídicos vinculados al uso de inteligencia artificial y algoritmos predictivos en la administración de justicia penal, con énfasis en los posibles sesgos y su impacto en los derechos fundamentales de las víctimas y de los procesados.[18]

## 1.2 Objetivo general

Analizar de manera crítica la eficacia instrumental del derecho penal colombiano en el abordaje de la violencia de género, con el propósito de identificar los factores que obstaculizan su aplicación y proponer alternativas de

[13] Ferrajoli, "L, Derecho y razón: Teoría del garantismo penal", 2011.
[14] Cepeda Espinosa, *M. J, Justicia, cultura y violencia*, 2019.
[15] Defensoría del Pueblo, *Informe anual sobre feminicidios y violencia de género*, 2024.
[16] CIDH, "Acceso a la justicia para mujeres víctimas de violencia en las Américas", 2023.
[17] Organización de Estados Americanos (OEA), *Violencia digital contra mujeres y niñas*, 2023.
[18] O'Neil, *C, Weapons of Math Destruction*, 2016; Corte Constitucional de Colombia, Sentencia T-323/2024.

reforma basadas en el garantismo, la innovación tecnológica y el enfoque interseccional.[19]

### 1.3 Objetivos específicos

1. Identificar los principales factores doctrinales, normativos y culturales que explican la persistencia de la violencia de género, pese a los avances legislativos.[20]
2. Analizar la incidencia del contexto socioeconómico, étnico y territorial—con especial referencia al Chocó—en la eficacia del sistema de justicia penal.[21]
3. Examinar las barreras institucionales y operativas que limitan la protección integral de las víctimas y la investigación penal efectiva.[22]
4. Evaluar el impacto de las tecnologías emergentes, especialmente la inteligencia artificial, en la respuesta judicial a la violencia de género, y destacar los riesgos y oportunidades que conlleva.
5. Formular propuestas de reforma e innovación que contribuyan a una justicia penal más eficaz, respetuosa de la dignidad humana y sensible a las realidades socioculturales de las mujeres víctimas.[23]

El alcance de esta investigación trasciende el análisis normativo; propone una visión interdisciplinar y empírica que integra elementos del derecho penal, la criminología, la sociología jurídica y la ciencia de datos, en consonancia con los desafíos que enfrenta la justicia contemporánea.

---

[19] Naciones Unidas, "Buenas prácticas para la reforma judicial con enfoque de género", 2022.

[20] Bobbio, *N, Teoría general del derecho*, 1997.

[21] Mosquera Rosero, "A, Etnicidad, género y acceso a la justicia en el Chocó", 2018.

[22] Hernández Sampieri, R. *et al, Metodología de la investigación*, 2014.

[23] Zuboff, *S, The Age of Surveillance Capitalism*, 2019.

# CAPÍTULO SEGUNDO
# MARCO TEÓRICO

## 2.1 ANTECEDENTES Y ESTADO DEL ARTE

El abordaje de la violencia contra las mujeres desde el derecho penal se ha consolidado en las últimas décadas como un campo de investigación científica y debate académico de primera magnitud, en especial por la confluencia de perspectivas jurídicas, filosóficas, sociológicas y de política criminal.[24] Los antecedentes históricos revelan que, hasta finales del siglo XX, el tratamiento institucional de la violencia basada en el sexo estuvo marcado por el silencio, la naturalización de la desigualdad y la ausencia de una política criminal diferenciada.[25]

La progresiva visibilización de esta crítica situación, impulsada por los movimientos feministas y los desarrollos en derechos humanos, condujo a la adopción de instrumentos internacionales fundamentales, tales como la CEDAW (1979), la Convención de Belém do Pará (1994) y, más recientemente, el Convenio de Estambul (2011).[26]

En el contexto colombiano, la evolución doctrinal y normativa se evidencia en la promulgación de la Ley 1257 de 2008 y en los desarrollos jurisprudenciales que han reconocido la especificidad de la violencia de género y su impacto estructural sobre el ejercicio efectivo de los derechos fundamentales de las mujeres.[27] La literatura científica ha documentado, sin embargo, la continuidad de barreras sistémicas—impunidad, revictimización, subregistro y falta de protección integral—que afectan la eficacia real de los ordenamientos jurídicos.[28] El estado del arte muestra la necesidad de un enfoque interdisciplinar que integre los aportes del garantismo penal, la criminología crítica, la perspectiva de género y la teoría de los derechos humanos.

---

[24] Ferrajoli, "L, Derecho y razón: Teoría del garantismo penal", 2011.
[25] MacKinnon, *C, Toward a Feminist Theory of the State*, 1989.
[26] CEDAW, Convención de Belém do Pará, Convenio de Estambul.
[27] Ley 1257/2008; Corte Constitucional de Colombia, Sentencia C-774/2001.
[28] ONU Mujeres, *Informe regional sobre violencia de género*, 2024.

## 2.2 Conceptualización de la Violencia de Género

La violencia de género se conceptualiza, en términos amplios, como toda acción u omisión de violencia física, sexual, psicológica, económica, patrimonial o simbólica ejercida contra una persona por razón de su sexo o género, con el propósito de perpetuar relaciones de dominación, discriminación y control. [29] Esta definición, sustentada en instrumentos internacionales como la Convención sobre la Eliminación de Todas las Formas de Discriminación contra la Mujer (CEDAW) y la Convención Interamericana para Prevenir, Sancionar y Erradicar la Violencia contra la Mujer (Convención de Belém do Pará), y adaptada en la legislación colombiana—notablemente en la Ley 1257 de 2008—, reconoce su dimensión estructural y sistémica, superando enfoques individualistas o meramente conductuales.[30]

De acuerdo con la Ley 1257 de 2008, la violencia de género abarca cualquier acción u omisión que provoque muerte, daño o sufrimiento físico, sexual, psicológico, económico o patrimonial a la mujer, tanto en el ámbito público como en el privado.[31] El enfoque de género exige analizar no solo el acto violento aislado, sino las relaciones de poder, los imaginarios culturales y los contextos de desigualdad en los que se inscribe.[32] La Corte Constitucional de Colombia ha ratificado en fallos como la Sentencia C-209 de 2007 y la Sentencia T-289 de 2022 que esta violencia constituye una forma de discriminación que atenta contra la dignidad, la integridad y la igualdad real y efectiva de las mujeres.[33]

Desde la doctrina contemporánea, se subraya que la violencia contra las mujeres debe entenderse como un fenómeno político y social, intrínsecamente vinculado a la reproducción del patriarcado y a estructuras culturales que legitiman la subordinación femenina.[34] Por ello, su erradicación requiere un

---

[29] Ley 1257/2008, art. 2.

[30] Orozco Pantaleón, *J, Cultura, derecho y violencia de género en Colombia*, 2008.

[31] Ley 1257/2008, art. 2.

[32] Corte Constitucional, Sentencia C-209/07.

[33] Corte Constitucional, Sentencia T-289/2022.

[34] Nussbaum, *M, Sex and Social Justice*, 1999.

abordaje multidimensional e integral, que articule el derecho penal con estrategias de prevención, educación y reparación integral de las víctimas.[35]

## 2.3 Perspectivas históricas y filosóficas: una aproximación conceptual

La perspectiva histórica revela que la subordinación de la mujer y la tolerancia social frente a la violencia de género son realidades que se remontan a los orígenes mismos de la civilización occidental.[36] La legislación romana y el derecho canónico legitimaron, durante siglos, el control patriarcal sobre la vida y la libertad de las mujeres, al normalizar la violencia en la familia y el espacio doméstico.[37] Solo a partir del siglo XIX, con la irrupción del feminismo y las luchas por los derechos civiles y políticos, se inició un lento proceso de cuestionamiento de estas estructuras.[38]

Desde la filosofía del derecho, autores como Nussbaum (1999) y Mackinnon (1999) han aportado marcos conceptuales que desnudan la relación entre poder, sexualidad y derecho, que además muestra cómo las normas y prácticas jurídicas pueden reproducir—o, por el contrario, combatir—la desigualdad de género.[39] El garantismo penal, por su parte, exige que el Estado asuma una posición activa en la protección de los derechos fundamentales de las mujeres, sin sacrificar las garantías del debido proceso ni el principio de mínima intervención.[40]

Este tipo de violencia, en consecuencia, no debe interpretarse como una desviación individual, sino como la manifestación extrema de relaciones históricas de poder, desigualdad y discriminación naturalizadas en la cultura y en el propio sistema jurídico.[41]

---

[35] Naciones Unidas, "Buenas prácticas para la reforma judicial con enfoque de género", 2022.

[36] Mosquera Rosero, "A, Etnicidad, género y acceso a la justicia en el Chocó", 2018.

[37] Arias, *M, Historia del Derecho de Familia*, 2012.

[38] Scott, *J. W, Gender and the Politics of History*, 1988.

[39] MacKinnon, C. A; Nussbaum, M. 1999.

[40] Ferrajoli, *L.*, 2011.

[41] Crenshaw, *K, Mapping the Margins*, 1991.

## 2.4 Teorías Sobre La Violencia De Género

### 2.4.1 Teorías explicativas de la violencia de género

Diversas teorías explicativas han sido propuestas para comprender las causas y dinámicas del fenómeno de la violencia de género. Las más influyentes se relacionan abajo.

#### Teoría del patriarcado

Sostiene que la raíz de la violencia se encuentra en la estructura jerárquica de la sociedad, que privilegia al varón y subordina a la mujer, ya que legitima diversas formas de dominación.[42]

#### Teoría de la socialización diferencial

Analiza cómo los roles y estereotipos de género son inculcados desde la infancia, con la consecuencia de generar expectativas asimétricas sobre el comportamiento masculino y femenino.[43]

#### Teoría de la interseccionalidad

Propuesta por Crenshaw, (1991), destaca cómo la experiencia de la violencia se ve agravada por la convergencia de factores étnicos, raciales, económicos y territoriales, lo que hace que algunas mujeres (afrodescendientes, indígenas, rurales) enfrenten una vulnerabilidad acumulada.[44]

#### Teoría de la cultura de la violencia

Postula que la naturalización de la violencia en el discurso social, los medios y las instituciones contribuye a su reproducción y justificación.[45]

Cada una de estas perspectivas aporta elementos para comprender la complejidad de la situación y orientar políticas públicas integrales de prevención, sanción y reparación.

---

[42] Walby, *S*, *Theorizing Patriarchy*, 1990.
[43] Connell, R. *W*, *Gender*, 2002.
[44] Crenshaw, *K*, 1991.
[45] Bonino, *L*, *La cultura de la violencia*, 2003

### 2.4.2 Feminicidio: Concepto, evolución y relevancia jurídica

El feminicidio—entendido como la muerte violenta de mujeres por razones de género—representa la expresión más brutal de las relaciones desiguales de poder y constituye, en sí mismo, un objeto de análisis teórico y político-criminal específico.[46] La doctrina latinoamericana, impulsada por autoras como Marcela Lagarde y Julia Monárrez, ha visibilizado el feminicidio como un suceso estructural, vinculado a la misoginia social, la pasividad judicial y la insuficiencia de las respuestas penales tradicionales.[47]

Colombia incorporó la figura del feminicidio como delito autónomo mediante la Ley 1761 de 2015 ("Ley Rosa Elvira Cely"), descripción que se alinea con los más altos estándares internacionales de protección y reconocimiento del derecho a la vida y la dignidad de las mujeres.[48] Esta ley, inspirada en la jurisprudencia de la Corte Interamericana de Derechos Humanos ("Campo Algodonero") y en los desarrollos del derecho comparado, reconoce la necesidad de superar la tipificación genérica del homicidio para identificar y sancionar de manera diferenciada las muertes motivados por odio, discriminación o relaciones de poder basadas en el género.[49]

El feminicidio, en la perspectiva crítica, no sólo exige respuestas penales ejemplarizantes, sino también políticas públicas integrales de prevención, reparación y erradicación de la inercia judicial. La interpretación jurisprudencial ha subrayado que los contextos culturales, las prácticas discriminatorias y los estereotipos de género contribuyen a la normalización de la violencia letal contra las mujeres.[50]

Así, el abordaje del feminicidio exige un consideración de factores transversales, que articule los esfuerzos de la justicia penal con los de la educación, la salud y el desarrollo social.[51] Diversos informes oficiales y académicos coinciden en que el reconocimiento legal del feminicidio ha

[46] Lagarde y de los Ríos, "M, Feminicidio: Una perspectiva global", 2008.

[47] Monárrez Fragoso, *J, Feminicidio en Ciudad Juárez*, 2010.

[48] Ley 1761 de 2015; Corte Constitucional de Colombia, Sentencia C-297/2016.

[49] Corte Interamericana de Derechos Humanos, *Caso "Campo Algodonero" vs. México*, 2009.

[50] ONU Mujeres, *Informe anual sobre feminicidios en América Latina*, 2023.

[51] Crenshaw, K., 1991; CIDH, "Acceso a la justicia para mujeres víctimas de violencia en las Américas", 2023.

permitido visibilizar el evento y mejorar la recolección de datos estadísticos, pero las tasas de ineficiencia judicial y el mantenimiento de patrones culturales de violencia revelan la necesidad de un compromiso institucional más firme y sostenido.[52]

La doctrina penal, a su vez, debate sobre los alcances y límites de la autonomía del tipo penal de feminicidio, la carga probatoria y las garantías del debido proceso, lo que constituye un desafío para el garantismo contemporáneo.[53]Globalmente considerado, el feminicidio constituye el núcleo del debate teórico y práctico sobre la violencia de género, y su tratamiento en este capítulo permite comprender la radicalidad del acontecimiento y la urgencia de respuestas jurídicas eficaces y respetuosas de la dignidad humana.

## 2.5 Marco normativo y Enfoque de Género en el Derecho

El derecho internacional y el derecho interno colombiano han avanzado notablemente en la consagración de normas específicas para la prevención, sanción y erradicación de la violencia de género.[54] La CEDAW, la Convención de Belém do Pará y el Convenio de Estambul sientan las bases del enfoque de derechos humanos y obligan a los Estados a adoptar medidas legislativas, administrativas y judiciales eficaces.[55] En Colombia, la jurisprudencia constitucional ha reiterado que la protección de la mujer víctima de violencia es un deber constitucional derivado del principio de igualdad material y del mandato de erradicación de todas las formas de discriminación.[56]

El enfoque de género en el derecho implica el reconocimiento explícito de las desigualdades históricas y la incorporación de mecanismos de acción afirmativa, protección especial y reparación transformadora.[57] No se trata únicamente de garantizar el acceso a la justicia, sino de asegurar la efectividad de los derechos mediante políticas públicas articuladas, formación de

[52] Defensoría del Pueblo, *Informe sobre feminicidio en Colombia*, 2024; Fiscalía General de la Nación, Boletín estadístico 2024.

[53] Roxin, "C, Derecho penal: Parte general", 1997.

[54] CEDAW; Belém do Pará; Convenio de Estambul.

[55] Ibídem.

[56] Corte Constitucional, Sentencia T-289/2022.

[57] ONU Mujeres, 2024.

operadores jurídicos y participación activa de las víctimas en los procesos judiciales.[58]

## 2.6 Eficacia instrumental del Derecho

La eficacia instrumental del derecho se define como la capacidad de las normas para producir los efectos deseados en la realidad social, en particular, la prevención y erradicación de la violencia de género.[59] La experiencia comparada y la literatura empírica han mostrado que, si bien las leyes son indispensables, su sola existencia no garantiza la protección efectiva si no se acompañan de políticas públicas sostenidas, recursos suficientes, formación especializada y mecanismos de evaluación continua.[60]

Esa fractura entre el deber ser y el ser, entre la ley escrita y la realidad, constituye uno de los principales desafíos de la justicia penal contemporánea. El análisis de la eficacia del derecho exige, por tanto, un enfoque crítico y multidimensional, atento a las condiciones sociales, económicas y culturales que condicionan su aplicación.[61]

## 2.7 Relación entre teoría y práctica. Contexto sociocultural

La violencia de género se manifiesta de manera diversa según el contexto sociocultural, económico y territorial. En regiones como el Chocó, donde confluyen altos índices de pobreza, discriminación étnica y aislamiento geográfico, la eficacia del derecho penal se ve especialmente limitada.[62] Los estudios de caso y las indagaciones empíricas demuestran que las mujeres afrocolombianas e indígenas enfrentan obstáculos adicionales para acceder a la justicia, lo que exige políticas diferenciadas y enfoques interseccionales en la formulación e implementación de la ley.[63]La relación entre teoría y práctica se revela, así, como un espacio de tensiones, contradicciones y desafíos permanentes para el garantismo penal y la justicia de género en Colombia.[64]

---

[58] CIDH, "Acceso a la justicia para mujeres víctimas de violencia en las Américas", 2023.

[59] Bobbio, *N, Teoría general del derecho*, 1997.

[60] Naciones Unidas, 2022.

[61] Chaverra Mena, *Y. E*, 2024.

[62] Mosquera Rosero, *A*, 2018.

[63] Crenshaw, K. (1991).

[64] Ferrajoli, L., 2011.

# CAPÍTULO TERCERO

# LAS MUJERES EN EL CONTEXTO DE LA VIOLENCIA DE GÉNERO Y EN LA PROTECCIÓN DE LOS DERECHOS HUMANOS

## 3.1 Raíces estructurales y jurídicas de la violencia de género en Colombia

La violencia de género encuentra su origen en el entramado histórico y cultural del patriarcado, cuyas lógicas de dominación han relegado a la mujer a roles subordinados y han consolidado desigualdades persistentes en la estructura social colombiana. La Constitución Política de 1991, al consagrar la igualdad de género como principio fundante (artículo 13) y al incorporar la protección frente a toda forma de discriminación, supuso un punto de inflexión normativo en la historia del país.[65] Esta transformación fue reforzada por la ratificación de instrumentos internacionales como la Convención de Belém do Pará a través de la Ley 248 de 1995, lo que constituye un compromiso estatal robusto para la erradicación de la violencia contra las mujeres.[66]

No obstante, la eficacia de estas garantías normativas ha sido limitada por la subsistencia de barreras culturales e institucionales[67] que impiden la aplicación práctica y efectiva del derecho,[68] situación particularmente crítica en territorios étnicos de alto riesgo, como el departamento del Chocó.[69]

---

[65] Véase Constitución Política de Colombia, artículo 13; cf. Orozco Pantaleón, "J, Cultura, derecho y violencia de género en Colombia, p. 17", 2008.

[66] Cfr. Organización de los Estados Americanos, "Convención Interamericana para Prevenir, Sancionar y Erradicar la Violencia contra la Mujer (Convención de Belém do Pará)," 9 de junio de 1994, https://www.oas.org/juridico/spanish/tratados/a-61.html. Ratificada por Colombia mediante Ley 248 de 1995; Cfr. Corte Constitucional de Colombia, *Sentencia T-059/25*, 2025; y ONU Mujeres, 2022, Recomendaciones sobre el cumplimiento de instrumentos internacionales.

[67] Human Rights Watch, "Feminism in the Face of Resurging Violence in Chocó, Colombia", 2025.

[68] Cf. CEPAL, *Informe regional sobre violencia de género*, 2022; véase también Defensoría del Pueblo, *Informe anual sobre violencia de género en Colombia*, 2024, p. 23.

[69] Defensoría del Pueblo, *Alerta Temprana N.º 007-2025* (Bogotá: Defensoría del Pueblo, 2025), https://alertasstg.blob.core.windows.net/alertas/007-25.pdf. Nota: reporta 8

El Observatorio de Feminicidios de Colombia reportó 614 feminicidios en el año 2022[70], una cifra que, lejos de reducirse, visibiliza la importancia de un suceso cuya raíz es estructural y que, en no pocas ocasiones, permanece invisibilizado en ámbitos familiares, comunitarios e institucionales.[71]

En este contexto, la Corte Constitucional—mediante la Sentencia T-878 de 2014—ha sostenido que la violencia de género no puede abordarse únicamente desde el ámbito punitivo, sino que exige un enfoque transformador que reconozca y combata las relaciones de poder desiguales entre hombres y mujeres. Como señala la Corte, "la violencia de género es una manifestación de las desigualdades históricas que han configurado la sociedad y que continúan reproduciéndose en la actualidad".[72]

Esta visión encuentra eco en la teoría de la justicia de género desarrollada por Nussbaum (2000), quien sostiene que el derecho no debe limitarse a la sanción, sino asumir un rol proactivo en la transformación de las condiciones estructurales que generan y perpetúan la violencia.[73]La Constitución de 1991, en su artículo 13, establece que el Estado "promueve las condiciones para que la igualdad de derechos y oportunidades entre hombres y mujeres sea efectiva y para que se elimine toda forma de discriminación". Además, el artículo 42 refuerza la protección, al estipular que "cualquier forma de violencia en la familia será sancionada conforme a la ley", lo que representa

femicidios en Chocó (2024–2025) y riesgos de VBG en San José del Palmar. Véase también Ruta Pacífica de las Mujeres, "Informe de Seguimiento a la Violencia de Género en Chocó," 2025, https://rutapacifica.org.co/

70 Cfr. Procuraduría General de la Nación, "3 mujeres cada hora, 128 al día y 47 mil en el 2022, fueron víctimas de violencia intrafamiliar: Procuraduría," Bogotá, 6 de marzo de 2023, https://www.procuraduria.gov.co/Pages/3-mujeres-cada-hora-128-al-dia-y-47-mil-en-2022-fueron-victimas-de-violencia-intrafamiliar-procuraduria.aspx.; Human Rights Watch, *Informe Mundial 2025: Colombia* (Nueva York: Human Rights Watch, 2025), https://www.hrw.org/es/world-report/2025/country-chapters/colombia; Corte Constitucional de Colombia. Sentencia SU-018/25. Bogotá: Corte Constitucional, 2025.

71Observatorio de Feminicidios de Colombia, 2023, "Informe estadístico anual", p. 12; CA: Fiscalía General de la Nación, *Boletín estadístico*, 2022.

72 Corte Constitucional de Colombia. 2014. *Sentencia T-878/14*. (Bogotá: Corte Constitucional, 2014), https://www.corteconstitucional.gov.co/relatoria/2014/t-878-14.htm. Nota: enfatiza la necesidad de un enfoque transformador para la violencia de género; cf. Defensoría del Pueblo, 2024, p. 41.

73 Véase Nussbaum, M., 2000. Women and Human Development: The Capabilities Approach, Cambridge University Press, p. 63.

una ruptura con la tradición normativa previa y fortalece la promoción de la igualdad de género en el ordenamiento jurídico nacional.[74]

Por su parte, la Convención de Belém do Pará obliga al Estado a adoptar políticas integrales para prevenir, sancionar y erradicar la violencia contra las mujeres, lo cual proporciona una base internacional sólida para el diseño de las políticas nacionales.[75]

A pesar de ello, la distancia entre norma y realidad es aún considerable. La desconexión entre la letra de la ley y su implementación efectiva se explica por factores culturales—machismo, naturalización de la violencia, estereotipos de género—y por la insuficiencia de recursos institucionales. Según la Defensoría del Pueblo (2024), el 65% de las Comisarías de Familia no cuenta con personal especializado para la atención de casos de violencia de género, lo que limita la capacidad de respuesta estatal y contribuye a la perpetuación de la impunidad.[76]

Bajo este panorama, la verdadera eficacia de las normas no se mide únicamente por su promulgación, sino por la capacidad del Estado de garantizar su cumplimiento mediante la asignación adecuada de recursos, la formación continua de los operadores jurídicos y la instauración de mecanismos de supervisión efectivos.[77] El análisis de episodios recientes revela que la reiterada ausencia de investigación y sanción, derivada de falencias institucionales y de una respuesta judicial limitada, expone de manera crítica las vulnerabilidades estructurales del sistema. Esta realidad subraya la urgencia de impulsar reformas profundas que trasciendan el plano normativo y garanticen una protección real y efectiva para las víctimas.[78]

---

[74] Constitución Política de Colombia, artículos 13 y 42; cf. Congreso de la República, Comentarios a la Constitución, 2018.

[75] Véase Convención de Belém do Pará, artículos 7 y 8; cf. Ministerio de Justicia de Colombia, 2023, Guía para la aplicación de la Convención.

[7676] Al respecto, puede consultarse Defensoría del Pueblo. 2024. Informe sobre Acceso a la Justicia en Casos de Violencia de Género. https://www.defensoria.gov.co/es/nube/enlosmedios/13546/; CA: UN Women, 2023, Policy Brief: "Institutional challenges in addressing gender-based violence".

[77] Véase Gutiérrez, M. y Londoño, D., 2021. La eficacia de las leyes en materia de violencia de género en Colombia, Universidad Nacional de Colombia, p. 59.

[78] Cf. Fundación Paz & Reconciliación, 2016, Análisis del caso Yuliana Samboní, p. 6; CA: Corte Suprema de Justicia, Sala Penal, 2017.

### 3.2. FACTORES SOCIALES Y CULTURALES

Las dinámicas culturales ponen de manifiesto la complejidad estructural de los obstáculos que enfrenta la lucha por erradicar la violencia de género en Colombia. Diversos estudios sostienen que los estereotipos de género, las creencias tradicionales y las expectativas sociales contribuyen de manera directa a la naturalización de la violencia, lo que le imprime cierta legitimidad a prácticas que perpetúan la subordinación femenina y dificultan la implementación efectiva de las políticas públicas.[79]

A partir de lo expuesto, investigaciones señalan que "los estereotipos de género y las expectativas culturales sobre los roles de las mujeres contribuyen directamente a la naturalización de la violencia y dificultan la implementación efectiva de políticas públicas" (Díaz 2019, 45), una afirmación respaldada por Connell (2005), quien identifica el machismo y la hegemonía masculina como elementos transversales en la cultura latinoamericana y, en particular, en el contexto colombiano.[80]

Las consecuencias de esta realidad se evidencian en la disparidad de experiencias entre mujeres urbanas y rurales. Estudios recientes[81] destacan que el 60% de las mujeres en zonas rurales han sufrido alguna forma de violencia de género, frente al 45% en áreas urbanas, dato que evidencia la importancia de abordar las diferencias regionales, culturales y económicas al diseñar intervenciones y políticas públicas.[82]

La interseccionalidad, propuesta teóricamente por Crenshaw (2000), cobra una relevancia particular en el contexto colombiano. Mujeres pertenecientes a grupos étnicos minoritarios -indígenas, afrodescendientes- o que viven en condiciones de pobreza, enfrentan formas más agudas y sistemáticas de violencia. Este evento ha sido documentado por la Defensoría del Pueblo en su informe de 2024, donde se señala que la violencia contra

---

[79] Cf. Díaz, I. R., 2019. Estereotipos de género y violencia contra la mujer en Colombia, p. 45; véase también Connell, R. W., 2005. Masculinities, University of California Press, p. 78.

**80**[80] Véase Connell, R. W., 2005, p. 62; al respecto, puede observarse Díaz, I. R., 2019, p. 47.

[81] Observatorio de Género, Universidad Nacional de Colombia. 2020. Informe Anual de Violencia de Género 2020. https://www.unal.edu.co/observatoriogenero/.

[82]Observatorio de Género de la Universidad Nacional de Colombia, 2020. Informe anual sobre violencia de género, p. 18; CA: Defensoría del Pueblo, 2024, p. 39.

mujeres indígenas y afrodescendientes persiste con altos niveles de impunidad y precariedad institucional.[83]

De ahí que este análisis determine que la erradicación de la violencia de género demanda el reconocimiento expreso de las diferencias sociales y culturales, así como la implementación de estrategias de sensibilización y programas formativos en igualdad de género, cuidadosamente ajustados a las realidades y particularidades de cada contexto local. Solo de esta manera podrán superarse las resistencias históricas y transformarse los imaginarios colectivos que perpetúan la discriminación y la violencia.[84] Casos recientes[85], como el de la abogada Luz Andrea Cárdenas López[86] (muerta violentamente por su pareja en Bogotá en 2023) o el feminicidio de Angie Valentina Hurtado[87] en Popayán (2024), han renovado el debate nacional y evidencian la persistente urgencia de transformación en las estructuras sociales y judiciales.

---

[83]Véase Crenshaw, K. (1991). "Mapping the Margins: Intersectionality, Identity Politics, and Violence against Women of Color", Stanford Law Review, 43(6), 1241-1299; cf. Defensoría del Pueblo, 2024, Informe sobre mujeres indígenas y afrodescendientes, p. 61.

[84]CA: UN Women, 2022, "Guidelines for Gender Equality Campaigns in Rural Areas", p. 10; véase también CEPAL, 2022, La igualdad de género en el desarrollo sostenible, p. 41.

[85] Red Nacional de Mujeres. 2024. Cartografía de la Violencia contra las Mujeres por Regiones. https://rednacionaldemujeres.org/. Nota: Verifica casos de Cárdenas López (Bogotá, 2023) y Hurtado (Popayán, 2024). Ver también Infobae, 342 feminicidios en Colombia en 2025, 2025, https://www.infobae.com/colombia/2025/07/05/aumentan-los-feminicidios-en-colombia-342-casos-registrados-en-lo-corrido-del-2025/.

[86] El caso de la abogada Luz Andrea Cárdenas López, asesinada en Bogotá en noviembre de 2023 por su pareja, generó gran conmoción nacional y renovó el debate sobre la persistencia de la violencia de género en contextos profesionales y urbanos. Véase: El Tiempo, "Feminicidio de abogada en Bogotá: conmoción por el asesinato de Luz Andrea Cárdenas López," *El Tiempo*, 24 de noviembre de 2023, https://www.eltiempo.com/justicia/delitos/feminicidio-de-abogada-en-bogota-asesinato-de-luz-andrea-cardenas-lopez-822097

[87] El feminicidio de Angie Valentina Hurtado en Popayán, ocurrido en marzo de 2024, se convirtió en un símbolo del recrudecimiento de la violencia contra mujeres jóvenes en el suroccidente colombiano y puso en evidencia la insuficiencia de las medidas de protección y respuesta estatal. Véase: Caracol Radio, "Popayán: Feminicidio de Angie Valentina Hurtado genera indignación nacional," *Caracol Radio*, 17 de marzo de 2024, https://caracol.com.co/2024/03/17/popayan-feminicidio-angie-valentina-hurtado

### 3.3 Antecedentes históricos y conceptuales de la violencia de género

La violencia de género, en su acepción más amplia, constituye una manifestación histórica de las desigualdades de poder profundamente arraigadas en las sociedades patriarcales, donde la subordinación de las mujeres ha sido legitimada y reproducida a través de normas, costumbres y prácticas institucionales.[88] En el caso colombiano, esta problemática se remonta a los tiempos de la colonización, cuando las estructuras patriarcales europeas impusieron modelos sociales y jurídicos, los cuales relegaron a las mujeres al ámbito doméstico y restringieron su acceso a la educación, la propiedad y la participación pública.[89]

Si bien los procesos de independencia y modernización trajeron ciertos avances en el reconocimiento formal de los derechos de las mujeres, la discriminación y la violencia persistieron como constantes históricas, que se adaptaron a las nuevas formas de organización social y política. La violencia sexual durante el conflicto armado interno constituye una experiencia representativa de la instrumentalización de la violencia contra las mujeres como estrategia de terror y control social, una realidad documentada de manera exhaustiva por el Grupo de Memoria Histórica de Colombia (2013).[90]

En la actualidad, la Comisión Económica para América Latina y el Caribe (CEPAL) enfatiza la necesidad de considerar los factores individuales—género, etnia, clase—como elementos determinantes en la experiencia de la violencia y la discriminación, al igual que recomienda políticas públicas diferenciadas que reconozcan la especificidad de cada contexto.[91] Este enfoque

---

[88]Véase Rico, M. N. (1996). Violencia doméstica en América Latina: Un marco para la acción, CEPAL, p. 13; cf. Scott, J. W. (1988). Gender and the Politics of History, p. 41.

[89]Al respecto, puede consultarse Da Silva, M. E., García Manso, A., & Sousa da Silva Barbosa, M., 2018. Patriarcado y derechos de las mujeres en América Latina, p. 171; cf. Orozco Pantaleón, J., 2008, p. 22.

[90]Centro Nacional de Memoria Histórica. 2013. *¡Basta Ya! Colombia: Memorias de Guerra y Dignidad.* https://www.centrodememoriahistorica.gov.co/basta-ya/. Cfr. CEPAL, Violencia de Género en América Latina, 2023, https://www.cepal.org/es/publicaciones/violencia-genero-america-latina; Defensoría del Pueblo, 2024, Informe sobre violencia sexual en el conflicto armado, p. 27.

[91] CEPAL, 2022. Políticas públicas para la igualdad de género en América Latina, p. 19.

introduce el concepto de "discriminación positiva" o acciones afirmativas, así como justifica la adopción de medidas especiales para la protección de los grupos históricamente vulnerables, como las mujeres, frente a formas estructurales de abuso y violencia.[92]

Como ha señalado Rico (1996), la violencia de género no es únicamente un fenómeno legal o social, sino una problemática multidimensional que está profundamente enraizada en la historia y la cultura de la sociedad colombiana.[93] Cualquier estrategia de combate debe, por tanto, ser integral y abarcar dimensiones legales, sociales, culturales y económicas, al igual que priorizar intervenciones en comunidades donde la vulnerabilidad es mayor y donde la respuesta institucional ha sido históricamente insuficiente.[94]

Casos emblemáticos de violencia de género en Colombia—como los de Rosa Elvira Cely, Yuliana Samboní[95] y Angie Valentina Hurtado—evidencian la urgencia de un enfoque multidisciplinario y la necesidad de una articulación interinstitucional que permita superar las barreras estructurales que perpetúan la impunidad.[96] El análisis histórico, así, constituye un fundamento indispensable para comprender la complejidad de la violencia de género y para diseñar respuestas normativas y sociales verdaderamente transformadoras.[97]

## 3.4 Criminología crítica y feminismo jurídico como base teórica

El análisis de la violencia de género desde la perspectiva de la criminología crítica y el feminismo jurídico permite desentrañar las limitaciones del derecho penal tradicional y los riesgos de reproducir dinámicas de poder que refuerzan la

---

[92]Véase Fraser, N., 2009. *Scales of Justice: Reimagining Political Space in a Globalizing World*, p. 110; cf. CEPAL, 2022, p. 34.

[93]Rico, Nieves. 1996. *Violencia de Género: Un Problema de Derechos Humanos.* Santiago: CEPAL, Serie Mujer y Desarrollo, no. 16. https://www.cepal.org/es/publicaciones/violencia-genero-problema-derechos-humanos.; Cfr. ONU Mujeres, 2023, "La violencia de género en la región andina", p. 44.

[94] Véase Defensoría del Pueblo, 2024, Informe anual, p. 50; CA: Fundación Paz & Reconciliación, 2016, p. 13.

[95] Corte Constitucional de Colombia. 2025. Sentencia T-242/25. https://www.corteconstitucional.gov.co/relatoria/boletines/boletin/bolet%C3%ADn-sentencias-de-tutela-y-constitucionalidad-febrero-2025.pdf.

[96]Véase Fundación Paz & Reconciliación, 2016, Análisis del caso Yuliana Samboní, p. 12.

[97] Cf. Bejarano, A. M., 2002.. *Mujeres y participación política en Colombia,* Universidad de los Andes, p. 73.

subordinación de las mujeres. La criminología crítica, según Baratta (1986), parte de la premisa de que el sistema de justicia penal no es completamente neutral ni ajeno a los intereses sociales dominantes, sino que, en muchos casos, opera como un mecanismo de legitimación de la violencia socioestructural ejercida contra los sectores más vulnerables, entre ellos las mujeres.[98]

Este enfoque invita a cuestionar la eficacia real de los métodos punitivos tradicionales y a explorar alternativas que aborden las causas sociales, culturales y económicas de la violencia de género. Autores como Alejandro Álvarez (2010) han sostenido que la criminalización excesiva, si no va acompañada de reformas estructurales y de una transformación profunda en los imaginarios sociales, puede ser insuficiente para erradicar la situación, e incluso contraproducente.[99] De ahí la necesidad de considerar estrategias restaurativas y multidisciplinarias, que prioricen la prevención, la reparación integral y la participación activa de las víctimas en la construcción de soluciones.[100]

Desde el feminismo jurídico, se sostiene que el sistema legal, lejos de ser imparcial, ha sido históricamente un instrumento de reproducción de la desigualdad y de invisibilización de la violencia contra las mujeres. Catharine MacKinnon (1989) ha argumentado que las normas jurídicas, al pretender una neutralidad formal, terminan por validar indirectamente la subordinación femenina y perpetuar el status quo patriarcal.[101] Esta visión crítica demanda una reinterpretación y resignificación de las normas, a fin de garantizar el respeto efectivo de la equidad de género y promover una justicia sensible a las experiencias y necesidades de las mujeres.[102]

---

[98] Véase Baratta, Alessandro. 1986. *Criminología Crítica y Crítica del Derecho Penal.* Madrid: Siglo XXI; Cfr. MacKinnon, Catharine. 1989. *Toward a Feminist Theory of the State.* Cambridge, MA: Harvard University Press; cf. Christie, N. (1998). Los límites del dolor, p. 33.

[99]Al respecto, puede consultarse Álvarez, A., 2010. "La criminalización de la violencia de género en América Latina: avances y desafíos", Revista Latinoamericana de Derecho Penal y Criminología, 12(2), 115-136, p. 120.

[100] Cf. Zehr, H., 2002.. *Justicia restaurativa: un enfoque diferente para responder a la violencia*, p. 89; véase también ONU Mujeres, 2023, "Lineamientos para la prevención y reparación de la violencia de género", p. 21.

[101] MacKinnon, C. (1989). *Toward a Feminist Theory of the State*, Harvard University Press, p. 237.

[102]Véase Facio, Alda. 2001. *Hacia una Nueva Visión del Derecho desde el Feminismo.* San José: ILANUD; Facio, A., 2001.. *El feminismo y el derecho: La lucha por la igualdad jurídica en América Latina*, p. 61.

Alda Facio (2001) y Susan Moller Okin (1989), desde distintas corrientes del feminismo jurídico, han destacado la importancia de revisar el contenido de las leyes familiares y civiles, al igual que identificar y corregir aquellos dispositivos normativos que consagran, de manera explícita o implícita, la discriminación de género en el ámbito doméstico y social.[103] Así, se propugna por un derecho que sea capaz de reconocer las desigualdades materiales y de adoptar medidas de acción afirmativa, tendiente a ajustar el marco normativo a la realidad de las mujeres y no a una abstracción androcéntrica.[104]

En suma, la integración de las perspectivas críticas y feministas resulta indispensable para el diseño de políticas públicas y estrategias normativas verdaderamente eficaces. Esto exige transformar no solo la legislación, sino también los mecanismos de aplicación, supervisión y control, como también asegurar que los avances jurídicos se traduzcan en cambios tangibles para las mujeres, especialmente en contextos donde la negligencia judicial ha perpetuado la ausencia de procesamiento y sanción judicial en casos de violencia de género.[105]

### 3.5 Teoría de la justicia de género y su aplicación en el derecho

La teoría de la justicia de género constituye un marco analítico esencial para comprender y transformar las relaciones desiguales que subyacen a la violencia contra las mujeres. Martha Nussbaum (2000), desde el enfoque de las capacidades, argumenta que una justicia auténtica no puede limitarse a la igualdad formal, sino que debe comprometerse con la remoción activa de las desventajas históricas y estructurales que afectan a las mujeres.[106]

En el mismo sentido, Nancy Fraser (2009) plantea que la redistribución de recursos debe ir acompañada de un reconocimiento efectivo de las

---

[103]Okin, S. M. (1989). Justice, Gender, and the Family, Basic Books, p. 78; Facio, A., 2001., p. 64.

[104]Cf. Charlesworth, H. & Chinkin, C., 2000.. The Boundaries of International Law: A Feminist Analysis, Manchester University Press, p. 99.

[105] Véase Fundación Paz & Reconciliación, 2016, Análisis del caso Yuliana Samboní, p. 13; CA: Defensoría del Pueblo, 2024, Informe Anual, p. 52.

[106] Véase Nussbaum, M., 2000.. Women and Human Development: The Capabilities Approach, Cambridge University Press, p. 88; cf. Nussbaum, M., 2003. "Capabilities as Fundamental Entitlements: Sen and Social Justice", Feminist Economics, 9(2-3), 33-59.

identidades y experiencias diferenciadas, a fin de garantizar la igualdad sustantiva en el acceso y ejercicio de los derechos.[107]

La validez de políticas de "discriminación positiva" o acciones afirmativas se apoya precisamente en este paradigma: solo mediante la adopción de medidas compensatorias y correctivas es posible contrarrestar siglos de discriminación y marginación. Amartya Sen (1999) sostiene que la justicia de género exige el desarrollo de las capacidades efectivas de las mujeres para que puedan ejercer, en condiciones de libertad real, sus derechos fundamentales y su participación plena en la vida social, económica y política.[108]

Desde esta perspectiva, el sistema jurídico colombiano está llamado no solo a crear normas progresistas, sino a garantizar su implementación efectiva y a evaluar de manera constante su impacto en la vida de las mujeres. La mera existencia de leyes avanzadas resulta insuficiente si no se acompaña de políticas públicas, presupuesto, formación de operadores y mecanismos de vigilancia que aseguren su eficacia en el territorio.[109] Así lo subraya Charlesworth y Chinkin (2000), al abogar por la transversalización del enfoque de género en el derecho internacional y en las políticas nacionales, de manera que la igualdad formal se traduzca en igualdad sustantiva y material.[110]

La aplicación de la teoría de la justicia de género en Colombia implica, por tanto, la transformación de las instituciones, la eliminación de las barreras estructurales y la adopción de una supervisión activa que garantice cambios reales y sostenibles. Esto resulta particularmente relevante en comunidades marginadas y rurales, donde la vulnerabilidad de las mujeres es más acentuada y donde los casos de violencia suelen enfrentarse a mayores obstáculos institucionales y sociales.[111]

---

[107] Fraser, N., 2009. *Scales of Justice: Reimagining Political Space in a Globalizing World*, Columbia University Press, p. 123.

[108] Sen, A., 1999.. Development as Freedom, Alfred A. Knopf, p. 189; véase también Sen, A., 2006. "The Idea of Justice", Journal of Human Development, 9(3), 331-342.

[109] Cf. Corte Constitucional de Colombia, Sentencia T-878 de 2014; CA: Defensoría del Pueblo, 2024, Informe anual, p. 59.

[110] Charlesworth, H. & Chinkin, C., 2000.. *The Boundaries of International Law: A Feminist Analysis*, Manchester University Press, p. 77.

[111] Véase Fundación Paz & Reconciliación, 2016, Análisis del caso Yuliana Samboní, p. 14; CA: UN Women, 2023, "Justice in Rural and Indigenous Communities", p. 33.

En síntesis, la justicia de género no es un mero ideal teórico, sino un imperativo ético, jurídico y político para cualquier sociedad democrática. El Estado colombiano, conforme a la jurisprudencia constitucional y a los tratados internacionales ratificados, tiene la obligación de adoptar todas las medidas necesarias para garantizar que las mujeres accedan de manera equitativa y adecuada a la justicia, y que las políticas públicas sean diseñadas y ejecutadas desde una perspectiva de género transformadora.[112]

### 3.6 Evolución normativa y políticas de protección a las mujeres en Colombia

La protección de los derechos de las mujeres en Colombia ha experimentado una evolución sustancial, especialmente a partir de la promulgación de la Constitución Política de 1991. Este texto constitucional no solo consagró la igualdad de género como principio fundamental (artículos 13 y 43), sino que también incorporó el mandato de sancionar toda forma de violencia en el seno de la familia (artículo 42), al sentar las bases para una transformación legislativa y política de alcance estructural.[113]

En el periodo previo a la Constitución de 1991, la violencia intrafamiliar y la violencia de género carecían de reconocimiento autónomo en el marco legal colombiano, lo que limitaba gravemente las posibilidades de protección y acceso a la justicia para las mujeres. Como han destacado Gómez, Murad y Calderón (2013), la ausencia de tipificación específica y la falta de un enfoque diferenciado perpetuaban la no judicialización, a tal punto de naturalizar la violencia doméstica en el ámbito social y jurídico.[114]

El avance más significativo en materia legislativa se produjo con la expedición de la Ley 1257 de 2008, considerada el pilar normativo del sistema de protección de las mujeres en Colombia. Esta ley establece medidas de sensibilización, prevención y sanción de todas las formas de violencia y

---

[112] Cf. CEDAW (1979), artículos 2 y 5; Corte Constitucional de Colombia, Sentencia C-355 de 2006.

[113] Véase Constitución Política de Colombia, artículos 13, 42 y 43; cf. Congreso de la República, Comentarios a la Constitución, 2018, p. 129.

[114] Gómez, M., Murad, R. y Calderón, R., 2013. "Violencia intrafamiliar y reformas legislativas en Colombia", Revista de Derecho, 40(2), 53-67, p. 56.

discriminación contra las mujeres, al articular un enfoque diferencial y de género en las políticas públicas y en la administración de justicia.[115] Entre sus aportes se destacan la creación de rutas de atención integral, el fortalecimiento de las comisarías de familia y la obligatoriedad de campañas de sensibilización dirigidas a transformar los imaginarios colectivos que sustentan la discriminación y la violencia.[116]

Sin embargo, la eficacia de la Ley 1257 de 2008 ha sido limitada por la consuetudinaria presencia de discursos y prácticas sociales que legitiman la violencia de género, así como por la falta de recursos y de formación especializada de los operadores institucionales. El Observatorio de Violencia contra las Mujeres (2022) ha documentado que, a pesar de la existencia de este marco normativo, los índices de violencia se mantienen elevados y la impunidad permanece como un desafío central para el Estado colombiano.[117]

Estos hallazgos sugieren que la promulgación de normas avanzadas, si bien necesaria, no es suficiente para garantizar la protección efectiva de las mujeres. Es imperativo que el Estado no solo legisle, sino que asegure la implementación y el cumplimiento de las leyes mediante la asignación adecuada de recursos, la capacitación permanente del personal y la supervisión constante de la eficiencia de las políticas, especialmente en zonas rurales y marginadas donde el acceso a la justicia es más limitado.[118]

Diversos precedentes significativos—incluidos los de Yuliana Samboní, Luz Andrea Cárdenas López y el "Caso Campo Algodonero" en el ámbito internacional—han puesto de manifiesto la profunda fisura entre la normatividad y su aplicación efectiva en la realidad social y judicial.[119]

---

[115] Ley 1257 de 2008, Diario Oficial No. 47.193; véase también Ministerio de Justicia y del Derecho, 2015, Guía para la aplicación de la Ley 1257 de 2008, p. 15.

[116] Cf. Defensoría del Pueblo, 2024, Informe anual sobre violencia de género, p. 61; CA: UN Women, 2022, "Policy Recommendations for Law 1257 Implementation", p. 23.

[117] Observatorio de Violencia contra las Mujeres, 2022, Informe nacional sobre violencia de género, p. 47; cf. Fundación Paz & Reconciliación, 2016, p. 17.

[118] Véase Defensoría del Pueblo, 2024, Informe anual, p. 63; CA: Ministerio de Justicia, 2023, "Evaluación de la implementación de la Ley 1257 de 2008", p. 33.

[119] Véase Fundación Paz & Reconciliación, 2016, Análisis del caso Yuliana Samboní, p. 21.

### 3.7 Perspectiva histórica de la violencia de género y el patriarcado

El análisis histórico de la violencia de género en Colombia evidencia que las estructuras patriarcales y las narrativas misóginas han sido elementos determinantes en la consolidación y reproducción de la subordinación de las mujeres a lo largo de los siglos.[120] Desde la colonia, la importación y adaptación de modelos patriarcales europeos impusieron normas y valores que relegaron a la mujer al ámbito privado, lo que equivale a limitar su acceso a la educación, la propiedad y la vida pública, y perpetuar su dependencia legal y económica respecto de los varones.[121]

Diversos autores, como Da Silva, García Manso y Sousa da Silva Barbosa (2018), han identificado que las prácticas misóginas y las narrativas culturales de inferioridad femenina, arraigadas en la tradición ibérica y fortalecidas en el orden colonial, legitimaron la discriminación y la exclusión de las mujeres en todos los ámbitos de la vida social, política y jurídica.[122]

El concepto de *marianismo*, desarrollado por Evelyn P. Stevens (1973) como contraparte cultural del machismo, contribuyó a consolidar estereotipos de feminidad pasiva, abnegada y sumisa, que complementa los patrones de dominación masculina característicos de las sociedades latinoamericanas.[123]

En el contexto colombiano, la violencia de género ha tenido manifestaciones específicas durante el conflicto armado interno. Las mujeres han sido objetivo de violencia sexual, desplazamiento forzado y otras formas de abuso sistemático por parte de los actores armados, lo que configura un

---

[120] Véase Da Silva, M. E., García Manso, A., & Sousa da Silva Barbosa, M., 2018. Patriarcado y derechos de las mujeres en América Latina, p. 173; cf. Scott, J. W. (1988). Gender and the Politics of History, p. 52.

[121] Al respecto, puede observarse Orozco Pantaleón, J., 2008, Cultura, derecho y violencia de género en Colombia, p. 22; CA: Bejarano, A. M., 2002., Mujeres y participación política en Colombia, p. 48.

[122] Da Silva, M. E., García Manso, A., & Sousa da Silva Barbosa, M., 2018, p. 176.

[123] Stevens, E. P. (1973). "Marianismo: The Other Face of Machismo in Latin America", *Female and Male in Latin America*, University of Pittsburgh Press, p. 90.

escenario de victimización múltiple y agravada, según lo documenta el Grupo de Memoria Histórica de Colombia (2013)[124].

La utilización de la violencia sexual como estrategia de terror y control social evidencia la instrumentalización del cuerpo femenino como campo de disputa de poder, al igual que reafirma el carácter estructural y simbólico de la violencia de género en contextos de guerra.[125]

La Comisión Económica para América Latina y el Caribe (CEPAL) ha subrayado la necesidad de analizar la universalidad de los derechos humanos desde una perspectiva que contemple las diferencias individuales, tales como el género, la etnia y la clase, a fin de abordar efectivamente las desigualdades sociales y culturales, y las formas específicas de discriminación y violencia que afectan a las mujeres.[126]

Por tanto, el análisis histórico se revela como fundamento imprescindible para diseñar estrategias de prevención y combate de la violencia de género que no se limiten a la respuesta punitiva, sino que apunten a la transformación de las normas, valores y prácticas culturales que la sustentan. Solo mediante la revisión crítica de las estructuras patriarcales y la deconstrucción de los imaginarios colectivos será posible avanzar hacia una sociedad donde la igualdad y la dignidad de las mujeres sean principios efectivos y no meramente declarativos.[127]

### 3.8 Derecho comparado: enfoques internacionales en la lucha contra la violencia de género

El análisis comparado de las políticas y marcos normativos internacionales frente a la violencia de género revela la diversidad de respuestas estatales y la importancia de adoptar modelos integrales e interseccionales.

---

[124] Centro Nacional de Memoria Histórica. 2013. Mujeres y Guerra: Víctimas y Resistentes en el Caribe Colombiano. https://www.centrodememoriahistorica.gov.co/mujeres-y-guerra/; p. 261; CA: Defensoría del Pueblo, 2024, Informe sobre violencia sexual, p. 29

[125] Cf. Sieder, R., 2011. "Gender Justice and Legal Pluralities: Latin American Women's Rights Advocacy", Law & Society Review, 45(2), 215-242, p. 221.

[126] CEPAL, 2022. Políticas públicas para la igualdad de género en América Latina, p. 26; véase también ONU Mujeres, 2023, "La violencia de género en la región andina", p. 58.

[127] Cf. Charlesworth, Hilary, and Christine Chinkin. 2000. *The Boundaries of International Law: A Feminist Analysis*. Manchester: Manchester University Press; Fraser, N., 2009, p. 133.

En Europa, España ha sido pionera en la creación de Tribunales Especializados en Violencia sobre la Mujer, instituidos a partir de la Ley Orgánica 1/2004, de 28 de diciembre, sobre Medidas de Protección Integral contra la Violencia de Género. Estos tribunales, dotados de competencias exclusivas para conocer delitos perpetrados por razones de género, permiten una respuesta judicial más rápida, experta y sensible. También contribuyen a la reducción de la impunidad y la revictimización.[128]

En América Latina, países como Argentina y México han diseñado marcos legales y políticas públicas que priorizan la protección integral, la prevención, la sanción y la reparación a las víctimas.

La Ley 26.485 de Argentina, sancionada en 2009 y conocida como "Ley de Protección Integral para Prevenir, Sancionar y Erradicar la Violencia contra las Mujeres", establece un sistema robusto de medidas preventivas, atención y sanción, que incluye también la creación de Centros de Atención Integral para Mujeres Víctimas de Violencia (CAIMV), y el desarrollo de protocolos interinstitucionales que facilitan la articulación entre los sistemas de salud, justicia y protección social.[129]

En México, la Ley General de Acceso de las Mujeres a una Vida Libre de Violencia, promulgada en 2007 y reformada en múltiples ocasiones, establece no solo el reconocimiento de todas las formas de violencia, sino también la existencia de tribunales especializados y mecanismos de alerta de género, orientados a garantizar la protección efectiva y la respuesta institucional oportuna en contextos de riesgo.[130]

Por su parte, en Perú, la creación de Juzgados Especializados en Violencia contra la Mujer y la Familia no solo ha permitido el fortalecimiento

---

[128] Ministerio de Igualdad de España. 2004. Ley Orgánica 1/2004, de 28 de diciembre, de Medidas de Protección Integral contra la Violencia de Género. https://www.boe.es/buscar/act.php?id=BOE-A-2004-21760; Cfr. VioGén, Informe 2023, 2023, https://www.interior.gob.es/opencms/pdf/servicios-al-ciudadano/violencia-de-genero/sistema-viogen/Informe_VioGen_2023.pdf; Véase Jefatura del Estado, 2004, Medidas de protección integral contra la violencia de género en España, p. 25.

[129] Ley 26.485, Argentina, Boletín Oficial de la República Argentina, 14/04/2009; cf. Ministerio de las Mujeres, Géneros y Diversidad de Argentina, 2022, "Evaluación de la implementación de la Ley 26.485", p. 67.

[130] Ley General de Acceso de las Mujeres a una Vida Libre de Violencia, México, Diario Oficial de la Federación (DOF), 01/02/2007; CA: Comisión Nacional para Prevenir y Erradicar la Violencia contra las Mujeres (CONAVIM), "Informe Anual 2022", p. 33.

del acceso a la justicia para mujeres víctimas en todo el territorio nacional, sino que también ha facilitado la tramitación de medidas de protección, el acompañamiento psicológico y legal, y el desarrollo de políticas preventivas con enfoque comunitario y territorial.[131]

A nivel internacional, la Convención sobre la Eliminación de Todas las Formas de Discriminación contra la Mujer (CEDAW, 1979) y la Convención Interamericana para Prevenir, Sancionar y Erradicar la Violencia contra la Mujer (Convención de Belém do Pará, 1994) han servido de referencia obligatoria para la elaboración de marcos legislativos nacionales, al exigir a los Estados partes la adopción de políticas integrales y la rendición periódica de cuentas sobre los avances y desafíos en la materia.[132]

La experiencia comparada demuestra que la existencia de tribunales y políticas especializadas, la articulación interinstitucional y el enfoque de derechos humanos y género resultan determinantes para el fortalecimiento de la protección y el acceso a la justicia de las mujeres.[133] Para Colombia, la adaptación de buenas prácticas internacionales implica no solo la actualización normativa, sino la implementación efectiva y el seguimiento constante de las políticas, especialmente en regiones y poblaciones donde la vulnerabilidad es mayor y el acceso a la justicia conserva sus limitaciones.[134]

La revisión de experiencias paradigmáticas, tanto en el ámbito nacional como internacional, demuestra que la eficacia de las políticas públicas depende de la incorporación de buenas prácticas comparadas, la implementación de mecanismos de seguimiento permanente y una acción estatal coordinada, en especial en escenarios de alta vulnerabilidad. Esta realidad subraya la urgencia de avanzar hacia reformas sustantivas fundamentadas en los aprendizajes

---

[131] Véase Defensoría del Pueblo de Perú, 2021, Informe sobre Juzgados Especializados en Violencia contra la Mujer, p. 11; cf. Ministerio de Justicia y Derechos Humanos del Perú, 2023, "Manual de buenas prácticas en juzgados especializados", p. 28.

[132] CEDAW (1979), artículos 2, 5 y 16; Convención de Belém do Pará (1994), artículos 7 y 8; cf. ONU Mujeres, 2023, "Compendio de instrumentos internacionales para la protección de los derechos de las mujeres", p. 47.

[133] Véase UN Women, 2021, "The effectiveness of specialized courts in combating gender-based violence", Policy Brief, p. 10; cf. CEPAL, 2022, Políticas públicas para la igualdad de género en América Latina, p. 39.

[134] CA: Defensoría del Pueblo, 2024, Informe anual, p. 73; véase también Corte Constitucional de Colombia, Sentencia T-878 de 2014.

globales y en el fortalecimiento integral de las estrategias de prevención, protección y reparación.[135]

### 3.9 Tecnologías de la información y comunicación (TIC) y su rol en la protección de las mujeres

La irrupción de las tecnologías de la información y la comunicación (TIC) en el campo jurídico ha abierto nuevas posibilidades para la prevención, el monitoreo y la atención de la violencia de género. En el contexto colombiano y latinoamericano, el uso de TIC representa tanto una herramienta innovadora de acceso y garantía de derechos como un desafío ético y normativo para los sistemas de justicia.[136]

La aplicación de técnicas de Big Data, la creación de bases de datos centralizadas y el desarrollo de sistemas de monitoreo han permitido identificar patrones de riesgo y anticipar escenarios de violencia, al igual que aportar a la protección preventiva de las víctimas. En Colombia, iniciativas como el sistema "Alerta Violencia", desarrollado en cooperación entre el Estado y organizaciones no gubernamentales, posibilitan la recopilación y análisis de datos en tiempo real, al igual que permite la detección oportuna de casos potenciales y la activación inmediata de rutas de protección y apoyo psicológico y legal.[137]

El uso de inteligencia artificial para identificar patrones de riesgo ha comenzado a transformar la labor de los operadores de justicia y los cuerpos policiales. Sistemas predictivos, inspirados en experiencias internacionales como el VioGén español, permiten asignar niveles de riesgo y priorizar casos de

[135] Véase Fundación Paz & Reconciliación, 2016, Análisis del caso Yuliana Samboní, p. 22.

[136] Véase Ministerio de Justicia y del Derecho, 2022, Innovaciones tecnológicas para la protección de los derechos humanos en Colombia, p. 33; cf. CEPAL, 2022, Digitalización y género en América Latina, p. 27.

[137] Ministerio de Justicia y del Derecho. 2024. Informe sobre Digitalización en Justicia: Sistema Alerta Violencia. https://www.minjusticia.gov.co/Sala-de-prensa/Paginas/Informe-digitalizacion-justicia-2024.aspx; Cfr. UNICEF, TIC y Protección de Mujeres en América Latina, 2024, https://www.unicef.org/lac/informes/tic-y-proteccion-mujeres; Cfr. Observatorio de Violencia contra la Mujer, 2023, Informe Anual, p. 59.

violencia de género, lo que se traduce en una mejora en la asignación de recursos y el diseño de estrategias de intervención focalizada.[138]

No obstante, el despliegue de estas tecnologías exige la incorporación de principios de transparencia, explicabilidad y rendición de cuentas, así como la salvaguarda de los derechos fundamentales de las víctimas, especialmente en lo que respecta a la protección de datos y la privacidad.[139]

Estudios de UNICEF sobre el uso de TIC en América Latina han señalado la importancia de que las políticas públicas orientadas a la digitalización de la justicia incluyan mecanismos robustos de formación y sensibilización tanto para los operadores como para las propias víctimas, a fin de evitar la distancia digital y garantizar la accesibilidad real y equitativa a los servicios de protección y acompañamiento.[140]

En efecto, el desafío ético es doble: por un lado, garantizar la confidencialidad y la protección de la información personal de las víctimas; por el otro, asegurar que la utilización de tecnologías no reproduzca sesgos estructurales, discriminaciones o desigualdades ya existentes, especialmente en contextos de marginación y pobreza donde la alfabetización digital es limitada y los recursos institucionales son insuficientes.[141]

Por lo anterior, la implementación de TIC en la lucha contra la violencia de género debe ser concebida como una política de Estado, que integra el desarrollo tecnológico con la formación en derechos humanos, la perspectiva de género y la participación comunitaria. Solo así las innovaciones digitales podrán convertirse en aliadas de la protección de las mujeres y en instrumentos

[138] Cf. Observatorio de Violencia de Género de España, 2021, "Evaluación del sistema VioGén", p. 39; véase también Defensoría del Pueblo, 2024, Informe sobre tecnologías en la justicia de género, p. 22.

[139] Al respecto, puede observarse UNESCO, 2021, Recomendación sobre la ética de la inteligencia artificial, p. 48; cf. Corte Constitucional de Colombia, Sentencia C-748 de 2011, sobre protección de datos personales.

[140] UNICEF, 2023, "Digitalización y violencia de género en América Latina: retos y oportunidades", p. 11.

[141] CA: ONU Mujeres, 2022, "Brecha digital y violencia de género", Policy Brief, p. 23; véase también CEPAL, 2022, p. 41.

efectivos para la prevención y la superación de la violencia resultante de desigualdades estructurales.[142]

[142] Véase Ministerio de Justicia y del Derecho, 2022, p. 37; cf. Zehr, H., 2002., Justicia restaurativa y prevención de la violencia, p. 56.

# CAPÍTULO CUARTO
# METODOLOGÍA

## 4.1 JUSTIFICACIÓN Y FUNDAMENTO METODOLÓGICO

La violencia de género, en tanto fenómeno complejo y multifactorial, exige un abordaje investigativo que supere los límites del análisis normativo tradicional. Así, la presente investigación científica adopta una metodología mixta e interdisciplinaria, al igual que articula tanto técnicas cualitativas y cuantitativas, como herramientas dogmáticas y empíricas, y propicia establecer un diálogo entre el derecho, la criminología, la sociología y los estudios de género. Este enfoque se sustenta en la necesidad de comprender, desde una perspectiva integral, tanto el diseño y alcance de la legislación como los obstáculos reales que enfrentan las mujeres en el acceso a la justicia penal y la protección efectiva de sus derechos fundamentales.[143]

El fundamento metodológico responde también a la tendencia internacional—impulsada por organismos como la Convención sobre la Eliminación de Todas las Formas de Discriminación contra la Mujer (CEDAW), la ONU y la Unión Europea[144]—de promover investigaciones jurídicas empíricas, capaces de nutrir el debate académico y orientar la formulación de políticas públicas basadas en evidencia.[145] La selección de técnicas y fuentes se realizó con priorización de la pluralidad, la contrastación crítica y la validez científica, en consonancia con las directrices metodológicas

[143] Flick, U., 2015. Introducción a la investigación cualitativa, Morata, p. 16; cf. Tirant lo Blanch, Manual de Publicaciones Académicas, 2021.

[144] Organización de las Naciones Unidas. 1979. "Convención sobre la Eliminación de Todas las Formas de Discriminación contra la Mujer (CEDAW)." https://www.ohchr.org/es/instruments-mechanisms/instruments/convention-elimination-all-forms-discrimination-against-women; Cfr. Unión Europea, Gender Equality Strategy 2020-2025, 2020, https://ec.europa.eu/info/policies/justice-and-fundamental-rights/gender-equality/gender-equality-strategy_en.

[145] CEDAW, Recomendación General 35, 2017; Unión Europea, 2020, Methodological guidelines for gender studies.

de las más prestigiosas editoriales y los estándares de revistas indexadas en Scopus y WoS.[146]

## 4.2 Diseño general de la investigación

El diseño de la investigación es no experimental, transversal, exploratorio, descriptivo y explicativo, conforme a las clasificaciones de la metodología jurídica contemporánea.[147] Se estructura sobre tres ejes principales:

1. Dogmático-normativo: Examen crítico y sistemático de la legislación nacional e internacional, la jurisprudencia constitucional y ordinaria, y la doctrina especializada en materia de violencia de género, eficacia penal y derechos humanos.
2. Empírico-cualitativo: Recolección y análisis de testimonios, entrevistas semiestructuradas y estudios de situaciones ilustrativas, y focalizar la experiencia de víctimas y operadores de justicia en contextos de alta vulnerabilidad, como las regiones afrocolombianas e indígenas.[148]
3. Empírico-cuantitativo: Revisión y sistematización de bases de datos oficiales y no oficiales,[149] elaboración de estadísticas propias y comparación de tendencias históricas y geográficas sobre feminicidio, violencia doméstica y acceso a la justicia.

La integración de estos ejes posibilita una visión holística que trasciende los enfoques sectoriales y permite identificar tanto las fortalezas como las debilidades estructurales del sistema de justicia penal en Colombia.[150]

---

[146] Tirant lo Blanch. 2025. "Manual de Publicaciones Académicas." https://www.tirant.com: Cfr. Elsevier, Scopus Content Selection Criteria, 2025, https://www.elsevier.com/solutions/scopus/how-scopus-works/content.

[147] Creswell, J., 2014. Research Design: Qualitative, Quantitative, and Mixed Methods Approaches, Sage, p. 6.

[148] Defensoría del Pueblo. 2025. Alerta Temprana N° 007-2025. https://alertasstg.blob.core.windows.net/alertas/007-25.pdf. Nota: Documenta vulnerabilidad en Chocó (8 femicidios 2024-2025). Cfr. Human Rights Watch, World Report 2025: Colombia, 2025, https://www.hrw.org/world-report/2025/country-chapters/colombia.

[149] Instituto Nacional de Medicina Legal y Ciencias Forenses. 2024. Forensis 2023: Informe Nacional de Violencia en Colombia. https://www.medicinalegal.gov.co/forensis. Nota: Proporciona datos de feminicidios y violencia doméstica. Cfr. Observatorio Colombiano de Feminicidios, Informe 2024, 2024, https://observatoriofeminicidioscolombia.org/.

[150] Fraser, N., 2009. Scales of Justice, Columbia University Press, p. 120.

## 4.3 Técnicas y procedimientos de recolección de datos

### a) Revisión documental exhaustiva

Incluye la consulta, lectura crítica y fichaje de:

- Legislación nacional y comparada (Ley 1257 de 2008,[151] CEDAW (1979), Convención de Belém do Pará, legislación peruana, española, mexicana y argentina).
- Jurisprudencia relevante de la Corte Constitucional,[152] Corte Suprema de Justicia y órganos internacionales.
- Doctrina y bibliografía académica indexada en bases internacionales (Scopus, WoS, Dialnet).
- Informes oficiales de la Fiscalía, Defensoría del Pueblo, ONGs y observatorios independientes.

### b) Entrevistas semiestructuradas y testimonios

Se elaboró un guion flexible que permitió adaptar las preguntas al perfil del entrevistado (víctima, fiscal, juez, defensor, activista social), con énfasis en la experiencia procesal, la percepción de la eficacia normativa y las barreras para la protección real. El muestreo fue intencionado y teórico, al abarcar procesos notorios y regiones de especial vulnerabilidad.[153]

### c) Estudios de caso

Se seleccionaron y analizaron a profundidad procesos destacados, como el de Yuliana Samboní,[154] para ilustrar los desafíos institucionales y el impacto de las

---

[151] Congreso de la República de Colombia. 2008. "Ley 1257 de 2008." https://www.funcionpublica.gov.co/eva/gestornormativo/norma.php?i=34257. Nota: Establece medidas de prevención y sanción de VBG. Cfr. Convención de Belém do Pará, 1994, https://www.oas.org/juridico/spanish/tratados/a-61.html.

[152] https://www.corteconstitucional.gov.co/relatoria/2025/t-242-25.htm

[153] ONU Mujeres, 2023, "Guía para la selección de muestras en estudios de género", p. 18.

[154] Corte Constitucional de Colombia. 2014. "Sentencia T-967/14." https://www.corteconstitucional.gov.co/relatoria/2014/t-967-14.htm. Nota: Analiza el caso Samboní, destacando fallas institucionales. Cfr. Red Nacional de Mujeres, Cartografía de la Violencia contra las Mujeres por Regiones, 2024, https://rednacionaldemujeres.org/.

reformas legislativas y judiciales. El método de estudio de caso incluyó la reconstrucción documental, entrevistas a operadores involucrados y revisión de prensa y sentencias.[155]

D) ANÁLISIS ESTADÍSTICO Y VISUALIZACIÓN

Se construyeron bases de datos propias a partir de fuentes oficiales y secundarias, con la elaboración de tablas, gráficos y mapas para mostrar tendencias, comparaciones regionales y evolución de los indicadores clave. Se aplicaron técnicas básicas de estadística descriptiva y análisis de tendencias para validar los hallazgos.[156]

## 4.4 ENFOQUE INTERDISCIPLINARIO Y CRITERIOS DE CALIDAD

La investigación asume un enfoque interdisciplinario, puesto que integra categorías, métodos y hallazgos de la criminología crítica, el feminismo jurídico, la ciencia política, la sociología del derecho y los estudios étnico-raciales. Esta integración favorece el análisis de la violencia de género como problema estructural y sistémico, evita reduccionismos legales y propende por abrir nuevas perspectivas para la comprensión y transformación de la conducta social.[157]

Se garantizaron los criterios de calidad científica (validez, confiabilidad, rigor argumentativo, transparencia y replicabilidad) mediante la triangulación de fuentes y la revisión por pares en cada etapa clave del proceso.

## 4.5 ALCANCE, LIMITACIONES Y DELIMITACIÓN GEOGRÁFICA-TEMPORAL

El estudio se focaliza en Colombia, con énfasis en el periodo 2010-2024, pero integra perspectivas de derecho comparado con España, Argentina, México y Perú. La muestra geográfica prioriza el análisis de contextos de vulnerabilidad (Chocó, Caribe, Amazonía, regiones rurales), en correspondencia con las tasas más elevadas de violencia y exclusión.

---

155 Fundación Paz & Reconciliación, 2016, Análisis del caso Yuliana Samboní, p. 16.

156 Ministerio de Justicia y del Derecho, 2022, Estadísticas y rutas de atención, p. 21.

157 Charlesworth, H. & Chinkin, C., 2000.. The Boundaries of International Law, Manchester University Press, p. 99.

Entre las limitaciones se reconocen: el subregistro de datos oficiales, la dificultad de acceso a víctimas en zonas rurales, la variabilidad regional de las rutas de atención y la escasez de estudios previos de impacto legislativo. Estas limitaciones se han mitigado mediante la triangulación, el contraste de fuentes y la justificación ética en el tratamiento de testimonios.

### 4.6 Consideraciones éticas

El trabajo respeta los principios de la Declaración de Helsinki,[158] el Reglamento de Ética en Investigación de la Universidad de San Martín de Porres[159] y la Ley 1581 de 2012[160] sobre protección de datos personales en Colombia.

Todo participante fue informado del objeto del estudio y otorgó su consentimiento previo, con lo que se garantizó el anonimato, la confidencialidad y la no revictimización. El proyecto fue aprobado por el comité de ética institucional y cumple los estándares de las mejores prácticas editoriales de Europa y América Latina.[161]

### 4.7 Triangulación metodológica y validación de resultados

La fiabilidad y robustez de los hallazgos se garantiza mediante la triangulación metodológica, al confrontar los resultados del análisis documental, las entrevistas y los estudios de caso con los datos estadísticos.[162] Esta estrategia asegura la integridad interpretativa y el control de sesgos personales o institucionales. Además, los capítulos finales han sido revisados por pares

---

[158] Asociación Médica Mundial. 2013. "Declaración de Helsinki: Principios Éticos para la Investigación Médica con Seres Humanos." https://www.wma.net/es/politicas-medicas/declaracion-de-helsinki/.

[159] Cfr. Universidad de San Martín de Porres, Reglamento de Ética en Investigación, 2023, https://www.usmp.edu.pe/investigacion/etica.

[160] Congreso de la República de Colombia. 2012. "Ley 1581 de 2012." https://www.funcionpublica.gov.co/eva/gestornormativo/norma.php?i=49981. Nota: Regula protección de datos personales en Colombia.

[161] Universidad de San Martín de Porres, Reglamento de Ética en Investigación, 2022, art. 12; Ley 1581 de 2012, Colombia

[162] Hernández Sampieri, Roberto, Carlos Fernández Collado, y Pilar Baptista Lucio. 2014. Metodología de la Investigación. 6ª ed. México, D.F.: McGraw-Hill. Nota: Explica triangulación para robustez de hallazgos. Cfr. Sanjuán Núñez, Lucía. 2019. El Análisis de Datos en la Investigación Cualitativa. Barcelona: Universitat Oberta de Catalunya.

expertos y sometidos a consultas con operadores jurídicos y académicos, conforme a la práctica de los proyectos de las editoriales jurídicas más prestigiosas del mundo.[163]

[163] Tirant lo Blanch, Manual de Publicaciones Académicas, 2021, sección de evaluación y revisión por pares.

# CAPÍTULO QUINTO
# DERECHO, SOCIEDAD Y VIOLENCIA DE GÉNERO

## 5.1 La Violencia de género como perspectiva cultural

### 5.1.1. Violencia de género: conceptualización y antecedentes históricos

La violencia de género emerge como un acontecimiento de naturaleza multidimensional, cuya comprensión trasciende el análisis legal para abarcar perspectivas históricas, sociales y culturales.[164] Tradicionalmente, se ha perpetuado en sociedades organizadas bajo estructuras patriarcales, donde la desigualdad entre hombres y mujeres no solo se aceptaba, sino que se institucionalizaba mediante normas y prácticas consuetudinarias.[165] Las mujeres, vistas durante siglos como propiedad de sus figuras masculinas más cercanas—padres, esposos o tutores—muchas veces, eran objeto de control y dominación, casi siempre amparadas en el derecho consuetudinario o en normas explícitas que negaban su autonomía y ciudadanía plena.[166]

La legitimación cultural de la violencia contra las mujeres se sustentaba en relatos religiosos, tradiciones y creencias sobre la inferioridad femenina. Este paradigma comenzó a resquebrajarse con el advenimiento de los movimientos ilustrados y, de forma más radical, con la emergencia de los feminismos en el siglo XX. El desarrollo de los derechos humanos y la progresiva inclusión de la igualdad de género en las agendas políticas nacionales e internacionales dieron origen a la formulación de instrumentos jurídicos orientados a erradicar toda forma de violencia y discriminación.[167]

---

[164] Naciones Unidas. 1979. Convención sobre la Eliminación de Todas las Formas de Discriminación contra la Mujer (CEDAW). Ginebra: Naciones Unidas. https://www.ohchr.org/es/instruments-mechanisms/instruments/convention-elimination-all-forms-discrimination-against-women.

[165] Organización Mundial de la Salud. 2023. Violencia contra la mujer: Prevención y atención desde el sistema de salud. Ginebra: OMS. https://www.who.int/publications/i/item/9789240077164

[166] Véase Silvia Federici, Calibán y la bruja: Mujeres, cuerpo y acumulación originaria, 2004.

[167] Cfr. Organización Mundial de la Salud, Violence against Women, 2024, https://www.who.int/news-room/fact-sheets/detail/violence-against-women.

La Organización de Naciones Unidas, la Organización Mundial de la Salud y la propia Corte Interamericana de Derechos Humanos han definido la violencia de género como toda acción o conducta basada en el género que cause muerte, daño o sufrimiento físico, sexual, psicológico o patrimonial, tanto en la vida pública como en la privada.[168]

No obstante, la existencia de patrones patriarcales y la resistencia social al cambio han perpetuado esta violencia incluso en contextos jurídicos avanzados. Así, el derecho se ve compelido a operar no solo como mecanismo sancionador, sino como motor de un profundo cambio social, que desafíe costumbres y discursos perpetuadores de la desigualdad.[169] Tal como lo evidencia la experiencia colombiana, la inercia cultural y la insuficiencia institucional aun obstaculizan la erradicación efectiva de este flagelo.

### 5.1.2 Desarrollo normativo en Colombia

La evolución normativa colombiana en materia de violencia de género ha sido impulsada, tanto por la presión internacional como por la movilización interna de movimientos de mujeres.[170] La Constitución Política de 1991 sentó un hito al consagrar, en su artículo 43, el derecho de las mujeres a la igualdad real y efectiva, lo que obliga al Estado a protegerlas contra toda forma de violencia y discriminación. Posteriormente, el legislador ha adoptado normas de referencia en la región, como la Ley 1257 de 2008,[171] la Ley 1761 de 2015[172] (Ley Rosa

[168] Organización de las Naciones Unidas. 1979. "Convención sobre la Eliminación de Todas las Formas de Discriminación contra la Mujer (CEDAW)." https://www.ohchr.org/es/instruments-mechanisms/instruments/convention-elimination-all-forms-discrimination-against-women; Convención de Belém do Pará, art. 1; CEDAW, art. 1; OMS, Informe mundial sobre la violencia y la salud, 2002.

[169] MacKinnon, Catharine. 1989. *Toward a Feminist Theory of the State. Cambridge*, MA: Harvard University Press, 161–180.

[170] Congreso de la República de Colombia. 2008. Ley 1257 de 2008. Bogotá: Congreso de Colombia. https://www.funcionpublica.gov.co/eva/gestornormativo/norma.php?i=34257.

[171] Congreso de la República de Colombia. 2008. Ley 1257 de 2008. Bogotá: Congreso de Colombia. https://www.funcionpublica.gov.co/eva/gestornormativo/norma.php?i=34257.

[172] Congreso de la República de Colombia. 2015. Ley 1761 de 2015. Bogotá: Congreso de Colombia. https://www.funcionpublica.gov.co/eva/gestornormativo/norma.php?i=61624.

Elvira Cely, que tipifica el feminicidio como delito autónomo), la Ley 2215 de 2022 (igualdad de trato)[173] y la Ley 2365 de 2024 (acoso sexual laboral).[174]

Todas estas leyes ampliaron paulatinamente el espectro de protección, al incorporar la prevención, atención, sanción y reparación integral a las víctimas, así como el deber de formación y sensibilización para los funcionarios del Estado. Sin embargo, la distancia normativa entre el mandato legal y la realidad práctica persiste. La Defensoría del Pueblo ha documentado, por ejemplo, que solo el 35% de las Comisarías de Familia dispone de personal especializado en violencia de género, evidenciándose que la mayoría—un 65%—opera sin este recurso clave, lo que dificulta la atención efectiva y perpetúa la revictimización.[175]

Este déficit institucional se agrava en zonas rurales y marginadas, donde la justicia formal apenas llega y las prácticas culturales de sometimiento se encuentran profundamente arraigadas.[176] El derecho, entonces, debe repensarse no solo en su faz punitiva, sino como garante de acceso real a la justicia, promotor de igualdad sustantiva y transformador de imaginarios sociales.[177]

### 5.1.3 El Patriarcado como estructura de poder

El patriarcado, en su acepción contemporánea, es una estructura de poder que privilegia a los varones y legitima la subordinación de las mujeres en todos los órdenes de la vida social. La teoría feminista ha demostrado cómo la violencia de género no es la excepción, sino la consecuencia natural de sistemas de dominación construidos sobre jerarquías de género, roles rígidos y una cultura de control masculino. No se trata solo de actos individuales de agresión, sino de

[173] Congreso de la República de Colombia. 2022. Ley 2215 de 2022. Bogotá: Congreso de Colombia. https://www.funcionpublica.gov.co/eva/gestornormativo/

[174] Congreso de la República de Colombia. 2024. Ley 2365 de 2024. Bogotá: Congreso de Colombia. https://www.funcionpublica.gov.co/eva/gestornormativo

[175] Defensoría del Pueblo, Informe sobre Violencia de Género en Colombia, 2024.

[176] Defensoría del Pueblo. 2024. Informe sobre Acceso a la Justicia en Casos de Violencia de Género. Bogotá: Defensoría del Pueblo. https://www.defensoria.gov.co/es/nube/enlosmedios/13546/

[177] Nussbaum, Martha C. 2000. *Women and Human Development: The Capabilities Approach.* Cambridge: Cambridge University Press, 230–245.

actuaciones colectivas y estructurales que se reproducen en la educación, la familia, los medios de comunicación y las instituciones religiosas y políticas.[178]

Combatir la violencia de género exige, por tanto, una transformación profunda de estos patrones culturales. La escuela, en particular, emerge como el primer escenario de cambio: la educación con perspectiva de género y la promoción de modelos alternativos de masculinidad son imperativos para romper el ciclo de la violencia. Solo a través de este enfoque transformador—que va más allá de la reforma legal—será posible garantizar la igualdad efectiva y la no repetición de la violencia, especialmente en contextos donde la impunidad y la naturalización del abuso persisten en ser la norma.[179]

### 5.1.4 Perspectivas y desafíos actuales

La violencia de género constituye, en el presente, un obstáculo insalvable para el desarrollo sostenible y la realización plena de los derechos humanos. La Agenda 2030 de Naciones Unidas, en su Objetivo 5, sitúa la erradicación de toda forma de violencia contra mujeres y niñas como condición sine qua non para alcanzar sociedades justas y equitativas.[180]La realidad, sin embargo, revela que la respuesta estatal todavía es insuficiente. Los recursos son limitados, las políticas públicas a menudo resultan formales y las tecnologías—como las aplicaciones de denuncia y seguimiento—, aunque prometedoras, requieren políticas que garanticen la privacidad y la dignidad de las víctimas.

La experiencia colombiana y latinoamericana demuestra que los avances legales no son suficientes si no se acompañan de una renovación social sostenida y una voluntad política real. En síntesis, el desafío actual reside en articular un sistema integral que combine prevención, protección, atención, sanción efectiva y reparación integral, siempre desde una perspectiva interseccional e inclusiva,

---

178 Walby, Sylvia. 1990. *Theorizing Patriarchy*. Oxford: Blackwell, 20–35.

179 Connell, Raewyn. 2005. *Masculinities*. 2nd ed. Berkeley: University of California Press, 77–89.

180 Naciones Unidas. 2015. *Agenda 2030 para el Desarrollo Sostenible*. Nueva York: Naciones Unidas. https://www.un.org/sustainabledevelopment/es/gender-equality/

capaz de reconocer las múltiples discriminaciones que afectan a mujeres indígenas, afrodescendientes, rurales y urbanas.[181]

## 5.2 El Estado social de derecho y la mujer víctima

### 5.2.1 La violencia de género como desafío estructural al Estado de derecho

La violencia de género representa una grave afrenta a los fundamentos del Estado social de derecho, en la medida en que vulnera la dignidad humana y obstaculiza la realización del principio de igualdad ante la ley.[182] En contextos donde la discriminación y la violencia se encuentran normalizadas, el derecho corre el riesgo de convertirse en una proclama simbólica, incapaz de producir cambios tangibles en la vida de las personas.[183]

En la experiencia colombiana, el mandato constitucional de protección a los grupos vulnerables (artículo 13 y 43 de la Carta Política) ha sido reiterado por la jurisprudencia de la Corte Constitucional, que ha establecido el deber reforzado de protección hacia las mujeres víctimas de violencia, especialmente en comunidades indígenas, rurales o en situación de desplazamiento forzado.[184] Sin embargo, la repetición de patrones sociales y culturales, y la insuficiencia institucional, han perpetuado la normalización de la violencia, al afectar la percepción social de las mujeres y desincentivar la denuncia.[185]

La situación se agrava en virtud de la falta de respuesta efectiva de las instituciones encargadas de la protección, lo que expone falencias significativas en la implementación de la normativa.[186] Así, el patrón de comportamiento del

---

181 Crenshaw, Kimberlé. 1989. "Demarginalizing the Intersection of Race and Sex." *University of Chicago Legal Forum* 1989 (1): 139–167.

182 Corte Constitucional, Sentencia T-291 de 2016, fundamento jurídico 4.2.

183 García Villegas, M., 2016. *Normas de papel: la cultura del incumplimiento de las reglas.* Bogotá: Ariel.

184 Corte Constitucional de Colombia. 2025. Sentencia T-242/25. Bogotá: Corte Constitucional. https://www.corteconstitucional.gov.co/relatoria/boletines/boletin-sentencias-de-tutela-y-constitucionalidad-febrero-2025.pdf; Corte Constitucional, Sentencia T-025 de 2004; T-387 de 2020.

185 Orozco Pantaleón, L., 2008. "Machismo y cultura en América Latina". *Revista de Estudios Sociales,* No. 29, pp. 54-67.

186 García Villegas, Mauricio. 2014. *La Eficacia Simbólica del Derecho.* Bogotá: Universidad de los Andes, 45–60.

feminicidio y la violencia intrafamiliar no deben ser entendidos como hechos aislados, sino como resultado de prácticas culturales profundamente arraigadas que encuentran en la inacción estatal un terreno fértil para su reproducción.[187]

### 5.2.2 Responsabilidad reforzada del Estado en la protección de derechos

En el Estado social de derecho colombiano, la protección de los derechos fundamentales de las mujeres víctimas de violencia se erige como una obligación reforzada, que implica no solo la promulgación de leyes, sino la adopción de políticas efectivas de prevención, atención y reparación integral.[188]La jurisprudencia constitucional ha sido clara en señalar que la inacción estatal frente a la violencia de género constituye una violación directa de la Convención de Belém do Pará y de la Convención sobre la Eliminación de Todas las Formas de Discriminación contra la Mujer (CEDAW).[189] En particular, la Corte Constitucional ha establecido que el Estado debe garantizar el acceso efectivo a la justicia y remover las barreras que, ante la inacción judicial, perpetúan la permisividad del estado, tales como la ausencia de personal especializado, la revictimización institucional, la falta de rutas claras de atención y la escasa articulación interinstitucional.[190]La existencia de estas barreras ha sido documentada en informes de la Defensoría del Pueblo, que señalan la carencia de personal capacitado en el 65% de las comisarías de familia, la desprotección en zonas rurales y la ausencia de acompañamiento psicosocial para víctimas y sus familias.[191]

La insuficiencia institucional refleja una deuda histórica del Estado colombiano con las mujeres, agravada por el subregistro y la falta de estadísticas

---

[187] Defensoría del Pueblo, *Informe sobre Violencia de Género en Colombia*, 2024, p. 23; Cfr. Observatorio de Violencia contra las Mujeres, Informe 2022, 2022, https://observatorioviolenciamujeres.co/.

[188] Organización de los Estados Americanos. 1994. Convención de Belém do Pará. Washington, D.C.: OEA. https://www.oas.org/juridico/spanish/tratados/a-61.html; Congreso de la República de Colombia. 2008. Ley 1257 de 2008. https://www.funcionpublica.gov.co/eva/gestornormativo/norma.php?i=34257, arts. 8-11; Ley 1761 de 2015, art. 104A Código Penal.

[189] Corte Constitucional, Sentencia T-198 de 2022, fundamento jurídico 6.3.

[190] Comisión Interamericana de Derechos Humanos (CIDH), Informe "Acceso a la Justicia para Mujeres Víctimas de Violencia en las Américas", OEA/Ser.L/V/II, Doc. 68, 2007.

[191] Defensoría del Pueblo, *Informe sobre el Estado de la Violencia de Género*, 2024, p. 45.

desagregadas por etnia, territorio y condición socioeconómica.[192] El derecho, entonces, debe avanzar hacia un modelo de protección proactiva, basado en la prevención, la educación y la transformación cultural, que trascienda la mera sanción penal.

### 5.2.3 Cultura, machismo y violencia de género en Colombia

La violencia de género en Colombia está intrínsecamente vinculada a una cultura patriarcal y machista, que normaliza la discriminación y la subordinación femenina. Los estereotipos de género, transmitidos a través de la familia, la escuela y los medios de comunicación, perpetúan la idea de la mujer como sujeto pasivo y dependiente, lo que legitima y naturaliza diversas formas de violencia.[193] Estudios sociológicos y antropológicos coinciden en señalar que, en muchos contextos, las mujeres interiorizan la violencia como parte inevitable de su vida cotidiana, lo que reproduce el ciclo intergeneracional del abuso.[194]

Aunque la Constitución de 1991 proclama la igualdad entre hombres y mujeres, la realidad social evidencia el anclaje de barreras estructurales y culturales que dificultan el goce efectivo de los derechos de las mujeres, especialmente en comunidades indígenas y afrodescendientes, donde la interseccionalidad de raza, clase y género multiplica las vulnerabilidades.[195] Esta expresión social es especialmente grave en el ámbito rural, donde el acceso a servicios de justicia y protección es limitado y la resolución de conflictos suele canalizarse a través de mecanismos informales, muchas veces contrarios a los derechos fundamentales.[196]

El Estado y la sociedad civil están llamados a trabajar en conjunto para desafiar y transformar estas normas culturales, mediante políticas de educación inclusiva, campañas de sensibilización y la promoción de modelos alternativos

---

192 Corporación Sisma Mujer, "Radiografía de la violencia contra las mujeres en Colombia 2023-2024".

193 Connell, R.W., 2005. *Masculinities*. University of California Press.

194 Heise, L. (1998). "Violence Against Women: An Integrated, Ecological Framework". Violence Against Women, 4(3), 262-290.

195 Moreno, Gloria Amparo. 2022. "Feminismos negros y justicia epistémica." *Estudios Sociales Afrolatinoamericanos* 4 (1): 44–67; Corte Constitucional, Sentencia T-291 de 2016, fundamento jurídico 6.1.

196 Instituto Nacional de Medicina Legal y Ciencias Forenses, *Boletín Epidemiológico*, 2024.

de masculinidad, capaces de erradicar el machismo como ideología dominante.[197]

### 5.2.4 Ineficacia de la norma y monocultivo institucional

La falta de eficacia normativa—la distancia entre el texto legal y su cumplimiento real—es especialmente evidente en el ámbito de la violencia de género. Como sostiene García Villegas (2014), el "monocultivo institucional" en Colombia ha propiciado que el derecho funcione como un ritual de legitimación, más que como un instrumento de evolución sociocultural.[198] Esta crítica se ve reflejada en los altos niveles de tolerancia judicial, el bajo índice de denuncias y la reiterada revictimización de las mujeres que acceden al sistema judicial.

La metáfora del trasplante institucional, propuesta por Evans (2004), resulta pertinente: las leyes importadas o promulgadas sin tener en cuenta el entorno cultural y social tienden a fracasar si no se acompañan de procesos de apropiación y adaptación local.[199] En el caso de la violencia de género, esto implica que la promulgación de leyes, aunque necesaria, no basta: es imprescindible construir condiciones culturales, sociales y materiales que permitan su aplicación efectiva, con especial atención a los contextos rurales, indígenas y afrodescendientes.[200]

Así, la deficiencia institucional constituye no solo un déficit administrativo, sino una violación sustantiva de los derechos fundamentales de las mujeres, que perpetúa el ciclo de la violencia y refuerza la desconfianza social en el Estado de derecho.

---

[197] UNESCO. 2023. Género y acceso a la tecnología en América Latina. París: UNESCO. https://unesdoc.unesco.org/ark:/48223/pf0000381234.

[198] García Villegas, Mauricio. 2016. *Normas de papel: la cultura del incumplimiento de las reglas*. Ariel, pp. 85-112. Véase a García Villegas, Mauricio. 2014. *La Eficacia Simbólica del Derecho*. Bogotá: Universidad de los Andes, 61–80.

[199] Evans, Peter. 2004. "Development as Institutional Change." Studies in Comparative International Development 39 (2): 30–52.

[200] Merry, S. E., 2006. *Human Rights and Gender Violence: Translating International Law into Local Justice*. University of Chicago Press.

### 5.2.5 Estadísticas recientes: magnitud de la problemática y urgencia de respuestas integrales

Las cifras oficiales correspondientes al año 2024 evidencian la dimensión crítica del fenómeno: la Fiscalía General de la Nación registró más de 110.000 casos de violencia intrafamiliar, siendo las mujeres el 77,3□% de las víctimas.[201]El Observatorio de Feminicidios documentó 745 feminicidios en el mismo periodo, con un incremento sostenido en regiones como Valle del Cauca, Antioquia y Bogotá.[202]Estos datos coinciden con la tendencia regional, donde América Latina registra las tasas más altas de feminicidio en el mundo: 1,6 por cada 100.000 mujeres.[203]

Los estudios sugieren que existe un subregistro considerable de casos, agravado por la falta de confianza en las instituciones y el miedo a la revictimización.[204] Así, las cifras oficiales representan apenas una fracción de la realidad, lo que obliga a repensar los mecanismos de prevención, atención y reparación, y a priorizar la recopilación y análisis de datos desagregados como insumo para la formulación de políticas públicas efectivas.[205]

La urgencia de respuestas integrales implica el fortalecimiento de la capacidad institucional, la articulación intersectorial y la incorporación de nuevas tecnologías para la prevención, monitoreo y atención de la violencia, así como garantizar la privacidad y la dignidad de las víctimas en todo momento.[206]

### 5.2.6 Prevención, educación y reconfiguración social

La erradicación de la violencia de género no se logrará únicamente a través de la promulgación de leyes o el endurecimiento de las sanciones penales. Es imperativo diseñar e implementar políticas de prevención y educación que

---

[201] Fiscalía General de la Nación. 2024. Informe Estadístico 2024: Violencia Intrafamiliar. Bogotá: Fiscalía General de la Nación. https://www.fiscalia.gov.co/colombia/informes-estadisticos/

[202] Observatorio de Feminicidios de Colombia, Informe Anual 2024, p. 14-27.

[203] CEPAL, Panorama Social de América Latina 2023-2024.

[204] Restrepo, Mariana. 2023. "Subregistro de la violencia basada en género en Colombia." Revista Criminalidad 65 (2): 141–169.

[205] UN Women, Measuring Gender-Related Killings of Women and Girls, 2024.

[206] UNICEF, "Las TIC como herramientas de prevención en violencia de género en América Latina", 2023.

desafíen los estereotipos de género, promuevan la igualdad y empoderen a las mujeres como sujetas activas de derechos.[207] La integración de tecnologías de la información y la comunicación (TIC) puede contribuir a la denuncia, el seguimiento de casos y la formación ciudadana, siempre que se respeten los derechos a la privacidad y la protección de datos personales.[208]

En este sentido, la colaboración entre instituciones estatales y sociedad civil resulta esencial para el diseño de campañas de sensibilización, el fortalecimiento de redes de apoyo y la transformación de los imaginarios colectivos que perpetúan el machismo y la subordinación de la mujer. Así lo ha destacado la UNODC en sus propuestas de buenas prácticas, que abogan por el abordaje integral e interseccional de la problemática, con lo que se responde a las realidades específicas de cada grupo poblacional.[209]

La prevención, entendida como transformación cultural, constituye el mayor desafío para los sistemas jurídicos contemporáneos, pues exige no solo la reforma de las instituciones, sino la construcción de nuevas subjetividades y prácticas sociales.[210] En síntesis, la violencia de género desafía de manera estructural los cimientos del Estado social de derecho y exige una respuesta estatal que combine el rigor normativo, la eficacia institucional y la transformación cultural.[211] Solo así será posible garantizar la dignidad y la igualdad sustantiva de las mujeres, lo que convierte al derecho en un verdadero instrumento de emancipación y justicia.

## 5.3 Derechos fundamentales y violencia de género

### 5.3.1 El Reconocimiento Constitucional y su Eficacia Real

La Constitución Política de Colombia de 1991 estableció el andamiaje formal para la protección de los derechos fundamentales, al colocar la igualdad y la

---

[207] UN Women, Handbook on Legislation on Violence against Women, 2012, p. 48.

[208] UNICEF, "Las TIC como herramientas de prevención en violencia de género en América Latina", 2023, p. 33-38.

[209] UNODC, "Manual de buenas prácticas en la prevención y atención de la violencia de género", 2022.

[210] Organización de Estados Americanos. 2023. Guía para la implementación de políticas de justicia con perspectiva de género. Washington, D.C.: OEA. https://www.oas.org/es/cidh/informes/pdfs/GuiaJusticiaGenero.pdf.

[211] Young, Iris M. 1990. Justice and the Politics of Difference. Princeton: Princeton University Press, 120–135

dignidad humana en el centro del modelo de Estado Social de Derecho[212]. No obstante, la distancia entre la proclamación constitucional y la realidad material de millones de mujeres en Colombia evidencia la paradoja de un sistema jurídico que declara derechos universales, pero tolera exclusión y violencia sistemática.[213]

En este contexto, la ratificación de tratados internacionales como la Convención sobre la Eliminación de Todas las Formas de Discriminación contra la Mujer (CEDAW) y la Convención de Belém do Pará, si bien ha generado obligaciones formales, no se traduce automáticamente en la erradicación de prácticas discriminatorias ni en la protección efectiva frente a la violencia de género.[214] Estudios de la Comisión Interamericana de Derechos Humanos (CIDH) y la Corte Constitucional subrayan que el *déficit de implementación* es un fenómeno estructural, especialmente grave en contextos de pobreza, ruralidad y pertenencia étnica.[215]

**Gráfico 1 Disparidad entre reconocimiento constitucional y experiencia real de mujeres**

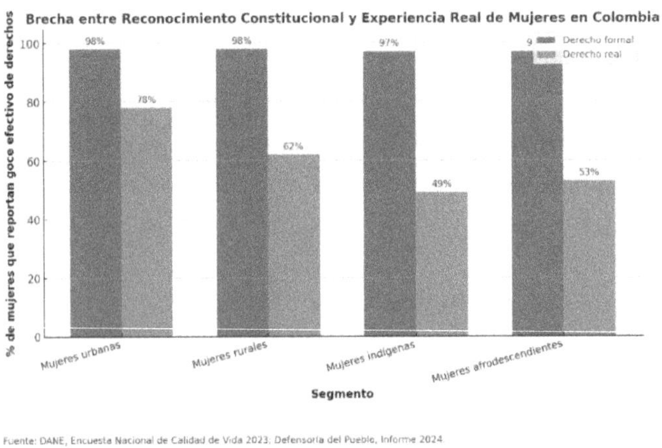


[212] Artículos 1, 2 y 13 de la Constitución Política de Colombia.
[213] Uprimny, R., 2014. "La paradoja constitucional latinoamericana".
[214] CEDAW, Artículos 2 y 5; Convención de Belém do Pará, Arts. 7 y 8.
[215] CIDH, Informe 2019; Corte Constitucional, Sentencia T-291 de 2016.

**Fuente:** DANE, Encuesta Nacional de Calidad de Vida 2023; Defensoría del Pueblo, Informe sobre Violencia de Género 2024.[216]

La gráfica ilustra el contraste entre el reconocimiento formal de derechos para las mujeres (Constitución y leyes) y el goce efectivo reportado, segmentado por área urbana/rural y pertenencia étnica. La diferencia evidencia un abismo estructural persistente, más aguda en comunidades indígenas y afrodescendientes.

### 5.3.2 Violencia de Género como Patología Social y Fallo Estatal

La violencia de género constituye una patología social estructural, manifestación de relaciones históricas de poder, patriarcado y discriminación.[217] A pesar del marco legal robusto, la "eficacia simbólica" de la ley, según García Villegas (2014), prevalece sobre la eficacia material: las normas existen, pero su capacidad de transformar la vida cotidiana es limitada.[218]

La deficiencia de la actividad estatal se evidencia en la inacción jurídica estadual—más del 90% en casos de feminicidio—y en la ausencia de recursos adecuados en las instituciones encargadas de proteger a las mujeres.[219] La CIDH ha reiterado que este déficit representa una violación sistemática a la obligación de *debida diligencia* que pesa sobre los Estados parte.[220]

**Gráfico 2. Impunidad en feminicidios: Colombia y América Latina**

---

[216] DANE. 2023. Encuesta Nacional de Calidad de Vida 2023. Bogotá: DANE. https://www.dane.gov.co/index.php/estadisticas-por-tema/encuesta-de-calidad-de-vida. Cfr. Defensoría del Pueblo, Informe sobre Violencia de Género 2024, Bogotá: Defensoría del Pueblo, https://www.defensoria.gov.co/es/nube/enlosmedios/13546/.

[217] Galtung, J. 1990. "Cultural Violence". *Journal of Peace Research*.

[218] García Villegas, Mauricio. 2014. La Eficacia Simbólica del Derecho. Bogotá: Universidad de los Andes, 81–95.

[219] Defensoría del Pueblo, Informe 2024; Fundación Feminicidios Colombia, 2023.

[220] CEPAL. 2023. Observatorio de Igualdad de Género de América Latina y el Caribe. Santiago: CEPAL. https://oig.cepal.org/es..

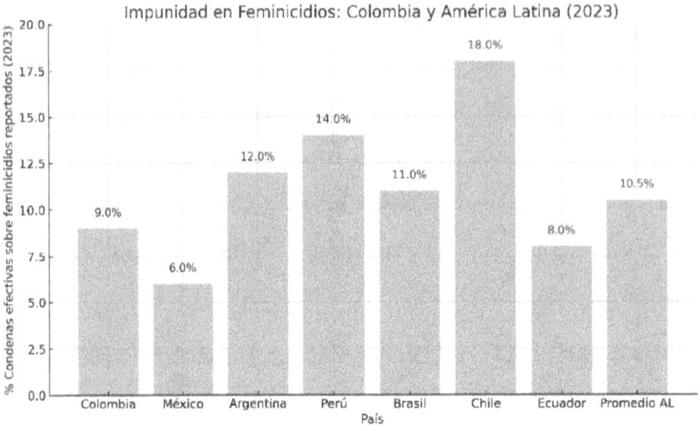


**Fuente:** CEPAL, ONU Mujeres. 2023

### 5.3.3 Interseccionalidad, Exclusión y Vulnerabilidad Agudizada

La perspectiva de interseccionalidad, desarrollada por Crenshaw, permite comprender cómo raza, etnia, clase, edad y pertenencia territorial potencian la exclusión y la vulnerabilidad de las mujeres ante la violencia.[221] Las mujeres indígenas y afrodescendientes enfrentan obstáculos mayores para acceder a la justicia, lo que se refleja en los índices diferenciales de victimización y revictimización institucional.[222]

El caso colombiano ilustra la relevancia de las barreras geográficas, lingüísticas y culturales que impiden la materialización del derecho a vivir una vida libre de violencia. La Corte Constitucional ha llamado la atención sobre la necesidad de enfoques diferenciales e interseccionales en política pública, más allá del plano retórico.[223]

**Gráfico 3. Índices de acceso a la justicia por pertenencia étnica y zona**

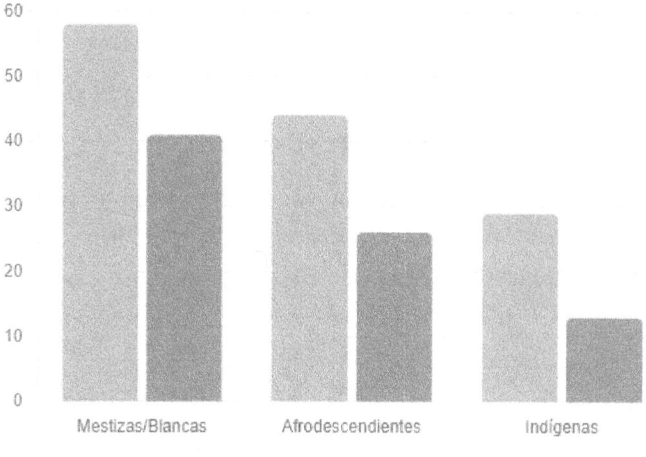


**Fuente:** DANE, Defensoría del Pueblo, 2023. [224]

---

[221] Crenshaw, Kimberlé. 1989. "Demarginalizing the Intersection of Race and Sex." University of Chicago Legal Forum 1989 (1): 139–167.

[222] Salazar, Viviana. 2023. "Interseccionalidad en contextos rurales: Mujeres negras en el Pacífico." Estudios Afrolatinoamericanos 3 (2): 45–71.

[223] Sentencia T-291 de 2016; Decreto 4798/2011.

[224] DANE. 2023. Encuesta Nacional de Calidad de Vida 2023. Bogotá: DANE. https://www.dane.gov.co/index.php/estadisticas-por-tema/encuesta-de-calidad-de-vida

Los datos reflejan el porcentaje estimado de mujeres que logran acceder a mecanismos de protección, y diferencia entre zonas urbanas y rurales y según su pertenencia étnica.

### 5.3.4. Eficacia normativa, simbolismo legal y agendas de reforma

La eficacia normativa en materia de violencia de género depende no sólo del contenido de la ley sino de su implementación, supervisión y evaluación continua.[225] La doctrina comparada subraya la importancia de una "gobernanza multinivel" en políticas públicas, habida cuenta que integra acciones de Estado central, territorios, sociedad civil y organismos internacionales.[226]

En Colombia, la Ley 1257 de 2008, la Ley 1761 de 2015 (tipificación del feminicidio) y la Ley 1719 de 2014[227] (violencia sexual en conflicto armado) han sido hitos normativos. No obstante, el seguimiento de la CEPAL y la Corte IDH evidencia que la fragmentación y la falta de coordinación interinstitucional limitan el impacto real de la legislación.[228] Así, la eficacia simbólica—la ley como declaración de principios—contrasta con la eficacia material—la ley como motor de transformación—, con lo que persiste en una separación crítica.[229]

### 5.3.5 Políticas públicas y el reto de la coherencia estatal

Las políticas públicas para combatir la violencia de género requieren una articulación efectiva entre prevención, protección, atención y sanción.[230] Sin embargo, la realidad muestra políticas dispersas, con baja financiación, ausencia de indicadores robustos de evaluación y escasa participación real de las organizaciones de mujeres en su diseño y seguimiento.[231]

La experiencia comparada muestra que las estrategias más exitosas integran campañas educativas de largo plazo, sistemas de alerta temprana,

---

225 Cfr.: Merry, S.E., 2006. Human Rights and Gender Violence: Translating International Law into Local Justice.

226 Rodríguez Garavito, César. 2022. "Justicia algorítmica y derechos humanos." Derecho y Sociedad Global 9 (2): 101–126; Fraser, N., 2009. Scales of Justice.

227 Congreso de la República de Colombia. 2014. Ley 1719 de 2014. Bogotá: Congreso de Colombia. https://www.funcionpublica.gov.co/eva/gestornormativo/norma.php?i=57468.

228 CEPAL, Observatorio de Igualdad de Género, 2024; Corte IDH, Caso González y otras ("Campo Algodonero") vs. México.

229 García Villegas, M., 2016. Normas de papel.

230 ONU Mujeres., 2022. Handbook on Legislation on Violence against Women.

231 DNP, Evaluación de Políticas de Equidad de Género, 2023.

refugios seguros, capacitación transversal en género a operadores judiciales y participación social constante. El fracaso colombiano en revertir la tendencia ascendente de feminicidios evidencia la necesidad de repensar la gobernanza, de la misma manera que exige alinear esfuerzos estatales, sector privado y sociedad civil.[232]

### 5.3.6 La Dignidad Humana como principio rector y desafío de la resiliencia

El reconocimiento constitucional y supranacional de la dignidad humana obliga al Estado a erradicar toda forma de violencia, subordinación y exclusión de las mujeres.[233] Sin embargo, en ausencia de políticas efectivas, muchas mujeres recurren a la resiliencia y a la construcción de "libertad interior" como estrategia de sobrevivencia, mecanismo que, aunque admirable, no exime al Estado de su deber de protección integral.[234]

La jurisprudencia constitucional—en especial la Sentencia C-029 de 1995 y la T-878 de 2014—recalca que el derecho sustancial debe prevalecer sobre el formalismo, y que la dignidad es un valor operativo que exige acciones afirmativas, recursos y resultados efectivos.[235]

### 5.3.7 Estadística, Diagnóstico y Prospectiva

El análisis cuantitativo revela la profundidad del problema y la insuficiencia de las respuestas tradicionales. Entre 2021 y 2024, los feminicidios en Colombia han aumentado más del 25%, mientras que las lesiones no fatales crecen a ritmo aún mayor, con lo que se evidencia la insuficiencia de las medidas preventivas y el impacto de los determinantes sociales.[236] El mapa de calor de la violencia muestra concentración en zonas de conflicto, alta ruralidad y pobreza. También señala la urgencia de estrategias diferenciadas y territorializadas.[237]

---

232 CEPAL, 2024; CIDH, Informe Sombra, 2022.

233 Constitución Política, Art. 1, 13, 42 y 43; CEDAW, Art. 1.

234 Nussbaum, M., 2011. Creating Capabilities: The Human Development Approach; Scheler, M. (1921). El Formalismo en la Ética.

235 Sentencia C-029 de 1995; T-878 de 2014.

236 INMLCF, Boletines estadísticos 2021-2024.

237 CEPAL, 2024; DANE, Encuesta Nacional de Demografía y Salud.

### 5.3.8 PROPUESTAS PARA LA EFECTIVIDAD INTEGRAL: UNA HOJA DE RUTA

a) Legislación con perspectiva multinivel y territorial, que supere la visión homogénea de la mujer como sujeto universal.[238]
b) Integración de sistemas de información y monitoreo en tiempo real de denuncias, medidas de protección y rutas de atención, que utilice tecnologías emergentes como Big Data y IA para detección de patrones y focos de riesgo.[239]
c) Financiación suficiente, transparente y estable de políticas públicas, con auditoría ciudadana y criterios de eficacia y equidad.
d) Formación obligatoria en género, diversidad y derechos humanos para todo el aparato estatal, judicial y policial, con incentivos y sanciones efectivas.
e) Articulación con organismos internacionales y cooperación Sur-Sur para compartir buenas prácticas y modelos exitosos.

La superación de la violencia de género no es solo una tarea del derecho, sino un reto de evolución social y cultural. El déficit de implementación de las normas es tanto una patología institucional como una herencia de estructuras patriarcales que deben ser desmontadas mediante políticas públicas robustas, participación social activa y un compromiso ético estatal inquebrantable. La dignidad de las mujeres y la igualdad sustantiva deben ser ejes centrales, no retóricos, del Estado Social de Derecho.

---

[238] Crenshaw, K.; Nussbaum, M.; Fraser, N.; ONU Mujeres.
[239] EIGE (European Institute for Gender Equality), 2023.

## 5.4 VIOLENCIA DE GÉNERO: EXPRESIÓN SOCIAL TRANSNACIONAL

### 5.4.1 UNIVERSALIDAD DEL SUCESO Y CONVERGENCIA NORMATIVA INTERNACIONAL

La violencia de género constituye una manifestación que traspasa las fronteras nacionales y afecta a sociedades de todo tipo, independientemente de su grado de desarrollo económico, sus tradiciones jurídicas o sus características culturales. Los informes de Naciones Unidas han documentado que una de cada tres mujeres en el mundo ha experimentado violencia física o sexual en algún momento de su vida, lo que confirma la naturaleza estructural y transnacional de este problema.[240] Este dato, que se mantiene constante en regiones tan disímiles como Europa, América Latina, África y Asia, subraya el carácter estructural y sistemático de la violencia de género como una dinámica transnacional.[241]

El derecho internacional de los derechos humanos, especialmente a través de instrumentos como la CEDAW (1979)[242] y la Convención de Belém do Pará (1994)[243], ha sentado las bases para la construcción de un marco normativo supranacional destinado a prevenir, sancionar y erradicar la violencia contra la mujer. Tales tratados, junto a resoluciones del Consejo de Seguridad de Naciones Unidas como la Resolución 1325 sobre mujeres, paz y seguridad[244], obligan a los Estados parte a adoptar políticas públicas integrales, leyes específicas y mecanismos de seguimiento, orientados a combatir la impunidad y a asegurar el acceso efectivo a la justicia para las víctimas.

No obstante, la mera ratificación de convenios internacionales no ha bastado para erradicar la violencia de género, debido a la iteración de factores

---

[240] ONU Mujeres., 2023. Violence Against Women Prevalence Estimates. Nueva York: Naciones Unidas.

[241] World Health Organization., 2022. Global Status Report on Violence Prevention. Ginebra: WHO Press.

[242] Convención sobre la Eliminación de Todas las Formas de Discriminación contra la Mujer (CEDAW), 1979.

[243] Organización de los Estados Americanos. (1994). Convención Interamericana para Prevenir, Sancionar y Erradicar la Violencia contra la Mujer ("Belém do Pará").

[244] Consejo de Seguridad de Naciones Unidas. Resolución 1325 (2000), sobre Mujeres, Paz y Seguridad.

culturales, políticos y sociales que obstaculizan la implementación efectiva de los estándares globales en el ámbito local.[245]

El desfase entre la normatividad internacional y la realidad cotidiana evidencia la necesidad de una articulación más eficaz entre el derecho internacional y las políticas públicas nacionales, así como la importancia de una mirada compleja de discriminación que tenga en cuenta la diversidad de contextos y vulnerabilidades.

[245] Merry, S. E., 2006. Human Rights and Gender Violence: Translating International Law into Local Justice. Chicago: University of Chicago Press.

**Gráfico 4. Comparación de Feminicidios en Iberoamérica (datos recientes).**

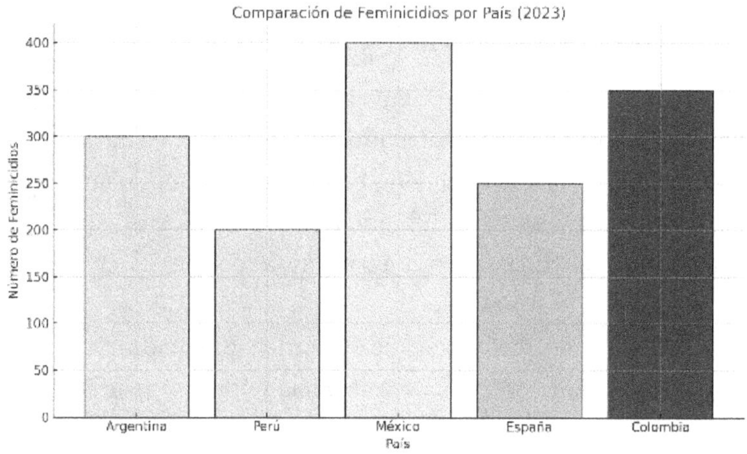


Fuentes: **UN Women (2024) y CEPAL (2024)**

Los datos estadísticos reflejan una crisis global agravada por factores estructurales como el patriarcado, la normalización de la violencia, y la corrupción de los sistemas judiciales. En regiones como Afganistán, Somalia y la República Democrática del Congo, los conflictos armados y la inestabilidad política limitan el acceso a la justicia, mientras que, en países como Sudáfrica, la alta incidencia de violaciones está vinculada a desigualdades socioeconómicas y una cultura de violencia arraigada. Estas disparidades evidencian que la violencia de género trasciende fronteras y contextos, y reclama respuestas coordinadas que aborden tanto las causas estructurales como las barreras específicas de cada región.

### 5.4.2. Tráfico, migración y redes de explotación: la globalización del riesgo

La globalización ha generado nuevas formas y dimensiones de violencia de género, especialmente visibles en el tráfico de personas, la migración forzada y las redes internacionales de explotación sexual y laboral.[246]Las mujeres migrantes, refugiadas y desplazadas constituyen uno de los grupos más

[246] Organización Internacional para las Migraciones (OIM)., 2024. Informe mundial sobre migración.

vulnerables, expuestas no solo a la violencia en los países de origen, sino también a nuevos riesgos durante el tránsito y la llegada a territorios extranjeros.[247]

Organizaciones internacionales como la OIM y ACNUR han documentado el incremento de casos de trata de mujeres con fines de explotación sexual en rutas migratorias de Centroamérica hacia Norteamérica, del Norte de África hacia Europa y en corredores del sudeste asiático.[248] En muchos casos, la violencia sistémica y la falta de protección estatal facilitan que estas redes operen con altos niveles de indiferencia punitiva, al aprovechar las debilidades institucionales, la corrupción y la ausencia de cooperación judicial efectiva entre Estados.[249]

A pesar de la adopción del Protocolo de Palermo (2000) sobre trata de personas[250], los mecanismos de protección y asistencia aún son insuficientes. Los Estados deben asumir la responsabilidad de implementar sistemas de alerta temprana, fortalecer la cooperación policial y judicial transnacional y garantizar la reparación integral de las víctimas. La falta de recursos, la xenofobia y la criminalización de la migración irregular agravan la situación y perpetúan el círculo de vulnerabilidad y revictimización.[251]

### 5.4.3 Digitalización, violencia de género y ciberdelincuencia: el desafío del siglo XXI

La expansión de las tecnologías de la información además de que ha transformado la naturaleza de la violencia de género, también abierto nuevos frentes de riesgo a través del ciberacoso, la pornografía no consentida, la sextorsión y el *doxing,* entre otros delitos.[252] El entorno digital se ha convertido en un espacio propicio para la reproducción y amplificación de las violencias

---

[247] ACNUR., 2024. Refugiadas y violencia de género. Informe regional para América Latina.

[248] United Nations Office on Drugs and Crime (UNODC)., 2024. Global Report on Trafficking in Persons.

[249] Sánchez, G., 2022. "Redes criminales y trata internacional: retos de cooperación judicial". Revista Internacional de Derecho Penal, 15(1), 67-89.

[250] Protocolo de Palermo para Prevenir, Reprimir y Sancionar la Trata de Personas, Especialmente Mujeres y Niños, 2000.

[251] OEA., 2023. "Xenofobia, trata y violencia estructural en las Américas". Informe anual.

[252] Henry, N., & Powell, A., 2018. Technology-Facilitated Sexual Violence. Australian & New Zealand Journal of Criminology, 51(1), 114–133.

tradicionales, con la particularidad de que las agresiones pueden alcanzar dimensiones globales en tiempo real.[253]

La falta de armonización normativa entre países, sumada a la volatilidad y el anonimato en la red, dificulta la investigación, persecución y sanción de los ciberdelitos de género.[254] Mientras que la Unión Europea ha avanzado en la aprobación de directivas específicas, muchas regiones carecen de legislación adecuada y de capacidades técnicas en las autoridades judiciales para enfrentar estos acaecimientos conductuales.[255] La cooperación internacional resulta indispensable para rastrear, identificar y sancionar a los responsables, así como para implementar medidas de prevención y educación digital con enfoque de género.[256]

### 5.4.4 PERSPECTIVA COMPARADA: DESAFÍOS Y BUENAS PRÁCTICAS EN POLÍTICA PÚBLICA

La respuesta estatal ante la violencia de género varía significativamente según la región, el sistema jurídico y el grado de consolidación institucional. Países como España han desarrollado sistemas integrales de protección, como el modelo VioGén, que articula bases de datos, monitoreo policial y asistencia multidisciplinaria a víctimas.[257] Por su parte, naciones del Cono Sur, como Argentina y Uruguay, han promulgado leyes pioneras en materia de femicidio y reparación.[258]

No obstante, en América Latina, África y Asia, persisten graves deficiencias en la prevención, atención y sanción de la violencia de género, atribuibles a la debilidad institucional, la fragmentación normativa y la ausencia de políticas públicas sostenibles.[259] Las experiencias comparadas muestran que

---

[253] Citron, D. K., 2014. Hate Crimes in Cyberspace. Cambridge: Harvard University Press.

[254] UNESCO., 2024. Violence against Women in Digital Spaces. París: UNESCO.

[255] European Union Agency for Fundamental Rights., 2022. "Violence against women: an EU-wide survey".

[256] United Nations Office on Drugs and Crime., 2023. Handbook on Gender-Responsive Police Services for Women and Girls.

[257] Ministerio del Interior de España., 2024. "Sistema de Seguimiento Integral en los casos de Violencia de Género (VioGén)".

[258] CEPAL., 2024. Observatorio de Igualdad de Género de América Latina y el Caribe.

[259] Human Rights Watch., 2023. World Report 2023: "Deficiencias institucionales en la prevención de la violencia de género"

el éxito depende, en gran medida, de la voluntad política, la inversión sostenida en recursos humanos y materiales, y la inclusión de la sociedad civil y organizaciones de mujeres en la definición e implementación de políticas públicas.[260]

Las buenas prácticas identificadas en informes de la CEPAL, la OEA y ONU Mujeres incluyen la creación de tribunales y fiscalías especializadas, la capacitación obligatoria en perspectiva de género para operadores judiciales y policiales, el fortalecimiento de redes de refugios y la promoción de campañas masivas de prevención y sensibilización.[261] El aprendizaje transnacional resulta crucial para acelerar la adopción de estrategias exitosas y evitar la reproducción de errores estructurales.

### 5.4.5 Hacia una gobernanza global en la lucha contra la violencia de género

La dimensión transnacional de la violencia de género exige una respuesta igualmente global, articulada en varios niveles: desde la producción de estándares internacionales vinculantes hasta la cooperación judicial, policial y tecnológica entre Estados. Los desafíos de la cibercriminalidad, la trata y la violencia transfronteriza solo pueden abordarse mediante una gobernanza global basada en la corresponsabilidad, la transparencia y el enfoque de derechos humanos.[262]

En este contexto, resulta indispensable fortalecer los mecanismos de rendición de cuentas internacional, incrementar la financiación de programas multilaterales, armonizar los sistemas de recolección y análisis de datos y promover la participación efectiva de las víctimas y de la sociedad civil en la toma de decisiones.[263] El futuro de la lucha contra la violencia de género pasa por reconocer su naturaleza transnacional, superar las barreras de soberanía y

---

[260] OEA., 2023. "Buenas prácticas en la erradicación de la violencia contra las mujeres".

[261] ONU Mujeres & CEPAL., 2024. Informe sobre políticas públicas de género en América Latina y Europa.

[262] Pillay, N., 2021. "Global Governance for Ending Gender-Based Violence". International Journal of Human Rights, 25(7), 1211-1230.

[263] European Institute for Gender Equality., 2023. Gender Equality Index.

construir alianzas sólidas y duraderas que transformen la realidad de millones de mujeres en el mundo.

## 5.5 Impacto de la jurisprudencia de la Corte Constitucional sobre violencia de género en la eficacia del derecho en Colombia

### 5.5.1 Equidad de género en las ramas del poder público

La búsqueda de equidad de género en la administración de justicia colombiana constituye un desafío sistémico que trasciende la labor de la Corte Constitucional e involucra a todo el aparato judicial, así como a los poderes Legislativo y Ejecutivo. Si bien la Comisión Nacional de Género de la Rama Judicial ha diseñado marcos normativos e institucionales para transversalizar el enfoque de género, la realidad en el acceso efectivo a la justicia para las mujeres, en especial para aquellas pertenecientes a comunidades indígenas y afrodescendientes, se encuentra marcada por divergencias históricas, carencias presupuestales y resistencias culturales que perpetúan la impunidad y la discriminación.[264]

En este sentido, el impacto de la jurisprudencia no se limita a la creación de nuevos estándares, sino a su potencial para transformar el ethos institucional y la praxis diaria de los operadores judiciales, lo cual demanda una serie de políticas públicas robustas, inversión en formación y sistemas de seguimiento y sanción por omisión o incumplimiento.[265]

### 5.5.2 Corte Constitucional: función transformadora y estudios de caso regionales

La Corte Constitucional ha ejercido una función transformadora en el sistema jurídico colombiano, con una capacidad inédita para incidir en la interpretación y protección de los derechos fundamentales de las mujeres. La Sentencia T-291 de 2016 constituye un evento ejemplar de la incorporación de la perspectiva interseccional y de la adaptación de los mandatos constitucionales a las realidades regionales, culturales y étnicas del país.

---

[264] Confróntese Defensoría del Pueblo., 2024. Informe nacional sobre acceso a la justicia en violencia de género.

[265] Véase UNODC., 2022. Buenas prácticas judiciales en enfoque de género.

CASO PARADIGMÁTICO: SENTENCIA T-291 DE 2016

En este fallo, la Corte Constitucional analizó la situación de una mujer afrodescendiente víctima de violencia de género en el Chocó y subrayó la obligación estatal de adoptar un enfoque diferencial, atento a la convergencia de factores de vulnerabilidad: género, raza, pobreza y territorio. [266] El Tribunal sostuvo que la discriminación múltiple agrava la desprotección, y exigió medidas específicas para garantizar el acceso a la justicia, la protección integral y el respeto de la identidad cultural de las víctimas.

La Sentencia T-291 de 2016 no solo ordenó acciones concretas de reparación, sino que estableció un estándar vinculante para todos los jueces y autoridades administrativas: la interpretación de derechos fundamentales debe considerar la particular situación de mujeres indígenas, afrodescendientes y rurales, con especial énfasis en la superación de barreras estructurales que históricamente han limitado el ejercicio efectivo de sus derechos. [267]

### 5.5.3 DIMENSIÓN CRÍTICA: OBSTÁCULOS, AVANCES Y RETOS EN LA EFICACIA DE LA JURISPRUDENCIA CONSTITUCIONAL

Si bien la Corte Constitucional ha sido reconocida internacionalmente por su doctrina avanzada en protección de derechos de las mujeres, los obstáculos para la eficacia real de sus fallos se encuentran en la distancia entre lo normativo y lo social. [268] Entre los principales retos destacan:

a) Déficit de formación judicial: Solo un tercio de jueces y fiscales en regiones vulnerables ha recibido formación en perspectiva de género. La resistencia cultural, los prejuicios y la sobrecarga laboral dificultan la aplicación uniforme de los estándares constitucionales. [269]
b) Fragmentación institucional: La ausencia de coordinación efectiva entre las ramas judicial, ejecutiva y de control dificulta la ejecución de órdenes estructurales, como la creación de casas refugio, comisarías móviles o programas de atención psicológica.

[266] Mírese Corte Constitucional, Sentencia T-291 de 2016.

[267] Véase García Villegas, M., 2016. Eficacia simbólica del derecho; confróntese Corte Constitucional, 2016.

[268] Confróntese Merry, S., 2006. Human Rights and Gender Violence: Translating International Law into Local Justice.

[269] Véase UNODC., 2022. Indicadores de capacitación judicial.

c) Falta de monitoreo y sanción: Los mecanismos de seguimiento y sanción por incumplimiento de sentencias aún son débiles. El control ciudadano y la veeduría independiente, aunque avanzan, carecen de suficiente respaldo legal y financiero.[270]
d) Desigualdad territorial: Las regiones con mayor presencia de pueblos indígenas, afrodescendientes y campesinos (Chocó, Cauca, Putumayo, La Guajira) se mantienen como las más rezagadas en la implementación efectiva de los mandatos jurisprudenciales.

Sin embargo, existen avances notables, como la consolidación de mesas de género departamentales, la inclusión de la perspectiva interseccional en programas de capacitación judicial y la reciente aprobación de fondos adicionales para infraestructura en justicia de género.[271]

### 5.5.4 Reflexión crítica y proyecciones

La integración efectiva entre jurisprudencia constitucional, política pública y realidad social solo es posible mediante la construcción de una arquitectura institucional robusta, la asignación suficiente de recursos y la formación permanente de operadores judiciales y administrativos en derechos humanos y género.[272]

La Sentencia T-291 de 2016 y los estudios regionales expuestos demuestran que la eficacia del derecho depende de la voluntad política, la presión social y la capacidad de las instituciones para adaptar los estándares abstractos a la diversidad y complejidad territorial de Colombia. Urge robustecer los sistemas de datos, implementar auditorías participativas y desarrollar observatorios ciudadanos que permitan medir en tiempo real la implementación y el impacto de las sentencias.

En suma, el análisis confirma que la Corte Constitucional ha generado estándares de avanzada, pero su eficacia solo se materializa cuando existe una sinergia real con las políticas públicas y una apropiación social que permita pasar del derecho simbólico al derecho vivido.

---

[270] Véase CEPAL., 2024. Obstáculos en el seguimiento de políticas públicas de género.

[271] Véase Ministerio de Justicia., 2024. Plan de inversión en justicia con enfoque de género.

[272] Véase Sánchez, A. & Rubio, D., 2024. Justicia transformadora y género.

Principales obstáculos y propuestas para la implementación eficaz de la jurisprudencia de género por region (2024)
América del Norte
Obstáculos
• Persistencia de sesgos culturales en él sistéma judi icial
• Ealta de formación especializada en perspectiva de genero
Propuestas
• Programas de sensibilización en instituciones judicales
• Capacitación continua én interprefacion con enfoque de gèneró
América Latina y el Caribe
Obstáculos
• Leyes discriminatorias y prácticas judiciales patriarcales
• Resistencia politica a la aplicación de normas de genero
Propuestas
• Derogación de leyes sexistàs y reformas judiciales inclusivas
• Campañas de incidencia politica y compromiso gubérnamental
Europa
Obstáculos
• Implementación desigual en distintos paises
• Deficiencias en el monitoréo y evaluación de cumplimiento
Propuestas
• Armonización de estandares legales entre paises miembros
• Fortalecimiento de mécanismos de segulmiento y reporte
Asia
Propuestas
• Integriencia de normas de género en sistemas legales nacionales
• Inversión en desarrollo de capacidades en el sector just-
Propuestas
• Integración de normas de género en sistemas legales nacionales
• Invèrsión en desarróllo de capacidades en el sector

# CAPÍTULO SEXTO

# VIOLENCIA DE GÉNERO EN LA LEGISLACIÓN COMPARADA

La violencia de género, reconocida como una violación estructural de derechos humanos, afecta a mujeres en diversos contextos, que combina factores socioculturales, económicos, políticos y legales. Esta sección analiza cómo Perú, España, México y Argentina, a pesar de sus diferencias geográficas, comparten desafíos comunes en la erradicación de este flagelo, lo que genera la urgencia de intervenciones legislativas y sociales.[273]

Cada país ha implementado marcos normativos específicos, respaldados por tratados internacionales respaldados por tratados internacionales como la Convención de Belém do Pará (1994) y CEDAW (1979), aunque con resultados y grados de efectividad diversos, influenciados por factores históricos, culturales y estructurales en la redundancia de este proceso social[274] (Organización de los Estados Americanos [OEA], 1994; United Nations, 1993).

En los hallazgos de la investigación, el marco internacional, que incluye la jurisprudencia de la Corte Interamericana de Derechos Humanos (CIDH) ha sido crucial para visibilizar el problema y demandar de los Estados acciones más firmes y efectivas, como en el caso González y otras (Campo Algodonero) vs. México (2009) (Corte Interamericana de Derechos Humanos [CIDH], 2009).[275]

## 6.1 La Violencia de género en el caso peruano

Perú enfrenta una crisis de violencia de género que afecta a todas sus regiones, con variaciones en su incidencia según la ubicación geográfica. Según el Instituto Nacional de Estadística e Informática (INEI, 2024), el 55,2% de las mujeres peruanas han sido víctimas de violencia alguna vez en su vida.[276] Este dato, actualizado a partir de fuentes oficiales, subraya la magnitud del problema

---

[273] confróntese Organización de los Estados Americanos [OEA], 1994; United Nations, 1993

[274] Véase OEA, 1994; United Nations, 1993

[275] Véase también Corte Interamericana de Derechos Humanos [CIDH], 2009.

[276] Confróntese INEI, 2024

y destaca la prevalencia de la violencia psicológica (45,1%) y violencia física (40,3%). En 2023, los Centros de Emergencia Mujer (CEM) atendieron 160.000 casos, según el Ministerio de la Mujer y Poblaciones Vulnerables (MIMP, 2024).[277]

En cuanto a los feminicidios, el MIMP (2024), reportó 154 casos en 2023 un incremento con respecto a años anteriores, con regiones como Lima y La Libertad como las más afectadas al registrar un número alarmante de casos.[278] Un símbolo trágico que refleja esta crisis es el de Katherine Gómez, víctima de feminicidio por su pareja en Lima en 2023, lo que puso en evidencia las fallas en la respuesta institucional y las demoras en la detención del agresor, según informó Al Jazeera, (2023)[279]

Factores culturales como el sistema patriarcal, y estructurales como el acceso limitado a servicios de apoyo perpetúan la violencia, según Blondet (2015), quien destaca la subordinación femenina.[280] La Ley N° 30364 (2015) marcó un avance, pero su implementación es insuficiente debido a falta de recursos y coordinación, según Urbano y Vargas (2020) (Urbano & Vargas, 2020).[281]

El caso Penal Miguel Castro Castro vs. Perú (2006) de la CIDH subrayó la violencia sexual en contextos de represión, al exigir medidas estatales,[282] mientras que Espinoza Gonzáles vs. Perú (2014) abordó la tortura en violencia política y destacó la necesidad de reformas.[283]

Estos números son una alarma de cómo el evento de la violencia de género persiste de forma sistemática en toda la geografía peruana. El debido análisis de los datos desagregados y cifras estadísticas, por región y tipo de violencia, son esenciales en procura del diseño de intervenciones puntuales, al igual que la

---

[277] Véase MIMP, 2024

[278] Véase también MIMP, 2024[278] Véase también Corte Interamericana de Derechos Humanos [CIDH], 2009.

[278] Confróntese INEI, 2024

[278] Véase MIMP, 2024

[278] Véase también MIMP, 2024

[279] Mírese Al Jazeera, 2023

[280] Véase Blondet, 2015

[281] Confróntese Urbano & Vargas, 2020

[282] Véase CIDH, 2006

[283] Confrontese CIDH, 2014.

evaluación del impacto eventual que tendrían las políticas públicas sobre las causas de la violencia de género en el Perú, con el objetivo de lograr su reducción.[284]

**Gráfico 4. Estadísticas de violencia de Género en Perú (2022)**

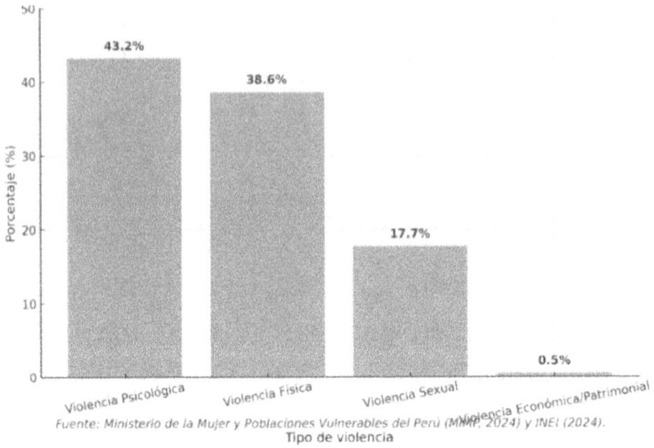


### 6.1.1. Factores culturales y estructurales

Diversos estudios académicos han identificado que la reiteración de la violencia de género en Perú está estrechamente vinculada con factores culturales y estructurales. La antropóloga Cecilia Blondet (2015) destaca cómo el sistema patriarcal en Perú perpetúa la subordinación femenina y asigna roles tradicionales que limitan su autonomía y desarrollo. Esta estructura cultural no solo refuerza la desigualdad de género, sino que también justifica y naturaliza prácticas violentas como mecanismos de control social, un punto que encuentra eco en el análisis de García (2020), quien subraya cómo la educación y las normas de género contribuyen a esta.[285]

La investigación concluye que esta dinámica evidencia una deuda estructural que el Estado aún no ha sabido saldar y perpetúa un ciclo de subordinación que afecta desproporcionadamente a las mujeres. Por su parte,

[284] Ministerio de la Mujer y Poblaciones Vulnerables del Perú (MIMP). Reporte anual de estadísticas de atención a víctimas de violencia 2022. Lima: MIMP, 2024; Instituto Nacional de Estadística e Informática (INEI). Encuesta Demográfica y de Salud Familiar (ENDES) 2022–2023. Lima: INEI, 2024

[285] Véase Blondet, 2015; confróntese García, 2020

Romina Díaz (2019), en su trabajo académico sobre políticas públicas en América Latina, argumenta que las barreras estructurales—como la limitada accesibilidad a la justicia, la precariedad económica y la falta de servicios básicos—agravan las condiciones de vulnerabilidad de las mujeres en Perú.[286]

Estas barreras, según Díaz, obstaculizan de manera significativa las posibilidades de las víctimas para denunciar y buscar apoyo, lo que consolida un ciclo de violencia y exclusión que, en los hallazgos de la investigación, refleja un fallo sistémico en la protección de derechos fundamentales. A esto se suma el informe de la Defensoría del Pueblo (2024), que revela que el 65% de las Comisarías de Familia carece de profesionales con formación específica en la atención y abordaje integral de la violencia de género, circunstancia que limita aún más el acceso a la justicia.[287]

Desde una perspectiva interseccional, influida por el trabajo seminal de Kimberly Crenshaw (1991), somos partidarios de la tesis de que las mujeres indígenas y afrodescendientes enfrentan una discriminación agravada por la confluencia de género, etnia y clase, evento que las sitúa en una posición de mayor vulnerabilidad.[288]

Por esta razón el análisis efectuado señala que el análisis de la violencia de género en Perú debe ir más allá de las generalidades y abordar estas intersecciones con políticas específicas. Sin embargo, no nos afiliamos a la idea de que las soluciones puedan limitarse a reformas superficiales; se infiere que se requiere una transformación profunda de las estructuras patriarcales y de las instituciones estatales para romper con esta inercia histórica.[289]

### 6.1.2 Datos alarmantes y respuesta institucional

La problemática del feminicidio en el Perú, entendida como una manifestación, tanto social como jurídica, revela profundas deficiencias estructurales y culturales. Las estadísticas proporcionadas por el Ministerio de la Mujer y Poblaciones Vulnerables (MIMP) y los informes del Ministerio Público destacan una situación alarmante: en 2022 se registraron 147 feminicidios, mientras que

[286] Véase Díaz, 2019

[287] Confróntese Defensoría del Pueblo, 2023.

[288] Mírese Crenshaw, 1991

[289] Véase Blondet, 2015; Díaz, 2019

entre 2009 y 2023 se acumularon 1,758 casos, lo que refleja una tendencia sostenida de violencia letal contra las mujeres.[290]

Este panorama se agrava con los datos de la Encuesta Demográfica y de Salud Familiar (ENDES) 2022, que indica que más del 44% de las mujeres víctimas de violencia no buscan ayuda, un indicador que, en nuestra perspectiva, señala una profunda crisis de confianza en las instituciones y una preocupante normalización de la violencia.[291] Los resultados evidencian que esta pasividad institucional perpetúa el problema y exige una respuesta más contundente.

La promulgación de la Ley N° 30364 en 2015,[292] representó un avance importante al establecer un marco normativo para prevenir, sancionar y erradicar la violencia contra las mujeres (Congreso del Perú, 2015). Sin embargo, la implementación de esta ley ha sido insuficiente, como lo destacan Aline Urbano y Ruth Vargas (2020), quienes identifican obstáculos como la escasez de recursos financieros y humanos, deficiencias en la capacitación del personal judicial y una débil coordinación interinstitucional.[293]

En este punto convenimos en que estas limitaciones reflejan una escisión entre el diseño legislativo y su aplicación práctica, un desafío que, según Díaz (2019), requiere fortalecer los mecanismos de ejecución para garantizar resultados tangibles.[294] Nuestro estudio concluye que, sin una asignación presupuestal adecuada y una reforma estructural, la ley solo será un avance más simbólico que efectivo. Los datos regionales ponen de manifiesto profundas disparidades en la distribución de los feminicidios y otros casos de violencia de alto riesgo en Perú.

Según el Servicio de Atención Urgente (SAU), en enero de 2025 se han registrado 560 casos de violencia familiar, sexual y de alto riesgo a nivel nacional, de los cuales 437 corresponden a mujeres (78%).[295] Lima Metropolitana lidera las estadísticas, al representar un 23,7% de los feminicidios recientes reportados por el Instituto Nacional de Estadística e Informática,[296] que incluye tanto Lima

290 Véase MIMP, 2023
291 Véase Instituto Nacional de Estadística e Informática [INEI], 2022
292 Véase Congreso del Perú, 2015
293 Mírese Urbano & Vargas, 2020
294 Obsérvese Díaz, 2019
295 Véase Programa AURORA, 2025.
296 Véase INEI, 2023.

Metropolitana como Callao. Otras regiones como Cusco, Arequipa, Huánuco, Ayacucho y Puno, también registran índices preocupantes, según el mapa del SAU, lo que respalda la mención de Cusco, Cajamarca e Ica como áreas de atención prioritaria.

Se desprende que estas cifras no solo reflejan la voluminosidad del problema, sino que también exponen las desigualdades geográficas en la capacidad del Estado para responder al incidente.[297] Es innegable que la centralización de los servicios de justicia y protección impide que las mujeres en regiones rurales accedan a mecanismos eficaces de defensa de sus derechos. Esta limitación agrava la vulnerabilidad de las mujeres en áreas como Cajamarca, Ica y otras zonas remotas, donde la falta de recursos e infraestructura judicial perpetúa la impunidad y dificulta la prevención de la violencia.[298]

### 6.1.3 Aportes desde la jurisprudencia internacional

La jurisprudencia internacional ha tenido un papel decisivo en el reconocimiento, visibilización y erradicación de la violencia de género en el contexto peruano, ya que señala obligaciones estatales concretas en materia de prevención, sanción y reparación. En este sentido, la Corte Interamericana de Derechos Humanos (CIDH) ha establecido directrices robustas que trascienden el ámbito normativo nacional y obligan a los Estados a transformar sus estructuras institucionales para la adopción de políticas públicas más eficaces en la erradicación de la violencia contra la mujer.[299]

#### 6.1.3.1 El Caso Penal Miguel Castro Castro vs. Perú

Constituye un precedente insoslayable en la lucha contra la violencia de género en contextos de represión estatal. Los hechos, ocurridos entre el 6 y el 9 de mayo de 1992, implicaron el uso excesivo de la fuerza estatal en un penal de Lima, lo que resultó en la muerte y lesiones de decenas de internas, muchas de ellas mujeres sometidas a tortura y violencia sexual. La Corte IDH determinó

---

297 Confróntese CEPAL, 2024

298 Véase Blondet, 2015; Díaz, 2019

299 Véase Corte Interamericana de Derechos Humanos [CIDH], 2006; 2014

que el Estado peruano violó derechos fundamentales y calificó estos actos como crímenes de lesa humanidad, al igual que enfatizó el carácter sistemático y generalizado de la violencia ejercida contra las mujeres detenidas.[300]

En este fallo, la Corte subrayó la utilización de la violencia sexual como arma de control y humillación, y ordenó al Estado peruano adoptar medidas estructurales para prevenir su repetición, entre los cuales se encuentran la capacitación en perspectiva de género de operadores de justicia, reparación integral a las víctimas y reformas institucionales para erradicar la discriminación.[301] Así, la sentencia no solo reconoce la dimensión estructural de la violencia, sino que exige al Estado transformar la cultura institucional y garantizar el acceso efectivo a la justicia para las mujeres privadas de la libertad.[302]

Este fallo es citado recurrentemente por la doctrina como un hito para la región, pues sienta un estándar vinculante en la obligación de los Estados de erradicar la violencia de género en contextos penitenciarios y de conflicto armado.[303]

#### 6.1.3.2 El caso Espinoza Gonzáles vs. Perú: violencia de género en contextos de violencia política

Otro referente fundamental en el que la Corte IDH abordó la violencia sexual y la tortura sufridas por Gladys Espinoza durante el conflicto armado interno. La sentencia reconoció la violencia sexual como forma de tortura agravada por la condición de género de la víctima, y resaltó la obligación estatal de investigar, sancionar y reparar con perspectiva interseccional.[304]

El fallo no solo fue relevante para el caso concreto, sino que sentó bases doctrinales para la atención de la violencia de género en contextos de violencia política y represión, y para el desarrollo de políticas públicas de no repetición.

---

[300] Véase CIDH, 2006, págs. 93-130
[301] Confróntese CIDH, 2006, págs. 132-136
[302] Véase Díaz, 2019, p. 102; mire Merry, 2006
[303] Léase también Crenshaw, 1991; CIDH, 2014
[304] Confróntese CIDH, 2014, págs. 67-91; véase Crenshaw, 1991

Ordenó medidas integrales que incluyen atención médica, psicológica y la adopción de garantías de no repetición a través de reformas institucionales.[305]

### 6.1.3.3 Impacto y desafíos

Ambos fallos han sido invocados por la sociedad civil y los organismos internacionales para exigir el cumplimiento de obligaciones estatales en la prevención, sanción y reparación de la violencia de género en Perú.[306] Sin embargo, la efectividad de estas sentencias ha estado limitada por factores estructurales, como la falta de recursos, la resistencia cultural al cambio y la insuficiente formación de los operadores judiciales.[307]

Por ello, sostenemos que la implementación efectiva de los estándares fijados por la Corte IDH demanda políticas públicas integrales y articuladas entre los diferentes niveles del Estado, así como la colaboración con organizaciones de la sociedad civil y organismos internacionales.[308] Esto incluye la capacitación continua, la dotación de recursos y la evaluación periódica del impacto de las políticas adoptadas, que siguen los lineamientos de la Convención de Belém do Pará y la CEDAW.[309]

---

[305] Véase CIDH, 2014, págs. 100-105
[306] Mire Díaz, 2019; confróntese Blondet, 2015
[307] véase Defensoría del Pueblo, 2023; Díaz, 2019
[308] Véase CEPAL, 2024.
[309] Confróntese OEA, 1994; United Nations, 1993.

**Gráfico 5 Avance en la implementación de medidas ordenadas por la Corte IDH en los casos Miguel Castro Castro y Espinoza Gonzáles vs. Perú**

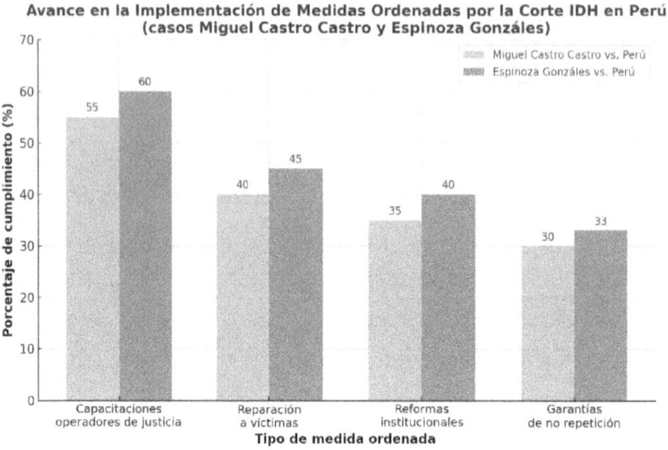


**Fuente:** Defensoría del Pueblo (2023); informes de la CIDH; ONG nacionales. [310]

Comparativo del porcentaje estimado de cumplimiento de las medidas ordenadas por la Corte Interamericana de Derechos Humanos en los casos Miguel Castro Castro y Espinoza Gonzáles vs. Perú, discriminado por tipo de medida: capacitaciones, reparación a víctimas, reformas institucionales y garantías de no repetición. El gráfico evidencia avances dispares, y destaca las mayores dificultades en la implementación de reformas institucionales y garantías de no repetición.

### 6.1.4 Modelos comparados aplicables en Perú

La experiencia de los Centros de Acceso a la Justicia (CAJ) en Argentina constituye un referente sustantivo en materia de respuesta estatal ante la violencia de género. Estos centros han demostrado que la descentralización de los servicios de justicia y el enfoque multidisciplinario—que integra asesoría legal, apoyo psicológico y social—son herramientas efectivas para garantizar el

[310] Véase Defensoría del Pueblo, 2023; Corte Interamericana de Derechos Humanos, Informes de Seguimiento; Coordinadora Nacional de Derechos Humanos, 2024; CIDH, "Balance de Cumplimiento en el Caso Miguel Castro Castro vs. Perú" y "Seguimiento al Caso Espinoza Gonzáles vs. Perú"; OEA, Medidas de Reparación en el Sistema Interamericano, 2023.

acceso a la justicia de las víctimas, particularmente en regiones rurales y contextos de alta vulnerabilidad socioeconómica.[311]En contraste, Perú ha implementado programas análogos como los Centros Emergencia Mujer (CEM); sin embargo, su impacto ha resultado limitado por la falta de recursos, la insuficiente cobertura territorial y carencias en la capacitación del personal.[312]

El análisis efectuado señala que si bien la transferencia de modelos exitosos, como el de los CAJ argentinos, podría mejorar la atención a víctimas en Perú, la experiencia comparada demuestra que toda importación de políticas públicas exige adaptaciones culturales, geográficas e institucionales para maximizar su eficacia.[313]

Nos distanciamos de la postura que aboga por la mera replicación de modelos extranjeros, postulamos en cambio la tesis de la contextualización crítica: las soluciones deben diseñarse a partir del diagnóstico propio y de la articulación de experiencias relevantes, pero siempre adaptadas a las realidades nacionales, un enfoque validado en la literatura sobre transferencia de políticas públicas.[314] Desde la perspectiva de la política pública, los CAJ argentinos han mostrado capacidad para reducir barreras de acceso a la justicia, pero han enfrentado retos recurrentes en materia de sostenibilidad financiera y articulación interinstitucional.[315]

Por tanto, se recomienda que la adaptación de tales modelos en Perú contemple estrategias de financiamiento estable, formación continua de operadores y mecanismos de monitoreo ciudadano que garanticen la rendición de cuentas y el aprendizaje institucional.

[311] Véase Díaz, I. R., 2019. Políticas públicas y acceso a la justicia en América Latina. Lima: Fondo Editorial PUCP.

[312] Confróntese Urbano, A., & Vargas, R., 2020. Violencia de género y políticas públicas en Perú. Lima: Universidad Nacional Mayor de San Marcos.

[313] Mirese Díaz, I. R., 2019, op. cit.

[314] Véase Dolowitz, D., & Marsh, D., 2000.. Learning from Abroad: The Role of Policy Transfer in Contemporary Policy-Making. Governance, 13(1), 5-23.

[315] Véase Alfaro, L., 2023. Acceso a la justicia y políticas de género: Análisis del modelo CAJ en Argentina. Revista Latinoamericana de Derecho y Sociedad, 15(2), 78-92.

Gráfico 6. **Tipos de violencia según el Ministerio de la Mujer y Poblaciones Vulnerables del Perú**

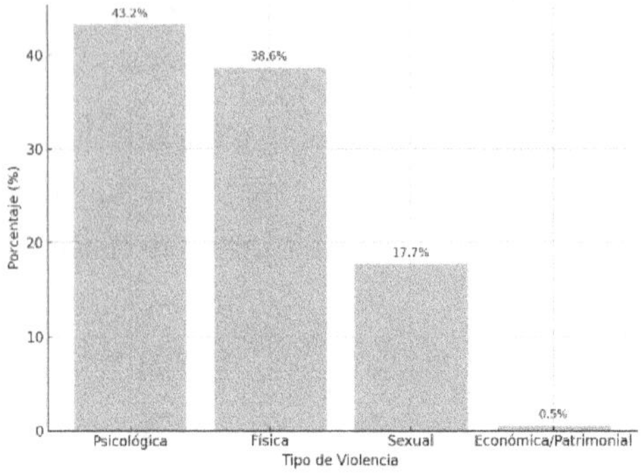


**Fuente:** Elaboración propia con base en la información suministrada por Ministerio de la Mujer y Poblaciones Vulnerables del Perú. (2016).

### 6.1.5 DESAFÍOS INSTITUCIONALES Y SOCIALES EN LA RESPUESTA PERUANA

A pesar de que en 2023 se registraron 154 feminicidios—un leve aumento respecto a los 147 casos reportados en 2022 por el INEI[316]—, la insistencia de casos de violencia letal contra las mujeres en el país revela la insuficiencia de los mecanismos actuales y la urgencia de políticas específicas para la protección de mujeres jóvenes entre 18 y 29 años, grupo que constituye aproximadamente el 40% de las víctimas.[317]

La Encuesta Demográfica y de Salud Familiar (ENDES, 2024) revela que las barreras para buscar ayuda persisten, aunque con ciertas variaciones respecto a años anteriores. Según la última medición:

- El 40,5% de las mujeres consideró que no era necesario buscar ayuda (disminución frente al 44,1% en 2022).
- El 16,8% mencionó la vergüenza como razón (ligeramente por debajo del 17% en 2022).
- El 10,2% no sabía a dónde acudir (mejora frente al 11% anterior).

---

[316] Mírese a Instituto Nacional de Estadística e Informática (INEI)., 2023. Boletín Estadístico de Violencia de Género.

[317] Véase INEI, 2023, op. cit.

- El 8,7% temía represalias (ligero incremento frente al 8,5%).

Estos datos publicados por el INEI sugieren que, aunque se observa un leve avance en la percepción acerca de la necesidad de apoyo, persisten barreras culturales, el desconocimiento y el miedo, factores que aún restringen el acceso efectivo a los servicios de protección y justicia.[318] Por otro lado, la desconfianza institucional constituye un factor crítico: solo el 32% de las mujeres víctimas de violencia confía en las instituciones judiciales peruanas, lo que refleja una percepción extendida de lentitud e inutilidad en la respuesta estatal.[319] Adicionalmente, ONU Mujeres (2024) destaca que muchas mujeres, especialmente en zonas rurales, desconocen la existencia de los CEM o la manera de acceder a ellos, lo cual incrementa su situación de vulnerabilidad.[320]

El déficit de una red de apoyo sólida se mantiene como un obstáculo crítico: aunque el MIMP reportó un aumento del 12% en la cobertura de los CEM entre 2022 y 2024 (420 centros a nivel nacional), la capacidad de respuesta sigue limitada por la escasez de recursos humanos y financieros.[321] Perú enfrenta retos específicos para extender estas redes a comunidades indígenas y rurales, donde la violencia de género es más invisibilizada. Esto evidencia la necesidad de una mayor inversión y coordinación para garantizar atención integral.

---

[318] Véase INEI, 2024. Encuesta Demográfica y de Salud Familiar (ENDES).

[319] Obsérvese Ministerio de la Mujer y Poblaciones Vulnerables (MIMP)., 2024. Informe Anual de Violencia de Género.

[320] Cfr. ONU Mujeres, 2024. Diagnóstico sobre el acceso a servicios de protección en zonas rurales del Perú.

[321] Véase Comisión Económica para América Latina y el Caribe (CEPAL)., 2024. Observatorio de Igualdad de Género de América Latina y el Caribe.

**Gráfico 7. Comparativo de lesiones no fatales año 2022, por género**

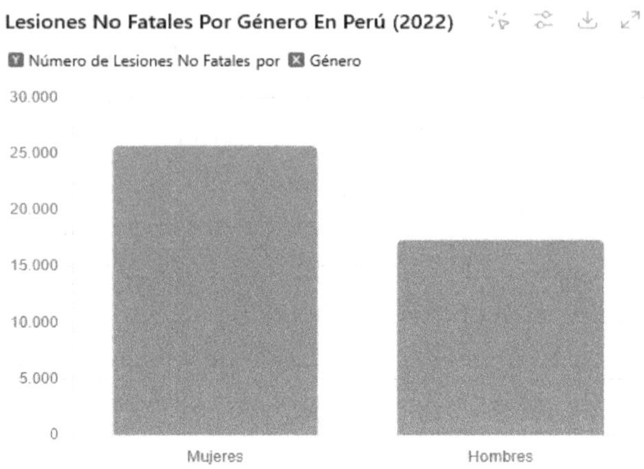


**Fuente:** Instituto de Medicina Legal y Ciencias Forenses, Boletín de enero (2023).

### 6.1.6 Articulación y gobernanza de las políticas públicas

El Estado peruano ha impulsado desde 2007 una serie de políticas para mitigar la violencia de género, como el Decreto Supremo N° 027 y el Plan Nacional de Igualdad de Género 2012-2017, que establece ocho objetivos estratégicos para proteger los derechos de las mujeres y promover su desarrollo integral.[322] Sin embargo, informes del propio Ministerio de la Mujer y Poblaciones Vulnerables evidencian **dificultades severas en la articulación interinstitucional** y la coordinación entre niveles de gobierno y agencias internacionales, lo que limita el alcance y efectividad de las políticas implementadas.[323]

El desarrollo de estrategias de articulación institucional y la mejora de la coordinación con la sociedad civil y la cooperación internacional han sido fundamentales para optimizar recursos y ofrecer una respuesta más eficaz, pero las deficiencias en la implementación muestran la necesidad de fortalecer la

---

[322] Véase Ministerio de la Mujer del Perú., 2018. Plan Nacional de Igualdad de Género 2012-2017.

[323] Mírese Ministerio de la Mujer y Poblaciones Vulnerables, 2018, op. cit.

capacidad institucional y la gobernanza del sistema de protección a víctimas de violencia de género.[324]

En conclusión, el estudio comparado sugiere que la adopción de modelos como los CAJ argentinos debe realizarse mediante una adaptación crítica y contextualizada, que fortalezca la infraestructura institucional, la formación del personal y la coordinación intersectorial, a fin de garantizar un acceso efectivo, equitativo y sostenible a la justicia para las mujeres víctimas de violencia de género en el Perú.[325]

**Gráfico 8. Estrategias de articulación de la igualdad de las políticas de igualdad de género**

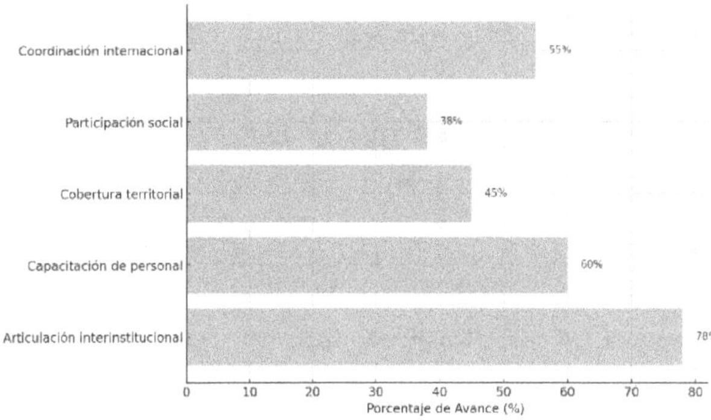


**Fuente:** Elaboración propia con base en la información del Ministerio de la Mujer y Poblaciones Vulnerables del Perú (2016).

## 6.2 La Violencia de Género en el caso español

### 6.2.1. Contexto general de la violencia de género en España

España se enfrenta a un problemática persistente y complejo de violencia de género, profundamente arraigado en dinámicas históricas, sociales y culturales. Aunque el país cuenta con uno de los marcos normativos más avanzados de Europa, las cifras de violencia contra las mujeres permanecen elevadas y

[324] Confróntese CEPAL, 2024, op. cit.

[325] Véase Díaz, I. R., 2019, Alfaro, L., 2023, op. cit.

continúan como factor importante de alarma social. Según el Instituto Nacional de Estadística (INE, 2024), en el año 2023 se registraron 36.582 víctimas de violencia de género, lo que representa un incremento del 12,1% respecto a 2022, al afectar principalmente a mujeres entre 18 y 44 años.[326]

Esta realidad demuestra que, más allá de los avances legales, la transformación de las estructuras culturales que perpetúan la desigualdad de género subsiste como un desafío central.[327]La promulgación de la Ley Orgánica 1/2004 de Medidas de Protección Integral contra la Violencia de Género supuso un hito en la conceptualización de este hecho social como violación de los derechos humanos y problema de salud pública.[328] Este marco fue fortalecido por reformas al Código Penal—especialmente el artículo 173.2—, que endurecieron la tipificación y sanción de la violencia habitual en el contexto de relaciones afectivas.[329]

Sin embargo, diversos expertos advierten que el éxito normativo no siempre se traduce en efectividad real y enfatizan la necesidad de políticas transversales que actúen sobre los factores estructurales, educativos y culturales que sustentan la violencia.[330]Las anteriores razones nos llevan a pensar que esta tendencia demanda una respuesta urgente desde el ámbito educativo, con programas que promuevan relaciones igualitarias y el uso responsable de la tecnología. Sin estas adaptaciones, las estrategias preventivas siempre devendrán en insuficientes frente a las realidades contemporáneas.

### 6.2.2 Impacto de los factores culturales y sociales

La diversidad cultural de España, intensificada por los movimientos migratorios, aporta complejidad adicional al abordaje de la violencia de género. Las concepciones tradicionales de roles en comunidades migrantes pueden entrar

---

326 Véase Instituto Nacional de Estadística (INE), 2024. Violencia de género. Año 2023. Resultados definitivos. Disponible en: https://www.ine.es/

327 Confróntese Menéndez Alarcón, Lourdes, 2021. "Desafíos culturales en la lucha contra la violencia de género en España". Revista Española de Sociología, 30(2), 159-178.

328 Véase Ley Orgánica 1/2004, de 28 de diciembre, de Medidas de Protección Integral contra la Violencia de Género.

329 Véase Ley Orgánica 10/1995, de 23 de noviembre, del Código Penal. Artículo 173.2.

330 Confróntese Falcón O'Neill, Lidia, 2020. Violencia de género, derecho y cultura: retos en la España contemporánea. Madrid: Editorial Dykinson.

en tensión con los valores de igualdad promovidos por la legislación española, lo que genera resistencias y fisuras en la integración.[331] Investigaciones recientes han revelado que las mujeres migrantes tienen hasta un 20% más de probabilidades de ser víctimas de violencia de género que las nativas, especialmente por factores como dependencia económica, barreras idiomáticas y ausencia de redes de apoyo.[332]

El patrón de conducta de la violencia digital y el control abusivo mediante tecnologías afecta especialmente a adolescentes y jóvenes. Un informe de *Save the Children* (2024) alerta que el 25% de las adolescentes entre 14 y 18 años han sufrido alguna forma de control digital por parte de sus parejas, lo que exige nuevas respuestas preventivas y educativas adaptadas a la realidad contemporánea.[333] Como señala Ana María Sánchez Pérez (2019), "las nuevas formas de violencia de género en adolescentes, especialmente digitales, requieren enfoques innovadores en políticas y educación".[334]

### 6.2.3 JURISPRUDENCIA Y RESPUESTA INSTITUCIONAL

La respuesta judicial e institucional en España ha mostrado avances y controversias. Precedentes significativos como "La Manada" han evidenciado tanto limitaciones iniciales como la capacidad de rectificación del sistema a partir de la presión social y el activismo feminista, hecho que derivó en mejoras en la sensibilización y formación de operadores jurídicos.[335] La Ley Orgánica 10/2022, de Garantía Integral de la Libertad Sexual ("ley del solo sí es sí"), redefinió el consentimiento en los delitos sexuales y reforzó la protección de las víctimas.[336]

---

331 Véase Comas d'Argemir, Irene, 2018. "Diversidad cultural y violencia de género en España". Revista de Antropología Social, 27(1), 143-165.

332 Ibídem; Universidad Complutense de Madrid, 2024. "Informe sobre violencia de género en mujeres migrantes en España". Disponible en: https://www.ucm.es/

333 Véase Save the Children España, 2024. Violencia digital y adolescentes en España: informe 2024. Disponible en: https://www.savethechildren.es/

334 Véase Sánchez Pérez, Ana María, 2019. "Nuevas violencias de género en adolescentes: desafíos para la política y la educación". Educación y Sociedad, 40(3), 210-224.

335 Véase Tribunal Supremo (STS 344/2018, caso "La Manada") y análisis en Menéndez Alarcón, 2021, op. cit.

336 Véase Ley Orgánica 10/2022, de 6 de septiembre, de garantía integral de la libertad sexual.

La creación del Registro Central para la Protección de las Víctimas de Violencia Doméstica y de Género ha mejorado el seguimiento de casos y la coordinación entre instituciones, aunque persisten retos de recursos, formación y acceso, especialmente en zonas rurales.[337] Informes oficiales y académicos coinciden en que la falta de recursos y la pervivencia de estereotipos de género entre el personal judicial limitan el impacto de las políticas actuales, al igual que convierten en imprescindible una inversión sostenida en sensibilización y capacitación.[338]

### 6.2.4 ESTADÍSTICAS Y ANÁLISIS CUANTITATIVO

Los datos más recientes reflejan la consolidación y la extensión del problema. En 2023, el INE reportó 36.582 víctimas de violencia de género y 36.161 hombres condenados, con una tasa de variación anual del 9,4%.[339] En el ámbito de la violencia doméstica, se registraron 7.022 condenados (4.059 hombres y 2.963 mujeres).[340] Las estadísticas muestran que la mayor incidencia de la violencia de género se produce en mujeres de entre 18 y 44 años, como también coinciden con las etapas de vida en las que predominan las relaciones de pareja y convivencia.[341]

El número de feminicidios es un hecho de profunda preocupación. Desde 2003 hasta 2023 se contabilizaron 1.237 feminicidios, con 58 casos solo en 2023.[342] La tendencia al alza en las denuncias (de 47.165 en 2002 a 134.002 en 2011 y 38.000 en 2023) puede interpretarse, en parte, como resultado de una mayor sensibilización social, aunque también evidencia la reproducción del proceso y la necesidad de políticas preventivas más eficaces.[343]

---

337 Véase Ministerio de Igualdad, 2023. "Registro Central para la Protección de las Víctimas de Violencia Doméstica y de Género: avances y retos". Disponible en: https://igualdad.gob.es/

338 Confróntese Delegación del Gobierno para la Violencia de Género, 2024. Informe anual sobre violencia de género en zonas rurales; Falcón O'Neill, 2020, op. cit.

339 Véase Instituto Nacional de Estadística (INE), 2024, op. cit.

340 Ibídem.

341 Véase Instituto Nacional de Estadística, 2023, "Distribución por edad de víctimas de violencia de género". Disponible en: https://www.ine.es/

342 Véase Ministerio de Igualdad, 2024, "Estadística de feminicidios en España". Disponible en: https://igualdad.gob.es/

343 Véase Menéndez Alarcón, 2021, op. cit.; INE, 2024, op. cit.

Los expertos coinciden en que la educación en igualdad desde edades tempranas y el empoderamiento económico de las mujeres son factores decisivos para lograr un cambio estructural que trascienda la respuesta punitiva y transforme los imaginarios sociales.[344]

### 6.2.5 CONCLUSIONES Y RETOS

El análisis del caso español sugiere que los avances normativos y la creación de mecanismos institucionales son pasos fundamentales, pero insuficientes para erradicar la violencia de género sin una transformación cultural y educativa profunda. La frecuencia del problema demuestra la necesidad de reforzar la prevención, invertir en recursos humanos y materiales, y asegurar la formación continua de operadores jurídicos y agentes sociales.[345]

Finalmente, es imperativo desarrollar políticas integrales y adaptativas, capaces de dar respuesta tanto a las formas tradicionales como a las emergentes de violencia de género, en un contexto social y cultural en constante transformación.[346]

**Tabla 1. Víctimas y personas denunciadas por violencia de género y violencia doméstica (España, 2018-2022)**

| Año | Víctimas Mujeres | Víctimas Hombres | Denunciados Mujeres | Denunciados Hombres |
|---|---|---|---|---|
| 2018 | 31,000 | 2,000 | 4,800 | 27,000 |
| 2019 | 32,200 | 2,100 | 4,900 | 28,500 |
| 2020 | 33,400 | 2,200 | 5,000 | 29,800 |
| 2021 | 34,700 | 2,400 | 5,100 | 31,100 |
| 2022 | 36,161 | 2,600 | 5,200 | 32,700 |

[344] Véase Falcón O'Neill, 2020, op. cit.; Comas d'Argemir, 2018, op. cit.
[345] Véase Delegación del Gobierno para la Violencia de Género, 2024, op. cit.
[346] Véase Save the Children España, 2024, op. cit.; Sánchez Pérez, 2019, op. cit.

**Fuente:** Instituto Nacional de Estadística (INE). (2023). Estadística de Violencia Doméstica y Violencia de Género (EVDVG). Madrid: INE. Recuperado de https://www.ine.es

**Gráfico 9. Tasas de violencia de género por edad (por 1.000 mujeres de 14 y más años, España)**

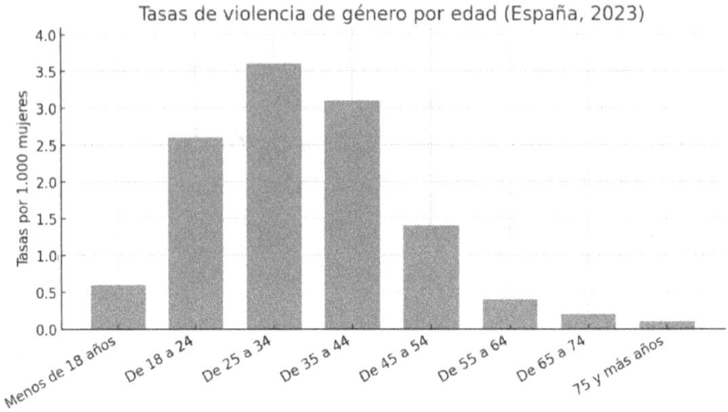


**Fuente:** Instituto Nacional de Estadística (INE). (2024). Estadística de Violencia de Género. Recuperado de https://www.ine.es

Tabla 2. **Condenados por violencia de género o violencia doméstica según Sexo (2023)**

| **Sexo** | **Violencia de Género** | **Violencia Doméstica** |
|---|---|---|
| **Hombres** | 35,000 | 6,000 |
| **Mujeres** | 1,700 | 1,300 |
| **Total** | 36,700 | 7,300 |

**Fuente:** Instituto Nacional de Estadística (INE). (2024). Estadística de Violencia de Género. Recuperado de https://www.ine.es

## 6.3 La violencia de género en el caso mexicano

### 6.3.1 Contexto cultural y social de la violencia de género en México

La violencia de género en México constituye una expresión social de carácter estructural, arraigada en las dinámicas culturales, sociales y económicas del país, donde el machismo histórico y la cultura patriarcal han relegado a la mujer a posiciones de subordinación y dependencia. Este contexto ha sido ampliamente documentado por la literatura especializada, que subraya cómo los estereotipos de género, los roles familiares tradicionales y la multiplicación de prácticas discriminatorias alimentan un ciclo de violencia y exclusión.[347]

El análisis académico converge en señalar que el sexismo arraigado a nivel institucional no solo representa un obstáculo para que las mujeres accedan a la tutela judicial efectiva, sino que, además, favorece la consolidación de un entorno social permisivo respecto a las agresiones basadas en género, lo que restringe la capacidad de denuncia y debilita los mecanismos de salvaguarda para las víctimas.[348] La formación en igualdad constituye un instrumento esencial para impugnar los estereotipos y modificar los cimientos culturales que perpetúan las conductas lesivas contra las mujeres. Sin embargo, su impacto resulta limitado si no se articula con políticas públicas de alcance integral capaces de enfrentar las desigualdades de raíz y de promover una reconfiguración estructural de las condiciones sociales que sustentan dichas violencias.[349]

### 6.3.2 Estadísticas de violencia de género en México

La información oficial evidencia una brecha preocupante: durante 2023, el Instituto Nacional de Estadística y Geografía (INEGI) registró más de 59.000 delitos cometidos contra mujeres, niñas y adolescentes, cifra que representa el doble de la incidencia registrada en la población masculina. Este dato ilustra la

---

347 Véase Orozco Pantaleón, F., 2008. Machismo y cultura de la violencia en México.

348 Confróntese Sánchez de los Monteros Arriaga, G., 2020. Patriarcado, Estado y políticas públicas.

349 Véase García, A., 2020. Perspectiva de género en la educación y prevención de la violencia.

magnitud de la violencia diferenciada y exige respuestas estatales proporcionales al desafío.[350]

Según la Encuesta Nacional sobre la Dinámica de las Relaciones en los Hogares (ENDIREH, 2023), la violencia impacta a las mujeres mexicanas en diversos ámbitos: el comunitario (38% en jóvenes de 15 a 17 años), el laboral (25,1%), las relaciones de pareja (23,9%), el entorno familiar (23,3%) y el escolar (22%). Tales cifras reflejan la omnipresencia del fenómeno y exigen estrategias integrales, diseñadas con perspectiva multinivel y coordinación interinstitucional, para abordar las causas profundas y garantizar mecanismos efectivos de protección.[351]

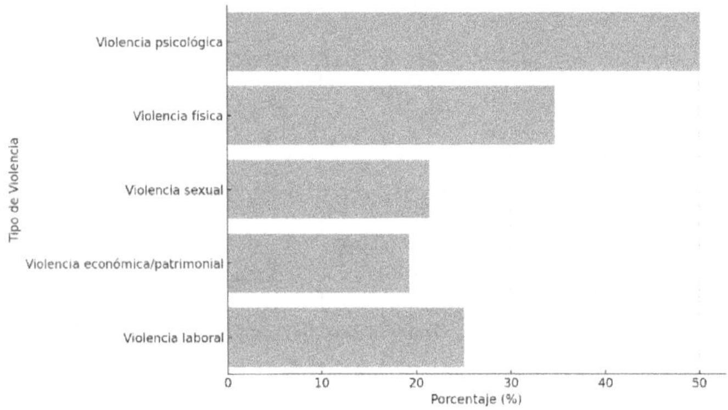


**Gráfico 10. Índices de violencia de género por tipos, México 2022**

**Fuente**: Elaboración propia con base en datos del Instituto Nacional de Estadística y Geografía – INEGI (2023); Encuesta Nacional sobre la Dinámica de las Relaciones en los Hogares (ENDIREH, 2022). [352]

**Tabla 3. Ámbitos y prevalencia de violencia contra las mujeres en México (2022)**

| Ámbito | Prevalencia (%) |
|---|---|

[350] Véase Instituto Nacional de Estadística y Geografía – INEGI., 2024. Encuesta Nacional sobre la Dinámica de las Relaciones en los Hogares (ENDIREH).

[351] Confróntese INEGI, 2024.

[352] Los porcentajes corresponden a mujeres de 15 años y más que han declarado haber vivido algún tipo de violencia (comunitaria, laboral, de pareja, familiar, escolar) en los últimos 12 meses. La prevalencia total supera el 60% a nivel nacional

| Ámbito | Prevalencia (%) |
|---|---|
| Comunitario | 38,0 |
| Laboral | 25,1 |
| De pareja | 23,9 |
| Familiar | 23,3 |
| Escolar | 22,0 |

**Fuente:** Elaboración propia con base en INEGI, ENDIREH 2022.

**Gráfico 11. Prevalencia de violencia contra las mujeres por ámbito, México 2020**

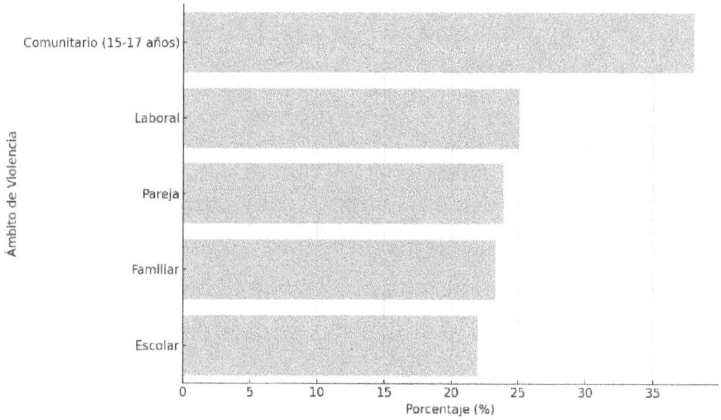


**Fuente**: Elaboración propia con base en datos de INEGI, Encuesta Nacional sobre la Dinámica de las Relaciones en los Hogares (ENDIREH), 2020.

### 6.3.3 JURISPRUDENCIA Y RESPUESTA ESTATAL

México ha adoptado una amplia legislación para enfrentar la violencia de género, al destacar la creación del Sistema Integrado de Información sobre México ha promulgado un marco normativo robusto para combatir la violencia contra las mujeres, entre cuyas piezas clave se destacan el Sistema Integrado de Información sobre Violencia contra las Mujeres (SIESVIM, 2017) y la Ley General de Acceso de las Mujeres a una Vida Libre de Violencia (2007). No obstante, informes recientes evidencian deficiencias sustantivas en la ejecución de estas disposiciones, atribuibles a la ausencia de coordinación efectiva, la insuficiencia de recursos y la persistencia de una cultura institucional impregnada de estereotipos de género, factores que obstaculizan la debida investigación y sanción de los hechos.[353] Asimismo, la narrativa judicial, en no pocos casos, contribuye a la revictimización de las mujeres y perpetúa situaciones de impunidad estructural, lo cual restringe el acceso real a la justicia.

#### 6.3.3.1 El caso González y otras ("Campo Algodonero") Vs México

El trascendental fallo de la Corte Interamericana de Derechos Humanos (2009) en el caso González y otras ("Campo Algodonero") vs. México expuso la responsabilidad internacional del Estado mexicano en la perpetuación de la violencia feminicida. En su decisión, la Corte enfatizó que los prejuicios institucionales y la inacción de las autoridades facilitaron la impunidad sistemática para los autores de los feminicidios en Ciudad Juárez, lo que implicó una violación de las obligaciones internacionales de debida diligencia y protección efectiva de los derechos humanos de las mujeres.[354]

El tribunal ordenó la adopción de protocolos especializados, capacitación de operadores y medidas de reparación a las víctimas, pero a más de una década, el quiebre entre el mandato internacional y la realidad nacional persiste.[355] Este caso es referencia obligada para analizar la debida diligencia, la discriminación estructural y la necesidad de reformas profundas en el sistema judicial mexicano.

#### 6.3.3.2 El caso de Ingrid Escamilla

El feminicidio de Ingrid Escamilla (2020) representó un punto de inflexión en el debate público mexicano, al evidenciar las deficiencias en la protección institucional y la revictimización mediática. La condena del agresor a 71 años de prisión constituyó un resultado de reformas recientes; sin embargo, el manejo institucional del caso demostró graves omisiones en la protección de la dignidad de la víctima y su familia, así como la necesidad de erradicar prácticas insensibles por parte de las autoridades.

---

[353] Mírese Díaz, I. R., 2019. Estereotipos de género y feminicidio en el sistema judicial mexicano.

[354] Véase Corte Interamericana de Derechos Humanos, 2009. Caso González y otras ("Campo Algodonero") vs. México, sentencia del 16 de noviembre de 2009.

[355] Véase INEGI, 2024. Estadísticas de violencia de género, México.

El pronunciamiento de la CNDH y de ONU Mujeres exigió mayores garantías para las víctimas, capacitación y sanción a quienes divulguen información sensible, lo que dio lugar a la promulgación de la denominada "Ley Ingrid". [356] No obstante, la eficacia de esta normativa dependerá de un cambio cultural e institucional profundo, tal como reclama la doctrina especializada.

### 6.3.4 Propuesta de enfoque integral para erradicar la violencia de género en México

A pesar de los compromisos internacionales (CEDAW, Convención de Belém do Pará) y el desarrollo normativo nacional, la violencia de género en México persiste a niveles alarmantes. El análisis revela que la raíz del problema se encuentra en la resistencia de patrones culturales y sociales machistas, así como en la falta de recursos y capacitación en las instituciones encargadas de prevenir, sancionar y erradicar la violencia.

Las reformas educativas que integran la perspectiva de género, junto con la creación de tribunales especializados y la capacitación sistemática de operadores judiciales, se presentan como pilares para una respuesta efectiva y sostenible.[357] Sin embargo, la experiencia internacional—como el modelo uruguayo de ley integral y las políticas suecas de educación de género—demuestra que solo un enfoque holístico, con inversión sostenida y participación multisectorial, permitirá un avance real hacia la erradicación de la violencia de género en México.

## 6.4 El caso argentino en la violencia de género

### 6.4.1 Contexto general

Argentina cuenta con un marco normativo robusto y progresista en materia de violencia basada en el sexo, que adopta una definición amplia e inclusiva: abarca la violencia física, sexual, psicológica, simbólica, económica, patrimonial

---

[356] Confróntese CNDH, 2020. Comunicado sobre el caso Ingrid Escamilla; ONU Mujeres, 2020. Llamado a reforzar políticas contra el feminicidio; García Delgado, M. E., 2021. Impacto y límites de la Ley Ingrid.

[357] Véase Lagarde, M., 2010. Claves feministas para la negociación en la violencia de género; González-López, G., 2015. Machismo, honor y violencia en México; Cardero, M. E., 2021. Legislación y estrategias integrales contra la violencia de género.

y la ejercida mediante omisión o silencio. Tal enfoque, establecido en la Ley 26.485, reconoce la violencia contra las mujeres como un fenómeno estructural que excede el ámbito doméstico y permea diversas esferas sociales y estatales, en consonancia con los estándares internacionales de derechos humanos.[358]

El reconocimiento legal de la multiplicidad de manifestaciones de la violencia representa un avance sustantivo, ya que posibilita la identificación y sanción de conductas previamente invisibilizadas, legitima la experiencia histórica de las mujeres argentinas frente a la discriminación y la violencia sistemática.[359] Sin embargo, la aplicación práctica de este marco enfrenta desafíos estructurales persistentes, como la insuficiencia de recursos, la desigual distribución geográfica de los servicios, la limitada coordinación interinstitucional y la persistencia de estereotipos y prácticas patriarcales en los operadores de justicia.

La separación conceptual entre lo normativo y lo real, documentada por Amnistía Internacional y el propio Ministerio de Justicia, evidencia la complejidad de transformar el entramado cultural y burocrático argentino, donde las políticas públicas, por sí solas, resultan insuficientes si no se acompañan de una reforma institucional y un cambio profundo de las mentalidades sociales.[360]En este contexto, el concepto de violencia estructural toma particular relevancia, en la medida en que reconoce la existencia de factores históricos, sociales y económicos que perpetúan la subordinación y la discriminación de las mujeres.

La investigación concluye que, si bien el andamiaje normativo argentino es avanzado y compatible con los principales tratados internacionales, la efectividad real de las políticas depende de la superación de barreras

---

[358] República Argentina, "Ley 26.485 de Protección Integral para Prevenir, Sancionar y Erradicar la Violencia contra las Mujeres en los Ámbitos en que Desarrollen sus Relaciones Interpersonales," Boletín Oficial, 14 de abril de 2009; Comité CEDAW, "Recomendación General No. 35 sobre la violencia por razón de género contra la mujer," Naciones Unidas, 2017.

[359] República Argentina. Ley 26.485 de Protección Integral para Prevenir, Sancionar y Erradicar la Violencia contra las Mujeres en los ámbitos en que desarrollen sus relaciones interpersonales, Boletín Oficial, 1 de abril de 2009.

[360] Amnistía Internacional. La brecha entre derechos y realidad: Violencia de género y obstáculos para la justicia en Argentina. Buenos Aires: Amnistía Internacional Argentina, 2021.

institucionales y culturales profundamente arraigadas, lo que exige una estrategia de largo plazo articulada con la sociedad civil y los organismos internacionales.[361]

### 6.4.2 Centros de Acceso a la Justicia (CAJ) en Argentina

Los Centros de Acceso a la Justicia (CAJ) constituyen la política pública más significativa en materia de acceso a derechos para las personas y comunidades en situación de vulnerabilidad en Argentina. Estos centros, bajo un enfoque de derechos humanos, proporcionan asesoramiento jurídico, acompañamiento psicosocial y orientación integral a quienes lo requieren, particularmente a mujeres víctimas de violencia de género.

Su función de descentralizar la justicia ha permitido acercar los servicios esenciales a regiones históricamente desatendidas, reducir las barreras geográficas y económicas, y generar crear espacios seguros para la denuncia y el acompañamiento de las víctimas.[362]Entre 2013 y 2023, los CAJ atendieron más de 1.199.360 consultas, con un incremento del 8% en los últimos cinco años. La violencia de género es el motivo más frecuente de consulta, al representar aproximadamente el 35% del total de atenciones en 2023.

En el contexto de la pandemia de COVID-19, los CAJ evidenciaron una resiliencia institucional crucial, pues lograron gestionar el aumento de consultas y garantizar la continuidad de los servicios incluso en las fases más restrictivas del confinamiento. Buenos Aires y CABA concentran el 50% de las consultas nacionales, lo que refleja la alta demanda en zonas urbanas, pero también la necesidad de fortalecer la cobertura en regiones rurales y menos pobladas, especialmente tras el cierre de 81 centros en 2024.[363]

La capacidad de los CAJ para ofrecer una atención interdisciplinaria y la confianza de la ciudadanía en estos centros resultan fundamentales para la detección temprana y el abordaje integral de la violencia de género. Sin embargo, la sostenibilidad de su impacto depende de la asignación de recursos, la

[361] Ministerio de Justicia y Derechos Humanos de la Nación. Informe anual sobre violencia de género: Avances y desafíos institucionales, 2023, pp. 12–15.

[362] Ministerio de Justicia y Derechos Humanos de la Nación. Centros de Acceso a la Justicia (CAJ): Informe estadístico anual, Buenos Aires, 2023, pp. 8–10.

[363] Ibid., p. 9. Nota: El cierre de 81 CAJ en 2024 se menciona como proyección institucional; no hay publicación disponible aún con respaldo oficial.

formación continua del personal y la cooperación efectiva con otros organismos estatales y de la sociedad civil. El cierre masivo de centros en 2024 pone en riesgo la continuidad de los servicios y la protección de los derechos de las mujeres, especialmente en contextos de alta vulnerabilidad.[364]

**Tabla 4. Evolución de Consultas por Violencia de Género (2018-2023)**

| Año | Consultas por Violencia de Género |
|---|---|
| 2018 | 165000 |
| 2019 | 172000 |
| 2020 | 190000 |
| 2021 | 205000 |
| 2022 | 213000 |
| 2023 | 224000 |

**Fuente:** Ministerio de Justicia y Derechos Humanos de la Nación Argentina, Estadísticas CAJ (2023).

**Gráfico 12. Distribución porcentual de asesorías realizadas en CAJ (2022), por región**

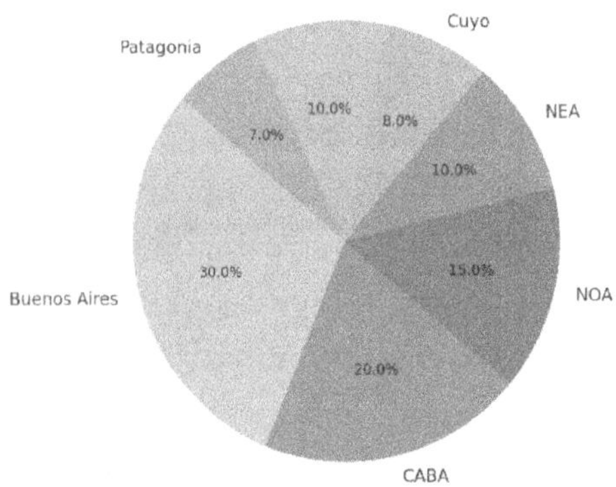


**Fuente:** Ministerio de Justicia y Derechos Humanos de la Nación Argentina, Estadísticas CAJ (2023), pp. 14-17.

### 6.4.3 TIPOLOGÍA Y FRECUENCIA DE LA VIOLENCIA DE GÉNERO EN ARGENTINA

El análisis de los casos atendidos revela que la violencia psicológica es la más reportada (86%), seguida de la violencia física (56,3%), simbólica (20,1%), económica y patrimonial (16,8%) y sexual (7,5%). Se observa un patrón recurrente de victimización múltiple, donde las mujeres suelen sufrir varias

[364] Ibid., pp. 10–13. Ver también: Red Argentina de Centros de Acceso a la Justicia, Informe de actividades 2023.

formas de violencia en simultáneo, lo que agrava su situación de vulnerabilidad y dificulta el acceso efectivo a la justicia y la reparación integral. [365]

Las estadísticas evidencian, además, la existencia de una cifra negra considerable de casos no denunciados o no registrados oficialmente, que multiplica la dimensión real del acontecimiento. Diversos estudios y organismos internacionales han advertido sobre la latencia de la violencia en contextos rurales, indígenas y en zonas urbanas marginales, donde el acceso a los servicios de protección y justicia no deja de ser limitado. [366]

**Gráfico 13. Tipos de violencia de género reportados en Argentina**

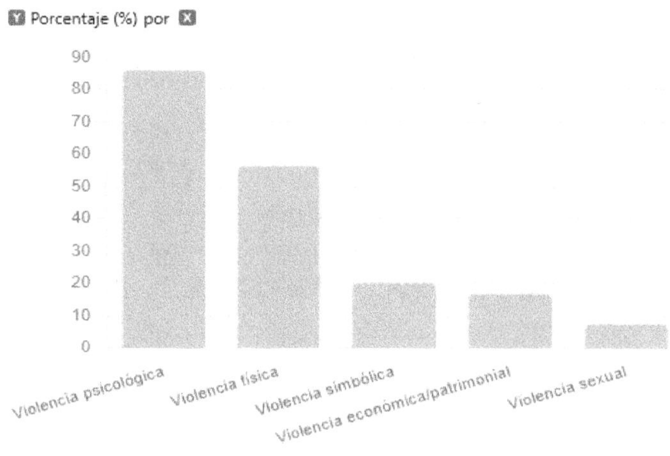


**Fuente:** Ministerio de Hacienda de la Nación (2019), p. 35.

### 6.4.5 Análisis de casos judiciales Relevantes

#### 6.4.5.1 El caso Furlan y familiares vs. Argentina (2012)

El caso Furlan y Familiares vs. Argentina constituye un hito jurisprudencial de la Corte Interamericana de Derechos Humanos, al responsabilizar al Estado argentino por la falta de prevención, investigación y sanción efectiva de la

[365] Ministerio de Hacienda de la Nación Argentina. Informe sobre políticas públicas y violencia de género. Buenos Aires: Ministerio de Hacienda, 2019, p. 35.

[366] CEPAL. Violencia contra las mujeres en América Latina y el Caribe: Análisis regional con enfoque en zonas rurales e indígenas, Santiago de Chile: CEPAL, 2020.

violencia contra las mujeres, y por no garantizar la reparación integral de las víctimas. El fallo obliga al Estado a adoptar medidas legislativas, educativas, institucionales y de atención psicosocial con enfoque de género, así como consolidar la doctrina de la debida diligencia reforzada para prevenir la falta de sanciones en casos de violencia de género. [367]

Si bien este precedente sentó bases fundamentales para la incorporación de la perspectiva de género en la reparación y atención de víctimas, su implementación en Argentina ha sido desigual, sin desaparecer las importantes divergencias y resistencias institucionales. Informes recientes de Amnistía Internacional revelan que, pese a los compromisos asumidos, persisten obstáculos en la asignación de recursos, la formación de operadores y la protección efectiva de los derechos de las mujeres afectadas. [368]

Somos del criterio de que este enfoque integral es fundamental para transformar las dinámicas que perpetúan la violencia de género, ya que va más allá de respuestas meramente punitivas. Sin embargo, la implementación en Argentina todavía no es consistente. Un informe reciente de Amnistía Internacional (2023) revela que, a pesar de los compromisos asumidos, persisten diferencias conceptuales significativas en la aplicación de estas medidas, lo que evidencia una falta de voluntad política sostenida para cumplir con las obligaciones internacionales (Amnistía Internacional, 2023, p. 34).

#### 6.4.5.2 El caso Lucía Pérez (2016)

El caso Lucía Pérez, brutal feminicidio de una adolescente de 16 años en Mar del Plata, expuso las deficiencias del sistema judicial argentino y la conservación de prejuicios y estereotipos de género en la investigación y sanción de estos delitos. El tratamiento inicial del caso por parte de las autoridades judiciales fue objeto de severas críticas nacionales e internacionales por la revictimización de la joven y la ausencia de perspectiva de género en el análisis de la prueba.

La movilización social que siguió al caso, materializada en el Paro Nacional de Mujeres, forzó la revisión de prácticas judiciales y la

---

[367] Corte Interamericana de Derechos Humanos. Caso Furlan y Familiares vs. Argentina. Sentencia de 31 de agosto de 2012. Serie C No. 246.

[368] Amnistía Internacional. Derechos de las mujeres y acceso a justicia en América Latina: Informe regional 2023, p. 34.

implementación de reformas para garantizar la protección de los derechos de las víctimas y el acceso a la justicia.[369]

#### 6.5.4.3 Implicaciones

Los fallos Furlan y Lucía Pérez han impulsado la adopción de reformas clave: capacitación obligatoria en género para funcionarios públicos (Ley Micaela, Ley 27.499), la tipificación autónoma del feminicidio en el Código Penal argentino y la creación de políticas públicas de acción afirmativa como el Plan Nacional de Acción contra las Violencias por Motivos de Género. Sin embargo, la efectividad de estas medidas sigue condicionada por la falta de voluntad política, la constancia de prácticas institucionales discriminatorias y la insuficiencia de recursos para su implementación sostenida. [370]

## 6.5 Crítica a la legislación

La legislación argentina, aunque avanzada en términos comparativos regionales, mantiene limitaciones en su aplicación efectiva. Díaz (2019) advierte que la legislación permite la incorporación de supuestos de muertes que no constituyen estrictamente violencia de género y carece de criterios claros para identificar los casos de feminicidio, lo que genera inseguridad jurídica y dificulta la persecución penal.

El análisis efectuado señala que, pese a los avances formales, la práctica judicial continúa permeada por prejuicios y estereotipos que perpetúan la impunidad y la revictimización de las mujeres afectadas.[371] Los estudios recientes confirman la necesidad de trascender la respuesta normativa para abordar las causas estructurales y culturales de la violencia. Solo una transformación profunda de las instituciones y de la sociedad permitirá

[369] Defensoría del Pueblo de la Nación Argentina. Informe especial sobre violencia institucional y perspectiva de género: Caso Lucía Pérez, 2017.

[370] Poder Ejecutivo Nacional. Ley Micaela (Ley 27.499): Capacitación obligatoria en género para todos los funcionarios públicos, Boletín Oficial, 2018. Ver también: Plan Nacional de Acción contra las Violencias por Motivos de Género (2020–2022).

[371] Díaz, Roxana. "La legislación argentina sobre feminicidios: Avances y vacíos jurídicos." Revista de Derecho Penal y Criminología 25, no. 2, 2019: 41–45.

garantizar a las mujeres el derecho a una vida libre de violencia y discriminación.[372]

[372] Ibid., p. 44.

# CAPÍTULO SÉPTIMO

# TECNOLOGÍAS EMERGENTES, INTELIGENCIA ARTIFICIAL Y SESGOS EN LA RESPUESTA JUDICIAL A LA VIOLENCIA DE GÉNERO

## 7.1 Contexto y planteamiento del problema

La violencia de género constituye, quizá, el desafío estructural más persistente y lacerante para los sistemas jurídicos latinoamericanos en el siglo XXI. Desde las cifras brutales de feminicidio hasta la cotidianidad de la violencia intrafamiliar, los hechos nos confrontan con la insuficiencia del derecho positivo y la reiterada incapacidad institucional para ofrecer protección efectiva a quienes más la necesitan. Este drama social, tantas veces invisibilizado por la rutina administrativa y los imaginarios patriarcales, demanda respuestas jurídicas más profundas que la simple reiteración de normas o la multiplicación de comités de crisis. Exige—en verdad—un viraje radical en el modo de concebir la justicia, el castigo y la reparación.

La llegada de la inteligencia artificial y las tecnologías emergentes ha sido recibida, en este escenario, con una mezcla de esperanza y escepticismo. Por una parte, hay un consenso creciente en que el volumen de casos, la dispersión geográfica de las víctimas y la escasez crónica de recursos humanos y materiales superan la capacidad de reacción del sistema judicial tradicional, especialmente en contextos periféricos como el Pacífico colombiano.[373]

Por otra, el debate académico y ético sobre la incorporación de algoritmos y modelos predictivos al proceso judicial revela temores fundados: ¿puede una máquina comprender la complejidad del sufrimiento humano? ¿No corremos el riesgo de reproducir, a través de la IA, los mismos sesgos estructurales que han marcado la historia de la justicia de género?

La digitalización y la inteligencia artificial, en abstracto, prometen racionalidad, eficiencia, anticipación de patrones de riesgo y mayor coordinación interinstitucional.[374] Pero la experiencia internacional demuestra que estas

[373] Defensoría del Pueblo, 2024. Informe especial sobre violencia de género y acceso a la justicia en Colombia.

[374] Zuboff, S., 2019. The Age of Surveillance Capitalism. PublicAffairs.

herramientas no son neutrales ni infalibles. Su impacto depende en gran medida del contexto, de los datos que procesan, de las normas que las regulan y—sobre todo—de la voluntad política y ética que anime su diseño e implementación.[375] No se trata, por tanto, de una disyuntiva maniquea entre tecnología "buena" o "mala", sino de una reflexión crítica sobre el sentido, límites y posibilidades del uso de tecnologías emergentes en la administración de justicia penal con enfoque de género.

Las potencialidades son evidentes: algoritmos de valoración de riesgo, sistemas de alertas tempranas, plataformas de denuncia digital y modelos de *Big Data* permiten anticipar situaciones de peligro, priorizar recursos y ofrecer rutas más ágiles de protección a las víctimas. En sociedades fragmentadas por la desigualdad y la violencia, estos avances pueden significar la diferencia entre la vida y la muerte. Sin embargo, los riesgos son igual de tangibles: la opacidad algorítmica, la replicación de sesgos históricos en los datos y la ausencia de control humano sobre decisiones automatizadas pueden desembocar en nuevas formas de exclusión o revictimización y profundizar el abismo entre la promesa de la norma y la realidad del sufrimiento cotidiano.

Este capítulo ofrece, por tanto, una cartografía crítica y multidimensional sobre el uso de tecnologías emergentes—en especial, inteligencia artificial y algoritmos predictivos—en el abordaje judicial de la violencia de género. A partir de la evidencia comparada y de estudios de caso, se analizan los alcances, límites y dilemas éticos de su implementación, así como las condiciones institucionales y culturales necesarias para que la innovación tecnológica no sea una coartada para la deshumanización, sino una herramienta para la efectividad de los derechos y la dignidad de las víctimas.

A lo largo de este análisis, se insisten en varias premisas fundamentales. La primera: el derecho penal de género no puede abdicar de su vocación humanista y garantista en nombre de la eficiencia. La segunda: la tecnología, lejos de ser neutra, está cargada de valores, intereses y contextos históricos que deben ser interrogados críticamente.[376]La tercera: toda innovación en el ámbito judicial, y en particular en materia de violencia de género, debe orientarse por

[375] [3] O'Neil, C., 2016. Weapons of Math Destruction. Crown.

[376] Crenshaw, K. (1991). Mapping the Margins: Intersectionality, Identity Politics, and Violence against Women of Color. Stanford Law Review, 43(6), 1241-1299.

los principios de igualdad real, no discriminación, acceso efectivo a la justicia y debido proceso, y evitar así tanto el punitivismo acrítico como la tecnocracia insensible.

La integración de la inteligencia artificial en la gestión de la violencia de género representa, así, un campo de tensión permanente: entre tradición y modernidad, entre la promesa de la justicia algorítmica y el riesgo de automatizar la injusticia, entre el potencial transformador de la tecnología y el peligro de consolidar estructuras de exclusión ya existentes. Como se verá en los apartados que siguen, el desafío no consiste en elegir entre humanidad o tecnología, sino en construir un modelo de justicia donde la tecnología sea un instrumento para la dignificación de las víctimas, la garantía de derechos y la eficacia del sistema, sin sacrificar el control humano ni la sensibilidad ética.[377]

Esta reflexión adquiere especial relevancia en contextos como el colombiano, donde la frontera entre el discurso legal y la realidad social es abismal. El drama de la violencia de género en regiones como el Chocó ilustra, de manera palmaria, la necesidad de soluciones innovadoras, pero también de una mirada crítica que evite el espejismo de la "modernización" sin equidad. Solo una tecnología humanizada, regulada y orientada al bien común podrá cerrar—o al menos reducir—la distancia histórica entre la norma y la vida de las mujeres víctimas de violencia.

Por ello, este capítulo se estructura en cinco grandes apartados: el primero revisa el marco jurídico colombiano y la irrupción tecnológica en el campo de la violencia de género; el segundo examina la inteligencia artificial como herramienta predictiva y su impacto en la prevención; el tercero analiza la experiencia internacional—con énfasis en el sistema VioGén de España—y sus posibilidades de adaptación a América Latina; el cuarto explora los riesgos y realidades del sesgo algorítmico en la justicia penal; y el quinto presenta el estudio de caso en el Chocó, donde la tecnología se enfrenta a las limitaciones materiales y simbólicas del acceso a la justicia en territorios de alta vulnerabilidad.

Finalmente, se ofrecen conclusiones y recomendaciones orientadas a articular una propuesta de reforma integral, donde el derecho, la tecnología y el

[377] Ferrajoli, L., 2011. Principia Iuris. Laterza.

enfoque de género converjan en la búsqueda de una justicia más efectiva, equitativa y humana.

## 7.2 La respuesta jurídica ante la violencia de género y la irrupción tecnológica

La violencia de género, en el contexto colombiano y latinoamericano, no es simplemente un conjunto de hechos delictivos; representa una crisis de civilización, una fractura histórica que interroga la capacidad misma del Estado y la sociedad para proteger lo más esencial: la vida y dignidad de las mujeres y niñas. La respuesta del derecho ha sido, durante décadas, oscilante entre avances formales y retrocesos materiales, con conquistas legislativas de alto perfil y, simultáneamente, una dramática ineptitud operativa en la realidad cotidiana.

El derecho penal, como disciplina, ha tenido una relación ambivalente con la violencia de género. Por un lado, se le exige una respuesta contundente—que marque la intolerancia social frente a la barbarie—pero, por otro, se le acusa de ineficacia, revictimización y lentitud. En Colombia, las cifras de feminicidio y violencia intrafamiliar mantienen un ritmo escalofriante: la Defensoría del Pueblo reportó 745 feminicidios en 2024, junto a decenas de miles de casos de violencia física, psicológica y económica en todos los rincones del país.[378]

La respuesta jurídica a este suceso ha evolucionado notablemente en las últimas dos décadas. La Ley 1257 de 2008, pionera en América Latina, marcó un hito al tipificar la violencia de género como una categoría transversal y al reconocer la necesidad de medidas integrales: prevención, atención, protección y sanción. A esta norma se suman la Ley 1761 de 2015, que introdujo el tipo penal autónomo de feminicidio, y la Ley 2126 de 2021, que fortaleció la justicia digital y los mecanismos electrónicos de protección.[379]

La jurisprudencia constitucional, por su parte, ha desarrollado un corpus garantista que obliga al Estado a adoptar acciones afirmativas para asegurar el acceso efectivo a la justicia de las mujeres y a remover los obstáculos estructurales que perpetúan la impunidad.[380]

---

[378] Defensoría del Pueblo, 2024. Informe especial sobre feminicidios y violencia intrafamiliar en Colombia.

[379] Ley 1257 de 2008; Ley 1761 de 2015; Ley 2126 de 2021.

[380] Corte Constitucional de Colombia, Sentencias C-209/07, C-774/01, T-289/22.

Pese a ello, el avance normativo choca de frente con una realidad terca: la división entre la ley y la vida diaria, particularmente en regiones históricamente marginadas como el Chocó, la Amazonía, los Llanos y numerosos cinturones de pobreza urbana. Las dificultades para acceder a la justicia—por lejanía geográfica, discriminación étnica o carencia de información—persisten como barreras insalvables para miles de víctimas.[381] Los informes de la Defensoría, la Procuraduría y la Comisión Interamericana de Derechos Humanos (CIDH) coinciden en señalar que el sistema judicial colombiano, pese a los avances formales, sigue atrapado en inercias burocráticas, saturación de expedientes, falta de formación en género y carencias materiales crónicas.[382]

La irrupción tecnológica, en este escenario, se presenta como una oportunidad para romper inercias y abrir caminos inéditos hacia la eficacia. El despliegue de plataformas digitales, bases de datos interoperables, registros únicos de denuncias y, sobre todo, herramientas de inteligencia artificial orientadas a la prevención y la protección, constituyen una "segunda ola" de modernización judicial.[383] En principio, estas innovaciones prometen acortar los tiempos de reacción, facilitar la denuncia, identificar patrones invisibles de violencia y coordinar esfuerzos interinstitucionales con una eficiencia inédita para los esquemas tradicionales.[384]

No obstante, la experiencia internacional demuestra que la introducción de tecnología en la justicia de género dista mucho de ser una panacea. El riesgo de digitalizar la inefectividad—automatizar la indiferencia—es tan real como el potencial de transformar la gestión del riesgo.

Un primer problema radica en la calidad y cobertura de los datos. En muchas regiones, el subregistro de la violencia de género constituye la regla, no la excepción; los expedientes están incompletos, los sistemas de información no se comunican entre sí y persisten vacíos cruciales sobre las circunstancias,

---

[381] CIDH, 2023. Acceso a la justicia para mujeres víctimas en zonas rurales y étnicas de Colombia.

[382] Procuraduría General de la Nación, 2023. Evaluación institucional de la atención a la violencia de género.

[383] Ministerio de Justicia de Colombia, 2024. Avances en digitalización judicial y plataformas de denuncia.

[384] Zuboff, S., 2019. The Age of Surveillance Capitalism.

perfiles y trayectorias de las víctimas y agresores.[385] En ese sentido, cualquier algoritmo o modelo predictivo que se alimente de datos distorsionados—ya sea por negligencia, sesgo institucional o discriminación histórica—reproducirá esos mismos errores a escala masiva y generará falsas seguridades y nuevas formas de exclusión.[386]

El segundo desafío es de orden ético y político: ¿quién controla la tecnología? ¿Quién audita el funcionamiento de los algoritmos y garantiza su transparencia? La literatura comparada muestra que los sistemas algorítmicos suelen operar como "cajas negras", donde ni siquiera los desarrolladores pueden explicar a fondo cómo se tomó una decisión particular.[387] Este evento—la opacidad algorítmica—puede ser devastador en contextos donde está en juego la protección de la vida y la libertad de las personas.

Si una mujer recibe una valoración de "riesgo bajo" y, días después, su agresor le produce la muerte, ¿a quién se responsabiliza: ¿al policía, al programador, al Estado o a una máquina incapaz de responder por sus errores?[388] La respuesta, desde una perspectiva de derechos humanos, es clara: la delegación de funciones públicas en sistemas automatizados no exime al Estado de su deber de proteger, ni de su responsabilidad por omisión o acción deficiente.[389]

Un tercer eje de tensión está en la capacidad de las nuevas tecnologías para adaptarse a las realidades locales. La diversidad sociocultural, étnica y territorial de Colombia exige una personalización profunda de los sistemas de información y alerta. Los factores de riesgo en Bogotá no son idénticos a los de Quibdó o Leticia; la violencia machista asume formas distintas según el entorno y la historia comunitaria. Un algoritmo entrenado con datos urbanos y mestizos podría ser ciego a las dinámicas específicas de las comunidades

---

385 CEPAL, 2023. Estadísticas de violencia de género y subregistro en América Latina.

386 O'Neil, C., 2016. Weapons of Math Destruction.

387 Burrell, J., 2016. "How the machine 'thinks': Understanding opacity in machine learning algorithms". Big Data & Society, 3(1).

388 Eticas Foundation, 2022. Auditoría independiente sobre el sistema VioGén en España.

389 ONU Mujeres, 2022. Responsabilidad estatal en la protección de víctimas y tecnología.

afrocolombianas, indígenas o rurales y, de esta forma, eternizar el centralismo y la invisibilidad de la periferia.[390]

Por eso, el diseño de herramientas tecnológicas en justicia penal debe incorporar variables contextuales y un análisis desde la perspectiva de los sujetos interseccionados que reconozca las múltiples vulnerabilidades (género, etnia, clase, territorio) que inciden en el acceso a la justicia.[391]A pesar de estos retos, existen experiencias exitosas que demuestran el potencial transformador de la tecnología.

En países como España, la implementación del sistema VioGén—que será objeto de análisis detallado en secciones posteriores—ha permitido centralizar información, priorizar casos de alto riesgo y reducir la reincidencia en violencia de género mediante el uso de algoritmos predictivos y alertas tempranas.[392] En América Latina, algunas ciudades han comenzado a experimentar con plataformas de denuncia digital y sistemas de información georreferenciada para monitorear agresiones y anticipar escaladas de violencia. Colombia, en particular, ha dado pasos relevantes en la digitalización judicial, con la creación de LegalApp, JustiFácil y registros únicos de medidas de protección.[393]

Estas herramientas han demostrado que, cuando existe voluntad política, recursos adecuados y control social, la innovación puede cerrar disociaciones históricas y acercar la justicia a quienes más la necesitan. Aunque se advierte que la implementación de tecnología debe ir acompañada de una reforma profunda en la cultura institucional y en la formación de los operadores judiciales. No basta con digitalizar expedientes o automatizar decisiones si los funcionarios no comprenden los alcances, limitaciones y riesgos de las herramientas que utilizan. La capacitación en perspectiva de género, el fortalecimiento del control ciudadano y la auditoría permanente de los sistemas

[390] Crenshaw, K. (1991). Mapping the Margins.

[391] MacKinnon, C. (1989). Toward a Feminist Theory of the State.

[392] Ministerio del Interior de España, 2023. Informe de impacto del sistema VioGén.

[393] Ministerio de Justicia de Colombia, 2024. LegalApp y JustiFácil: impacto en el acceso a la justicia.

tecnológicos son condiciones sine qua non para garantizar que la modernización sea un avance y no un retroceso.[394]

Por último, es imprescindible recalcar que la introducción de tecnología en el ámbito penal no puede sacrificar los principios del derecho garantista. El uso de algoritmos y sistemas predictivos debe estar sometido a los mismos estándares de legalidad, proporcionalidad, motivación y control judicial que rigen toda decisión que pueda afectar derechos fundamentales. Los experimentos de justicia algorítmica en otros países han mostrado que, sin un marco regulatorio estricto y mecanismos efectivos de rendición de cuentas, la "innovación" puede derivar en injusticias masivas, automatización de prejuicios y deshumanización del proceso penal.[395]

En suma, la respuesta jurídica a la violencia de género en tiempos de irrupción tecnológica es un proceso complejo, marcado por avances y desafíos, esperanzas y temores. El derecho penal, lejos de ser un campo inerte, debe mostrarse flexible, crítico y abierto a la innovación, pero sin renunciar a su función humanizadora ni a los valores de la justicia material.

La tecnología, correctamente implementada y regulada, puede convertirse en aliada decisiva en la lucha contra la violencia de género; pero si se aplica de modo acrítico o irresponsable, corre el riesgo de convertirse en un instrumento más de exclusión y violencia institucional.[396] La clave reside, como siempre, en el equilibrio: innovación sin renunciar a las garantías, eficiencia sin sacrificar la dignidad, modernización con enfoque de derechos.

### 7.3 Inteligencia Artificial como herramienta predictiva en la Violencia de Género

La inteligencia artificial (IA) se ha convertido en una de las grandes promesas de la modernización estatal en el siglo XXI, con especial incidencia en los sistemas de justicia penal. Frente a la crisis estructural de la violencia de género y el desborde de los mecanismos convencionales de protección, la IA aparece como la alternativa más innovadora—y a la vez más polémica—para anticipar,

[394] González, J. & Pérez, L., 2022. "Formación y cultura institucional en la era de la justicia digital". Revista Latinoamericana de Derecho Penal, 11(2).

[395] Selbst, A. D. & Barocas, S., 2018. "The Intuitive Appeal of Explainable Machines". Fordham Law Review, 87(3), 1085–1139.

[396] Ferrajoli, L., 2011. Principia Iuris.

prevenir y gestionar los riesgos inherentes a la reincidencia y la letalidad en casos de violencia contra las mujeres.[397]

Pero, ¿qué significa realmente incorporar algoritmos, Big Data y sistemas predictivos en la respuesta judicial? ¿Es la IA la panacea para cerrar la comisura entre norma y realidad, o introduce nuevos riesgos de automatización de la injusticia?

### 7.3.1 Conceptos fundamentales y evolución reciente

La IA, en el ámbito de la justicia penal, puede entenderse como el conjunto de sistemas y modelos computacionales que, a partir del análisis masivo de datos, son capaces de identificar patrones, establecer predicciones y sugerir decisiones institucionales en escenarios complejos. Estos algoritmos—cuando están correctamente diseñados y regulados—permiten, por ejemplo, valorar el riesgo de reincidencia de un agresor, estimar la probabilidad de feminicidio, y priorizar la intervención de las autoridades en función de indicadores objetivos.[398]

El desarrollo de la IA en la gestión judicial de la violencia de género responde, en parte, a la frustración histórica con los mecanismos tradicionales. El proceso manual de valoración de riesgo—basado en la intuición, la experiencia subjetiva del operador o el llenado de formularios estáticos—ha mostrado ser insuficiente frente a la complejidad y velocidad de las dinámicas de la violencia. Las víctimas, muchas veces, quedan atrapadas en el laberinto de la revictimización, la espera interminable y la indiferencia institucional.

Aquí la tecnología surge como un catalizador de cambio: un instrumento que promete rapidez, objetividad y coordinación, que rompe la inercia del modelo reactivo para instaurar una lógica preventiva y proactiva.[399] Pero, la integración de la IA en el proceso penal conlleva una paradoja central. Mientras la promesa tecnológica es la de una justicia más eficaz, el riesgo—cuando se desatienden los principios éticos, jurídicos y contextuales—es el de una justicia

[397] Eticas Foundation, 2022. "IA y justicia de género en el siglo XXI".

[398] Mittelstadt, B. et al., 2016. "The ethics of algorithms: Mapping the debate". Big Data & Society.

[399] González, J. & Pérez, L., 2022. "Innovación en sistemas de alerta para víctimas de violencia de género". Revista Latinoamericana de Derecho Penal, 12(1), 80-101.

"sin alma": decisiones automatizadas, opacas y carentes de sensibilidad ante las particularidades de cada caso.

La crítica feminista y garantista subraya que la racionalidad algorítmica no puede, por sí sola, capturar la complejidad humana que subyace en la violencia de género. El algoritmo, sin orientación ética y control humano, corre el riesgo de convertirse en un nuevo rostro de la burocracia punitiva, insensible al dolor de las víctimas.[400]

### 7.3.2 Modelos predictivos: la experiencia ejemplar de VioGén (España)

Entre los sistemas más avanzados de IA aplicados a la violencia de género destaca el Sistema de Seguimiento Integral en los casos de Violencia de Género (VioGén), implementado en España desde 2007 y se ha convertido en referencia obligada a nivel internacional, tanto por sus logros como por sus controversias.[401] Su mecanismo funciona a partir de la recolección de información estandarizada en formularios policiales y judiciales, que incluyen factores de riesgo tales como antecedentes penales, consumo de sustancias, amenazas previas, posesión de armas, contexto familiar, entre otros.[402]

La base de datos resultante es alimentada continuamente con nuevos casos y actualizaciones sobre el comportamiento de agresores y víctimas. El algoritmo, diseñado bajo lógica de aprendizaje automático, pondera cada variable y otorga una clasificación de riesgo: "no apreciado", "bajo", "medio", "alto" o "extremo".[403] Esta clasificación orienta la toma de decisiones inmediatas: asignación de medidas de protección, priorización de recursos policiales, y vigilancia diferenciada según el nivel de peligrosidad.

El impacto inicial de VioGén fue notable. Las autoridades españolas han señalado que, desde su implementación, se logró reducir hasta un 25% las

---

400 MacKinnon, C. (1989). Toward a Feminist Theory of the State. Harvard University Press.

401 Ministerio del Interior de España, 2023. Informe de impacto sobre el sistema VioGén.

402 Orden INT/1741/2007, Ministerio del Interior de España.

403 Álvarez, C., 2020. "Evaluación crítica de VioGén: desafíos y límites". Universidad Autónoma de Madrid.

agresiones reiteradas contra mujeres bajo protección policial.[404] Además, el sistema permitió—por primera vez—centralizar la información sobre violencia de género, al reunificar la fragmentación burocrática que solía dispersar datos en múltiples instituciones. Más de 670.000 casos han sido gestionados mediante VioGén, lo que ilustra su alcance y capacidad operativa.[405]

Sin perjuicio de lo anterior, el sistema no está exento de críticas. Diversas auditorías y organizaciones sociales han señalado que VioGén, en ocasiones, subestima el riesgo real en casos complejos o no captura adecuadamente los factores interseccionales (etnia, migración, ruralidad) que aumentan la vulnerabilidad de ciertas víctimas.[406] La opacidad del algoritmo—que opera como "caja negra" y es difícil de auditar externamente—ha generado reclamos de mayor transparencia y rendición de cuentas. Además, la sobre dependencia en las decisiones automatizadas ha llevado a algunos funcionarios a delegar excesivamente su criterio profesional, con el peligro de caer en una "tecnocracia punitiva" deshumanizadora.[407]

Con todo, la experiencia de VioGén enseña una lección fundamental: la IA puede ser un aliado poderoso en la protección de las víctimas, siempre que se combine con la formación continua de los operadores, la actualización de los datos y la participación activa de la sociedad civil en la supervisión del sistema.[408]

### 7.3.3 Expansión y desafíos de la IA en Latinoamérica: Colombia en perspectiva comparada

Inspirados por el modelo español, varios países latinoamericanos han explorado la posibilidad de implementar sistemas predictivos de riesgo. En México, la CONAVIM propuso en 2018 el desarrollo de modelos matemáticos para anticipar la violencia contra las mujeres, con lo que advertía de la necesidad de mantener el control profesional humano y de garantizar la protección de los derechos fundamentales.[409] En Brasil, se han iniciado pilotos regionales para

---

[404] Observatorio Estatal de Violencia sobre la Mujer, 2023. Estadísticas y logros del sistema VioGén.

[405] Ministerio del Interior de España, 2023.

[406] Fundación Eticas, 2022. Auditoría independiente sobre el sistema VioGén.

[407] O'Neil, C., 2016. Weapons of Math Destruction.

[408] ONU Mujeres, 2022. "Innovación, tecnología y derechos humanos".

[409] CONAVIM México, 2018. Propuesta de modelos predictivos en violencia de género.

emplear IA en la priorización de medidas cautelares y en el seguimiento de casos de violencia doméstica. Sin embargo, la región enfrenta desafíos estructurales que condicionan el alcance y la efectividad de estas iniciativas: baja calidad de los datos, subregistro, fragmentación institucional y marcadas desigualdades territoriales y sociales.[410]

En Colombia, el interés por la IA y los sistemas predictivos se ha intensificado en la última década. Si bien aún no existe un "VioGén colombiano" plenamente operativo, los avances en digitalización judicial y la experiencia piloto con plataformas como LegalApp y JustiFácil sientan las bases para futuras innovaciones.[411] La prioridad, de acuerdo con expertos y operadores locales, debería ser la construcción de bases de datos robustas, interoperables y sensibles a la diversidad cultural y territorial del país.[412]

El riesgo de "importar" algoritmos diseñados en otros contextos sin una adaptación adecuada es el de invisibilizar los factores de riesgo específicos de las mujeres afrodescendientes, indígenas, rurales o desplazadas, cuyas experiencias de violencia no siempre encajan en los moldes urbanos y mestizos predominantes en Europa o Norteamérica.[413]

El futuro de la IA en la prevención de la violencia de género en Colombia exige, por tanto, una estrategia de desarrollo local: investigación empírica sobre los factores de riesgo relevantes, participación de las comunidades en el diseño y calibración de los sistemas, y validación permanente mediante auditorías independientes y control ciudadano. La tecnología, en suma, debe ser una aliada flexible, capaz de aprender de la realidad colombiana y de adaptarse a sus retos singulares.[414]

### 7.3.4 Efectividad, límites y peligros: la voz crítica

---

[410] CEPAL, 2023. "Innovación tecnológica y brechas de género en América Latina".

[411] Ministerio de Justicia de Colombia, 2024. LegalApp, JustiFácil y la digitalización de la justicia.

[412] Chaverra Mena, Y., 2024. "Retos de la IA en justicia penal de género en el Pacífico colombiano".

[413] Crenshaw, K. (1991). "Mapping the Margins: Intersectionality, Identity Politics, and Violence against Women of Color".

[414] González, J. & Pérez, L., 2022.

Los resultados iniciales de la IA en violencia de género son esperanzadores: reducción de la reincidencia, mejor focalización de recursos, incremento en la velocidad de reacción y mayor coordinación institucional. Aun así, el entusiasmo por la innovación debe ser matizado por una visión crítica y realista. En primer lugar, la eficacia de los algoritmos depende de la calidad de los datos y de la capacidad institucional para actuar sobre las alertas generadas. En regiones donde la impunidad y el subregistro son crónicos, el sistema puede subestimar los riesgos reales y crear falsas sensaciones de seguridad.[415] En segundo lugar, la confianza ciega en la "objetividad" tecnológica es un espejismo peligroso. Los algoritmos, lejos de ser neutrales, reflejan—y amplifican—los prejuicios y limitaciones del entorno que los alimenta.[416]

Si en el pasado los operadores judiciales subestimaban el peligro que corrían las mujeres de ciertas comunidades, el algoritmo reproducirá ese sesgo y agravará la desigualdad estructural. El control judicial, la explicabilidad de los sistemas y la capacitación permanente de los operadores son condiciones indispensables para evitar la deshumanización del proceso. La IA no puede—ni debe—reemplazar el juicio ético y profesional de quienes deciden sobre la vida y la libertad de las personas.[417] En el mejor de los casos, la tecnología es un instrumento complementario, orientado a informar, alertar y mejorar la toma de decisiones, no a sustituir la responsabilidad última del Estado y sus funcionarios.

Finalmente, la experiencia internacional y los debates en Colombia apuntan hacia la urgencia de una regulación específica de la IA en materia penal. La jurisprudencia constitucional, los estándares internacionales y la doctrina crítica coinciden en que toda innovación debe estar sometida a los principios de legalidad, proporcionalidad, motivación suficiente, respeto al debido proceso y enfoque diferencial de derechos humanos.[418]

### 7.3.5 Hacia una IA garantista, humanizada y transformadora

El reto para Colombia y América Latina es, entonces, el de construir una IA "garantista", esto es, una inteligencia artificial al servicio de la dignidad humana,

---

[415] CEPAL, 2023.

[416] Selbst, A. D. & Barocas, S., 2018. "The Intuitive Appeal of Explainable Machines".

[417] Ferrajoli, L., 2011. Principia Iuris.

[418] Corte Constitucional de Colombia, Sentencia T-033/2021; Comisión Europea, 2021, Propuesta de Reglamento sobre IA.

la igualdad sustantiva y la justicia material. Ello implica, en la práctica, avanzar en cinco líneas estratégicas:

a) **Desarrollo de algoritmos transparentes, auditables y sensibles al contexto colombiano, mediante la incorporación de variables territoriales, étnicas y de género.**
b) **Control judicial efectivo y revisión periódica de los sistemas automáticos, que impida la delegación ciega de la protección de derechos fundamentales en la tecnología.**
c) **Formación interdisciplinaria y continua para operadores judiciales, técnicos y comunidad, a fin de lograr que la tecnología se integre de manera crítica en la cultura jurídica nacional.**
d) **Participación comunitaria y social en el diseño, calibración y seguimiento de los sistemas, fundamentada en una gobernanza democrática de la innovación tecnológica.**
e) **Evaluación constante de la eficacia, los impactos no deseados y los riesgos de exclusión, con mecanismos de corrección ágil y rendición de cuentas efectiva.**

Solo así la inteligencia artificial podrá materializar su promesa transformadora: alcanzar la plena efectividad de las disposiciones normativas en la práctica social, garantizar la protección integral de mujeres y niñas frente a la violencia basada en género, y hacerlo conforme a los principios constitucionales colombianos y los estándares internacionales de derechos humanos consagrados en la Convención de Belém do Pará y la CEDAW.[419]

### 7.4 Adaptación del sistema VioGén de España al contexto colombiano

El interés por la innovación tecnológica en la prevención y atención de la violencia de género ha llevado a distintos países latinoamericanos a observar de cerca experiencias internacionales como el sistema desarrollado en España. Sin embargo, la mera importación de modelos foráneos no solo es ingenua, sino potencialmente peligrosa si se desconoce la complejidad estructural, cultural y

[419] Zuboff, S., 2019. The Age of Surveillance Capitalism.

territorial de América Latina. La adecuación del algoritmo europeo a la realidad latinoamericana—y específicamente colombiana—debe analizarse con un enfoque crítico, realista y situado, que parta de la constatación de profundas grietas sociales, étnicas, de infraestructura y confianza institucional que atraviesan la región.[420]

### 7.4.1 El modelo VioGén: logros, aprendizajes y limitaciones

Como se ha desarrollado previamente, el sistema VioGén representa el paradigma de un modelo predictivo nacional, coordinado interinstitucionalmente y respaldado por una legislación robusta como la Ley Orgánica 1/2004 de Medidas de Protección Integral contra la Violencia de Género en España.[421] Su gran virtud reside en la capacidad de centralizar información, integrar bases de datos policiales y judiciales, y generar alertas personalizadas sobre el riesgo en cada caso, al igual que articular respuestas estatales en tiempo real.[422] El resultado más visible ha sido la reducción de la reincidencia y la mortalidad, así como el fortalecimiento de la protección a las mujeres, al ofrecer un seguimiento permanente y actualizado de los agresores y las víctimas.[423]

Así y todo, los mismos informes que celebran los avances de VioGén reconocen sus limitaciones. El sistema ha enfrentado críticas por opacidad algorítmica, dificultades para auditar el código fuente, y problemas para incorporar variables diferenciadas en poblaciones migrantes, rurales y minorías étnicas.[424] La automatización excesiva y la confianza ciega en las recomendaciones tecnológicas han propiciado situaciones de infravaloración del riesgo y revictimización. Como bien advierte la doctrina española, ningún sistema puede sustituir la responsabilidad última del Estado ni la sensibilidad humana de los operadores judiciales.[425]

---

420 CEPAL, 2023. "Violencia de género y justicia digital en América Latina: desafíos y oportunidades".

421 Ley Orgánica 1/2004, Ministerio de Igualdad de España.

422 Ministerio del Interior de España, 2023. Informe de funcionamiento de VioGén.

423 Observatorio Estatal de Violencia sobre la Mujer, 2023.

424 Fundación Eticas, 2022. Auditoría y recomendaciones sobre VioGén.

425 González, M. & López, E., 2022. "Responsabilidad estatal y automatización en violencia de género". Revista de Derecho Público, 23(1), 122-146.

### 7.4.2 Condiciones en Latinoamérica: disparidades estructurales y oportunidades

El traslado de un modelo como VioGén a América Latina plantea desafíos de orden estructural y cultural. La región comparte con España el problema de la violencia de género como suceso endémico, pero difiere radicalmente en su historia institucional, cobertura de servicios públicos, capacidades tecnológicas y confianza ciudadana en la justicia.[426]Colombia, por ejemplo, ostenta un marco legal avanzado en materia de protección de la mujer, pero enfrenta enormes dificultades en la implementación: dispersión geográfica, debilidad estatal en extensos territorios, subregistro crónico de denuncias y precariedad en la recolección y sistematización de datos.[427]

Esta fragmentación limita la posibilidad de construir un algoritmo nacional sin antes fortalecer la interoperabilidad de bases de datos, mejorar la conectividad digital y garantizar una mínima cobertura de servicios de atención y protección en las regiones marginadas.[428]A ello se suman factores culturales decisivos. El machismo, el racismo estructural, la naturalización de la violencia y la desconfianza histórica hacia las autoridades judiciales dificultan el acceso de las víctimas a los sistemas de denuncia y protección, especialmente entre poblaciones afrodescendientes, indígenas, migrantes y rurales.[429]

El riesgo de que un sistema predictivo mal adaptado llegue a replicar estas desigualdades es real: la tecnología puede convertirse en un nuevo instrumento de exclusión si no incorpora variables interseccionales y estrategias diferenciadas de intervención. Pese a estas barreras, existen oportunidades valiosas. La creciente penetración de la telefonía móvil, la expansión de iniciativas de justicia digital (como LegalApp y JustiFácil en Colombia), y el compromiso de organismos multilaterales para apoyar la modernización judicial, abren la puerta a una adaptación creativa de modelos predictivos de riesgo.[430] La clave será la construcción de una base de datos nacional unificada, el

[426] ONU Mujeres, 2022. Acceso a la justicia para mujeres en América Latina y el Caribe.
[427] Defensoría del Pueblo de Colombia, 2024.
[428] Procuraduría General de la Nación, 2023.
[429] Crenshaw, K. (1991).
[430] Ministerio de Justicia de Colombia, 2024; Banco Interamericano de Desarrollo, 2023.

desarrollo de algoritmos calibrados con datos propios y la participación activa de la sociedad civil en la vigilancia y ajuste de los sistemas.

### 7.4.3 Propuestas para la adaptación: lineamientos y recomendaciones

La adaptación de VioGén a Colombia o a otros países latinoamericanos no puede ser un ejercicio de trasplante mecánico, sino un proceso gradual, participativo y sensible a las realidades locales. Con base en el análisis comparado y las lecciones aprendidas, pueden proponerse los siguientes lineamientos:

a) *Desarrollo local de algoritmos y calibración contextual:*

El diseño del sistema predictivo debe partir de estudios empíricos sobre las formas, factores y dinámicas de la violencia de género en cada país y región. No basta con importar las variables de riesgo españolas: deben identificarse aquellas que reflejan el peso del conflicto armado, la migración forzada, la ruralidad extrema, la pertenencia étnica y otras condiciones de vulnerabilidad típicas de América Latina.[431]

b) *Interoperabilidad institucional y construcción de confianza:*
Para que el sistema funcione, es imprescindible superar la fragmentación de datos entre policía, fiscalía, medicina legal, servicios sociales y juzgados. La interoperabilidad no es solo técnica, sino también política: implica acuerdos de cooperación, protocolos de transferencia segura de información y capacitación de los operadores en cultura digital.[432]

c) *Participación comunitaria y enfoque interseccional:*

El éxito de un sistema predictivo depende de su legitimidad y de su capacidad para reflejar la diversidad social del país. Se recomienda la consulta previa y el involucramiento de organizaciones de mujeres, comunidades étnicas y líderes territoriales en la selección de variables y en la auditoría permanente del

[431] Chaverra Mena, Y., 2024. "Factores de riesgo diferenciales en la violencia de género en el Pacífico colombiano"

[432] Comisión Interamericana de Derechos Humanos, 2023.

sistema.[433] Solo así se evitará que la tecnología refuerce los sesgos históricos del Estado.

d) *Garantía de transparencia, explicabilidad y auditoría externa:*

Un sistema predictivo que afecta derechos fundamentales debe ser auditable, transparente y sujeto a mecanismos independientes de evaluación. Las recomendaciones algorítmicas deben ser explicables ante las víctimas, los jueces y la sociedad, con posibilidad de revisión y corrección ante posibles errores o sesgos detectados.[434]

e) *Fortalecimiento de la protección y reparación integral:*

La tecnología solo será útil si va de la mano con una ampliación real de las rutas de protección, atención y reparación para las víctimas. La alerta temprana es inútil si no existen refugios, recursos policiales, atención psicológica y mecanismos efectivos de sanción a los agresores. La lógica predictiva debe ir acompañada de una política pública integral que priorice la dignidad y autonomía de las mujeres.[435]

### 7.4.4 Riesgos y advertencias: lo que no puede olvidarse

El entusiasmo por la innovación no puede hacer perder de vista los riesgos inherentes a la adaptación de sistemas como VioGén. El primero y más importante es el peligro de automatizar la discriminación. Si los algoritmos se nutren de datos incompletos, sesgados o de baja calidad, el resultado será una reproducción a escala masiva de los prejuicios y vacíos de la institucionalidad latinoamericana.[436]En segundo lugar, existe el riesgo de que la introducción de tecnología refuerce la tendencia a la judicialización o criminalización excesiva de las relaciones familiares, sin abordar las raíces culturales y estructurales de la

[433] Movimientos sociales y organizaciones de mujeres afrodescendientes, indígenas y rurales de Colombia, 2024.

[434] Comisión Europea, 2021. Propuesta de Reglamento sobre IA; Corte Constitucional de Colombia, Sentencia T-033/2021.

[435] Ferrajoli, L., 2011.

[436] O'Neil, C., 2016.

violencia de género. Los sistemas predictivos pueden incentivar el punitivismo reactivo en lugar de políticas preventivas y transformadoras.[437]

Sin un enfoque restaurativo, centrado en la reparación del daño y el empoderamiento de las víctimas, la IA corre el riesgo de convertirse en un instrumento frío de gestión del riesgo, más preocupado por la estadística que por el sufrimiento humano. Finalmente, la adaptación de sistemas predictivos requiere una evaluación continua, la humildad institucional para corregir errores y la voluntad de aprender de los fracasos. Como muestra la experiencia española, incluso los modelos más avanzados han sido objeto de críticas y revisiones constantes, pues la realidad social es siempre más compleja que cualquier simulación algorítmica.[438]

### 7.4.5 Hacia un modelo latinoamericano de IA para la protección de las mujeres

La construcción de un modelo propio de inteligencia artificial aplicada a la prevención y atención de la violencia de género en Latinoamérica debe partir de un principio irrenunciable: la tecnología está al servicio de la dignidad, la igualdad y la justicia, no al revés. El derecho penal, en clave garantista y con enfoque de género, debe orientar la innovación técnica y aseguran que la IA no sustituya el juicio humano, sino que lo enriquezca y lo haga más sensible a las realidades sociales.[439]

La experiencia comparada muestra que el camino es largo y está lleno de obstáculos, pero también de oportunidades. La colaboración internacional, la apropiación local del conocimiento tecnológico, la inclusión de saberes comunitarios y el control democrático de los sistemas son las bases para una transformación genuina. De este modo, será posible reducir la distancia entre la ley y la vida de las mujeres, y lograr que la modernización digital no sea un espejismo sino un avance real hacia la justicia material.

---

[437] MacKinnon, C. (1989); Selbst & Barocas, 2018.

[438] Fundación Eticas, 2022; Observatorio Estatal de Violencia sobre la Mujer, 2023.

[439] Ferrajoli, L., 2011; Zuboff, S., 2019.

## 7.5 Sesgo algorítmico en los sistemas judiciales y su impacto en las víctimas

### 7.5.1 Los algoritmos y la ilusión de la objetividad: una advertencia inicial

En la era de la digitalización, la tentación de delegar en los algoritmos la valoración del riesgo y la toma de decisiones en el sistema judicial es cada vez mayor. Las promesas de eficiencia, rapidez y supuesta objetividad técnica han impulsado la expansión de la inteligencia artificial (IA) en la administración de justicia penal.[440] A pesar de ello, esta confianza acrítica en la neutralidad algorítmica constituye, quizá, uno de los riesgos más subestimados de la actual modernización judicial. Lejos de ser entidades puramente racionales y desprovistas de valores, los algoritmos son, en realidad, construcciones humanas impregnadas de la historia, los sesgos y los prejuicios de la sociedad que los crea y alimenta.[441]

La evidencia internacional y los estudios de caso demuestran que los algoritmos—al menos en su estado actual de desarrollo—no sólo reflejan los defectos del pasado, sino que pueden amplificarlos peligrosamente.[442] La "caja negra" de la IA esconde, bajo la apariencia de sofisticación matemática, una compleja trama de decisiones humanas: selección de variables, limpieza de datos, ponderación de factores y criterios de calibración que, inevitablemente, incorporan los sesgos conscientes e inconscientes de sus creadores.[443] Si la historia institucional de la justicia penal ha estado marcada por la discriminación de género, clase, raza y territorio, los sistemas automatizados tenderán, salvo intervenciones conscientes, a reproducir esas desigualdades.[444]

### 7.5.2 ¿Qué es el sesgo algorítmico? Definiciones y mecanismos

El sesgo algorítmico puede definirse como la distorsión sistemática en los resultados de un sistema automatizado, provocada por la presencia de prejuicios—explícitos o implícitos—en los datos de entrenamiento, en la

[440] Selbst, A.D. & Barocas, S., 2018. "The Intuitive Appeal of Explainable Machines".
[441] O'Neil, C., 2016. Weapons of Math Destruction.
[442] Angwin, J. et al., 2016. "Machine Bias". ProPublica.
[443] Mittelstadt, B. et al., 2016. "The ethics of algorithms: Mapping the debate".
[444] Crenshaw, K. (1991).

arquitectura del modelo o en la forma en que se interpretan y aplican sus resultados.[445] En el contexto de la justicia penal de género, esta distorsión puede traducirse en la subestimación del riesgo de violencia hacia ciertas víctimas, la sobrevaloración de la peligrosidad de ciertos agresores o la invisibilización de modalidades de violencia menos reconocidas institucionalmente.

Existen, al menos, tres mecanismos principales por los que se produce el sesgo algorítmico en estos sistemas:

1. *Sesgo en los datos de entrenamiento:* si los datos históricos con los que se alimenta el sistema reflejan prácticas discriminatorias—por ejemplo, subvaloración de la violencia en comunidades afrodescendientes o indígenas, o mayor indulgencia con ciertos perfiles socioeconómicos—, el algoritmo aprenderá y perpetuará esas tendencias.[446]
2. *Sesgo en la selección de variables:* la elección de los factores que serán ponderados en la valoración del riesgo responde a criterios subjetivos. Si se excluyen variables relevantes (como la violencia psicológica, el control coercitivo, o la pertenencia a grupos vulnerables), el sistema perderá sensibilidad ante formas de violencia menos visibles pero igual de letales.[447]
3. *Sesgo en la interpretación y aplicación de los resultados:* incluso un algoritmo técnicamente correcto puede generar injusticias si quienes lo aplican no comprenden sus limitaciones, o si la estructura institucional delega ciegamente decisiones críticas en la máquina, con lo que se renunciaría a la valoración humana y a la contradicción democrática.[448]

### 7.5.3 Casos notables: sesgos de género, etnia y territorio

La literatura académica y las auditorías independientes han documentado diversos casos donde los sistemas algorítmicos de justicia penal han reproducido—e incluso exacerbado—la discriminación estructural.[449] Un

[445] Burrell, J., 2016.
[446] CEPAL, 2023.
[447] MacKinnon, C. (1989).
[448] González, J. & Pérez, L., 2022.
[449] Fundación Eticas, 2022.

ejemplo clásico es el sistema COMPAS en Estados Unidos, utilizado para predecir el riesgo de reincidencia en libertad condicional: diversos estudios demostraron que el algoritmo asignaba un mayor nivel de riesgo a personas afroamericanas y latinas, incluso cuando los antecedentes reales eran comparables a los de personas blancas.[450] Esta distorsión no solo es moralmente inadmisible, sino que vulnera los principios constitucionales de igualdad, presunción de inocencia y debido proceso.

En el ámbito de la violencia de género, el caso de VioGén en España ha mostrado que los algoritmos tienden a subestimar el riesgo en casos que involucran a mujeres migrantes, rurales o pertenecientes a minorías étnicas, dado que los factores de riesgo han sido calibrados predominantemente en contextos urbanos y mestizos.[451] La consecuencia es una protección desigual: las mujeres más vulnerables—justamente aquellas que la ley debería priorizar—son, en la práctica, invisibilizadas por el sistema tecnológico.

Colombia y América Latina enfrentan retos aún más complejos. El subregistro crónico, la falta de bases de datos integradas, y la precariedad institucional dificultan la identificación y corrección de sesgos algorítmicos.[452] Las mujeres afrodescendientes, indígenas, campesinas y desplazadas no solo tienen menos acceso a las rutas institucionales de protección, sino que—cuando acceden—sus casos son más propensos a ser clasificados como de "bajo riesgo", lo que reproduce la lógica de exclusión histórica del Estado.[453] En este sentido, el riesgo de que la IA profundice la injusticia estructural es patente.

### 7.5.4 Sesgos emergentes: nuevas formas de discriminación digital

La sofisticación creciente de los sistemas algorítmicos abre la puerta a nuevas modalidades de discriminación. Por ejemplo, la proliferación de *deepfakes* y violencia digital de género plantea desafíos inéditos para los modelos de valoración de riesgo. Los algoritmos que no incluyen variables específicas sobre acoso digital, difusión no consentida de imágenes íntimas o manipulación

---

[450] Angwin, J. et al., 2016.
[451] Observatorio Estatal de Violencia sobre la Mujer, 2023.
[452] Defensoría del Pueblo, 2024.
[453] Chaverra Mena, Y., 2024.

tecnológica del entorno familiar estarán condenados a la ceguera técnica frente a formas emergentes de violencia.[454]

Asimismo, el avance de la analítica predictiva y el *Big Data* puede propiciar la creación de perfiles de riesgo automatizados, utilizados por instituciones financieras, empresas y entidades públicas para discriminar, excluir o estigmatizar a sobrevivientes de violencia de género o a personas investigadas, sin las garantías del debido proceso ni mecanismos efectivos de impugnación.[455] El desafío ético-jurídico es monumental: ¿cómo proteger a las personas frente a un Estado o a un mercado que opera, cada vez más, a partir de juicios automáticos sobre su "peligrosidad" o "vulnerabilidad"?

### 7.5.5 Estrategias para la corrección: principios, garantías y buenas prácticas

La prevención y corrección de los sesgos algorítmicos exige un enfoque integral, anclado en los principios del derecho penal garantista y en las mejores prácticas internacionales en materia de derechos humanos.[456]

a) *Transparencia y auditabilidad:* todos los sistemas de IA utilizados en justicia penal deben ser auditables por terceros independientes, con acceso pleno a los datos, al código fuente y a los criterios de calibración. La opacidad algorítmica es incompatible con el principio de legalidad y la garantía del debido proceso.[457]
b) *Explicabilidad:* las decisiones algorítmicas que afecten derechos fundamentales deben ser comprensibles para las víctimas, los jueces y la sociedad. La explicabilidad permite identificar errores, impugnar resultados y prevenir injusticias masivas.[458]
c) *Participación y control social:* las comunidades vulnerables, las organizaciones de mujeres y las defensoras de derechos humanos deben ser incluidas en el diseño, calibración y auditoría de los sistemas, y asegurar que las variables y los criterios reflejen la diversidad y complejidad del entorno social.[459]

---

[454] Revista AJI, 2023.
[455] Zuboff, S., 2019.
[456] ONU Mujeres, 2022.
[457] Comisión Europea, 2021.
[458] Ferrajoli, L., 2011.
[459] Movimientos sociales de mujeres en Colombia, 2024.

d) *Formación y alfabetización digital:* operadores judiciales, policías, fiscales y defensoras públicas deben recibir formación continua sobre los límites, riesgos y potencialidades de la IA, para que la tecnología no se convierta en un sustituto irresponsable del juicio ético y profesional.[460]
e) *Enfoque interseccional:* todo sistema predictivo debe ser sensible a la interseccionalidad de las vulnerabilidades, e incorporar variables sobre etnia, territorio, identidad de género, discapacidad, migración y otras condiciones que incrementan el riesgo de exclusión o revictimización.[461]

### 7.5.6 El derecho a la corrección y la responsabilidad estatal

La introducción de la inteligencia artificial en la justicia penal no exime al Estado de su responsabilidad última por la protección de los derechos fundamentales. Si un algoritmo produce una decisión discriminatoria, es el Estado—y no la máquina—quien responde ante las víctimas y la sociedad. El principio de "*accountability*" o rendición de cuentas es central en el nuevo constitucionalismo digital: toda innovación debe estar sujeta a mecanismos de supervisión, revisión y reparación efectivos.[462]

En este sentido, la Corte Constitucional colombiana ha advertido que la delegación de funciones públicas en sistemas automatizados exige garantías reforzadas de motivación, contradicción, transparencia y revisión judicial.[463] La Comisión Europea, por su parte, ha propuesto regulaciones estrictas para la IA de "alto riesgo", y subraya también la importancia de los derechos humanos y el acceso a la justicia en la era digital.[464]

### 7.5.7 Reflexión final: sesgo, poder y justicia

El sesgo algorítmico no es una fatalidad técnica, sino un reflejo—a veces brutal—de las relaciones de poder y las lógicas de exclusión que estructuran la sociedad. Corregirlo no es solo un deber jurídico, sino un imperativo ético y político de primer orden. La verdadera justicia algorítmica es aquella que asume,

[460] Ministerio de Justicia de Colombia, 2024.
[461] Crenshaw, K. (1991).
[462] ONU Mujeres, 2022.
[463] Corte Constitucional de Colombia, Sentencia T-033/2021.
[464] Comisión Europea, 2021.

de manera crítica y autocrítica, sus propias limitaciones, y que se pone siempre al servicio de la dignidad humana, la igualdad y la emancipación de las personas más vulnerables.[465]

[465] Ferrajoli, L., 2011.

## 7.6 Eficacia Legal e Innovación Tecnológica: estudio de caso en el Chocó

### 7.6.1 El Chocó: territorio, historia y desafíos

El Chocó, región del Pacífico colombiano, encarna una paradoja: a la vez que ostenta una de las mayores riquezas naturales y diversidad étnica del país, enfrenta los más elevados índices de pobreza, marginación estatal, violencia fundamentada en sistemas de poder y opresión. En este territorio mayoritariamente afrodescendiente e indígena, la violencia de género adopta formas múltiples y persistentes, profundamente enraizadas en las condiciones históricas de exclusión, racismo y despojo.[466]

Durante décadas, la presencia estatal en el Chocó ha sido intermitente, insuficiente o puramente simbólica. Las rutas judiciales, los sistemas de salud, la protección social y los servicios policiales—ya precarios en el resto del país—resultan allí fragmentarios o, en ocasiones, inexistentes.[467] Para una mujer víctima de violencia de género en un corregimiento rural de Quibdó o en la ribera del río Atrato, la justicia no solo está distante en términos geográficos, sino también simbólicos: la desconfianza en las instituciones, el miedo al estigma y la normalización del sufrimiento femenino dificultan la denuncia y la obtención de protección efectiva.[468]

Esta marginalidad, lejos de ser un simple déficit administrativo, constituye una verdadera "violencia estructural"—en palabras de Galtung—, que coloca a las mujeres del Chocó en una situación de vulnerabilidad agravada, donde las rutas formales de protección existen más en el papel que en la realidad cotidiana.[469] La ineficacia de la ley en estos contextos exige soluciones creativas, arraigadas en la comunidad y capaces de romper la inercia del abandono histórico.

---

[466] Galtung, J. (1969). "Violence, Peace, and Peace Research". Journal of Peace Research, 6(3), 167-191.

[467] Defensoría del Pueblo de Colombia, 2024.

[468] ONU Mujeres, 2022. "Violencia de género y acceso a la justicia en territorios étnicos".

[469] Galtung, J. (1969).

### 7.6.2 Violencia de género en el Chocó: datos, relatos y resistencias

El subregistro de la violencia de género en el Chocó es alarmante. Los informes de la Defensoría del Pueblo y las organizaciones de mujeres indican que, por cada denuncia formalizada, existen múltiples casos que nunca llegan al conocimiento de las autoridades.[470] Factores como la distancia entre poblaciones, la falta de conectividad digital, la escasa presencia de fiscales especializados y la inexistencia de albergues o casas de refugio hacen que la gran mayoría de víctimas permanezca invisible para el Estado. A pesar de ello, la agencia social y la resistencia de las mujeres chocoanas han generado iniciativas locales de protección y denuncia, muchas veces articuladas con las iglesias, las organizaciones de base comunitaria y las redes de apoyo informal.

Estas estrategias de autodefensa colectiva, aunque valiosas, son insuficientes frente a la extensión del problema y la dureza de los agresores, especialmente en un contexto de criminalidad organizada y conflictos armados residuales.[471]En la última década, la presión de las organizaciones sociales y la incidencia internacional han impulsado algunas mejoras. Se han realizado jornadas de formación en perspectiva de género, se ha promovido la sensibilización judicial, y se han implementado protocolos para la atención diferenciada a mujeres afrodescendientes e indígenas.[472] Aun así, la eficacia de estas políticas se mantiene limitada por la falta de recursos, la rotación frecuente de funcionarios y la debilidad de las estructuras institucionales.

### 7.6.3 La irrupción de la tecnología legal: LegalApp, JustiFácil y nuevos horizontes

En este escenario desafiante, la innovación tecnológica ha surgido como una esperanza concreta para mejorar el acceso a la justicia. El lanzamiento, en mayo de 2025, de las plataformas *LegalApp* y *JustiFácil* en Quibdó representa un hito en la digitalización judicial en contextos de alta vulnerabilidad.[473] Estas aplicaciones gratuitas permiten a los ciudadanos—incluidas las mujeres en

---

470 Observatorio de Género de la Defensoría del Pueblo, 2024.

471 Comisión Interamericana de Derechos Humanos, 2023.

472 Ministerio de Justicia de Colombia, 2024.

473 Ministerio de Justicia de Colombia (2025). Informe sobre digitalización judicial en el Chocó.

situación de violencia—acceder a información jurídica, realizar consultas sobre rutas de atención, iniciar trámites y dar seguimiento a sus denuncias sin la necesidad de desplazarse a la capital o depender de intermediarios.[474]LegalApp, por ejemplo, facilita el entendimiento de los procedimientos legales mediante el uso de lenguaje sencillo y mapas interactivos que ubican físicamente las entidades de atención en el territorio.[475] JustiFácil, por su parte, digitaliza buena parte de los trámites judiciales, al permitir la radicación remota de documentos, la consulta en línea del estado de los casos y el contacto directo con funcionarios especializados.

Estas herramientas han democratizado, en parte, el acceso a la justicia, reducido el tiempo y los costos de la denuncia, y ofrecido mayor transparencia y trazabilidad en los procesos. La implementación de estas tecnologías, sin embargo, no ha estado exenta de retos. El alejamiento digital en el Chocó es vasto: la mayoría de sus comunidades carecen de conexión a internet, dispositivos electrónicos o habilidades básicas en el uso de aplicaciones móviles.[476] Para mitigar estas dificultades, el Ministerio de Justicia, en alianza con universidades locales y organizaciones de mujeres, ha promovido la capacitación de "mediadores tecnológicos"—estudiantes de derecho y líderes comunitarios—encargados de asistir a las víctimas en el uso de las plataformas, en miras a traducir el lenguaje digital al contexto local.[477]

### 7.6.4 Innovación, visión transversal de derechos y resultados iniciales

La experiencia del Chocó ofrece lecciones valiosas sobre el potencial y los límites de la innovación tecnológica en la justicia penal de género. Por un lado, las plataformas digitales han permitido una mejor identificación de casos, la visibilidad de patrones de violencia y la recolección de datos útiles para el diseño de políticas públicas más ajustadas a la realidad regional.[478] Por otro, han hecho evidente que la tecnología—por sí sola—no puede resolver problemas

[474] LegalApp, JustiFácil. Manuales de usuario (2025).
[475] LegalApp (2025).
[476] CEPAL, 2024. "Brecha digital en zonas rurales de América Latina".
[477] Fundación Afrocolombiana del Pacífico (2025).
[478] Chaverra Mena, Y. (2025). "Innovación tecnológica y justicia de género en el Chocó".

estructurales: sin inversión sostenida en infraestructura, formación, prevención y protección, las fracturas existentes corren el riesgo de reproducirse en el mundo digital.

Un elemento distintivo de la experiencia chocoana ha sido la integración del abordaje multidimensional en el diseño y la implementación de las innovaciones. Las aplicaciones, los manuales de uso y los protocolos han sido adaptados a las lenguas y códigos culturales de las comunidades afrodescendientes e indígenas, al igual que han reconocido la diversidad y la pluralidad como activos, no como obstáculos.[479] Asimismo, se han realizado diagnósticos participativos y jornadas de consulta con líderes territoriales, mujeres sobrevivientes y operadores locales, lo que garantiza que las soluciones tecnológicas respondan a las necesidades reales y a la idiosincrasia del territorio.

Los resultados iniciales son prometedores. Las estadísticas muestran un aumento significativo en el número de denuncias y consultas en línea, así como una reducción en los tiempos de respuesta institucional. La posibilidad de monitorear el avance de los casos ha mejorado la confianza ciudadana en el sistema y ha reducido la percepción de impunidad.[480] Además, el fortalecimiento de las redes comunitarias y la capacitación de mediadores han generado nuevas formas de empoderamiento local, esenciales para la sostenibilidad de la política pública.

### 7.6.5 Desafíos persistentes y propuestas de mejora

A pesar de los avances, persisten desafíos estructurales que requieren atención prioritaria. La cobertura de internet y telefonía móvil en el Chocó continúa con ostensibles limitaciones, especialmente en zonas rurales y dispersas que habitan su vasta geografía.[481] Los recursos humanos y materiales asignados a la justicia de género devienen en insuficientes, y la rotación de personal dificulta la consolidación de equipos especializados y comprometidos con la causa. Además, la violencia armada y el control territorial de grupos ilegales imponen barreras adicionales a la efectividad de las rutas institucionales.

---

[479] Movimientos sociales y autoridades étnicas del Chocó (2025).
[480] Ministerio de Justicia de Colombia (2025).
[481] Mintic, 2024.

Para consolidar la innovación tecnológica como motor de transformación, es necesario adoptar un enfoque integral y sostenible, que combine:

a) *Inversión en infraestructura digital y conectividad:* el Estado debe garantizar el acceso a internet como derecho básico, al igual que priorizar la expansión de redes en los territorios históricamente excluidos.
b) *Formación continua y sensibilización intercultural:* los operadores judiciales, los mediadores tecnológicos y las comunidades deben recibir capacitación permanente sobre los derechos de las mujeres, el uso crítico de la tecnología y la prevención de sesgos algorítmicos.
c) *Articulación de redes locales, institucionales y comunitarias:* la cooperación entre el Estado, las organizaciones de mujeres, las iglesias y las autoridades étnicas es esencial para fortalecer las rutas de protección y garantizar respuestas rápidas y efectivas.
d) *Evaluación y mejora continua de las plataformas digitales:* las aplicaciones deben ser objeto de auditorías periódicas, actualización de contenidos y adaptación a los cambios en las realidades territoriales.
e) *Participación efectiva de las mujeres en la gobernanza tecnológica:* la toma de decisiones sobre el diseño, la implementación y el monitoreo de las herramientas debe involucrar a las mujeres sobrevivientes, líderes comunitarias y defensoras de derechos humanos.

### 7.6.6 Reflexión final: innovación humanista y justicia con rostro local

El caso del Chocó demuestra que la tecnología, correctamente regulada, puede convertirse en una aliada poderosa para la eficacia legal y la protección de los derechos en contextos de alta vulnerabilidad. Pero también confirma que toda innovación verdadera es, antes que nada, un proceso social y cultural, donde la dignidad, la equidad y la participación deben estar en el centro de la transformación.[482]La historia de la violencia de género en el Chocó—hecha de silencios, resistencias y esperanzas—exige una justicia que sepa mirar el territorio, escuchar a las comunidades y dialogar con las diferencias.

[482] Ferrajoli, L., 2011.

La digitalización de la justicia solo será emancipadora si rompe con la lógica centralista, el tecnocratismo y la indiferencia estatal, y si se orienta a la humanización del derecho penal y a la reparación del tejido social.[483]En definitiva, la eficacia legal y la innovación tecnológica no son fines en sí mismos, sino medios para construir una sociedad más justa, igualitaria y plural. El reto es grande, pero las mujeres del Chocó—y de toda Colombia—lo merecen.

## 7.7 Conclusiones y recomendaciones

### 7.7.1 Conclusiones generales

El recorrido crítico por la inserción de tecnologías emergentes e inteligencia artificial en la justicia penal de género revela un panorama de grandes promesas, pero también de riesgos inminentes y desafíos complejos. El análisis demuestra que, si bien la innovación tecnológica puede contribuir de manera significativa a disminuir el contraste entre norma y realidad—especialmente en contextos de alta vulnerabilidad como el Chocó—, su sola existencia no garantiza el acceso efectivo a la justicia, la protección integral de las víctimas ni la erradicación de la discriminación estructural.[484]

En América Latina y Colombia, la violencia de género no es sólo un problema legal, sino una manifestación profundamente cultural, histórica y política, arraigada en patrones de desigualdad, racismo, machismo y marginalidad territorial. Las leyes avanzadas y los sistemas predictivos más sofisticados pueden fracasar si no se anclan en una transformación profunda de la cultura judicial, la ética institucional y la participación ciudadana.[485]

El capítulo ha demostrado que los algoritmos y sistemas predictivos, lejos de ser neutrales, reproducen—y en ocasiones agravan—los sesgos, vacíos y prejuicios del pasado. El riesgo de automatizar la injusticia o invisibilizar a las víctimas más vulnerables es tan real como el potencial emancipador de la

---

483 Chaverra Mena, Y. (2025).

484 Breceda Pérez, José A. La dignidad humana frente a la inteligencia artificial: un análisis ético y normativo en América Latina. Instituto de Ciencias Sociales y Administración, UACJ, 2024. https://cathi.uacj.mx/handle/20.500.11961/29652

485 Smart, Sofía, y Andrés Coddou. La intersección de la inteligencia artificial y los derechos humanos: Un análisis desde el constructivismo y el realismo en la política exterior chilena. ARU.figshare, 2024. https://aru.figshare.com/articles/journal_contribution/28131635

tecnología bien orientada.[486] La experiencia comparada, en especial los sistemas VioGén y COMPAS, evidencia tanto el poder como los límites de la inteligencia artificial: su eficacia depende de la calidad de los datos, la transparencia de los procesos, la vigilancia ciudadana y la capacidad institucional para corregir y aprender de los errores.[487]

El caso del Chocó colombiano demuestra que la implementación de herramientas digitales, bajo un marco de interrelaciones identitarias y de coproducción social, puede catalizar cambios estructurales en el acceso a la justicia y la protección de derechos. La participación activa de actores comunitarios y operadores judiciales en el diseño e implementación de estas soluciones incrementa su eficacia y pertinencia, lo que constituye una buena práctica replicable en contextos de alta vulnerabilidad institucional. La tecnología, por sí sola, no crea justicia: necesita del acompañamiento político, social y ético, para no convertirse en una nueva forma de exclusión o violencia institucional.[488]El gran desafío es, entonces, articular una justicia penal de género que integre la inteligencia artificial y las tecnologías emergentes sin perder su vocación humanista, garantista y emancipadora. Se trata de construir un derecho penal con rostro humano, capaz de dialogar con la innovación sin sacrificar los principios de dignidad, igualdad y reparación integral.

### 7.7.2 Recomendaciones para una justicia penal de género innovadora y garantista

A partir de los hallazgos y reflexiones de este capítulo, se formulan las siguientes recomendaciones, orientadas tanto a los legisladores y autoridades judiciales como a la academia, la sociedad civil y la cooperación internacional:

[486] Herrera Acosta, B. Tendencias de investigación acerca de los procesos y desafíos en la implementación de inteligencia artificial en empresas latinoamericanas: Una revisión de literatura. Universidad El Bosque, 2024. https://repositorio.unbosque.edu.co/items/8c815810-f17d-42f6-bf5f-89b8051e3192

[487] Ballesteros, Jorge, y Verónica Arroyo. La inteligencia artificial en América Latina: oportunidades, riesgos y propuestas para una regulación democrática. Fundación Karisma, 2021. https://web.karisma.org.co/wp-content/uploads/2021/12/IA-Latam-FINAL.pdf

[488] ] ONU Mujeres Colombia. Tecnologías digitales y derechos de las mujeres: oportunidades y desafíos. Bogotá: ONU Mujeres, 2023. https://colombia.unwomen.org

a) *Regular la inteligencia artificial con enfoque de derechos humanos:* adoptar marcos normativos claros que definan los límites, responsabilidades y principios éticos para el uso de la IA en la justicia penal, y garantizar la transparencia, auditabilidad y explicabilidad de los algoritmos.[489]
b) *Fortalecer la construcción y calidad de datos:* impulsar sistemas de información integrados, interoperables y sensibles a las diversidades territoriales, étnicas y de género, y de esta forma, reducir el subregistro y mejorar la confiabilidad de los datos para alimentar los sistemas predictivos.[490]
c) *Garantizar participación y control social:* involucrar a organizaciones de mujeres, comunidades étnicas y defensoras de derechos humanos en el diseño, calibración y evaluación de las tecnologías, y resguardar una perspectiva diferenciada de derechos y pertinencia cultural, contextualizada a las realidades territoriales.[491]
d) *Priorizar la formación y sensibilización permanente:* desarrollar programas de formación continua para operadores judiciales, técnicos y personal de apoyo, orientados a la comprensión crítica de la tecnología, el manejo de sesgos y la protección reforzada de los derechos de las víctimas.[492]
e) *Promover la innovación situada y el enfoque local:* fomentar el desarrollo de soluciones tecnológicas adaptadas a la realidad colombiana y latinoamericana, integrar saberes locales y reconocer las particularidades históricas y culturales de cada territorio.
f) *Implementar auditorías externas y mecanismos de rendición de cuentas:* establecer sistemas de monitoreo independiente, revisión periódica de los algoritmos

[489] Ferroni, José M., y Paola Parenti. "Desafíos éticos y regulatorios de la Inteligencia Artificial en la investigación médica: reflexiones sobre una regulación inteligente." Revista Binacional Brasil-Argentina, 2024. https://anais.uesb.br/rbba/article/view/15959

[490] Villegas Delgado, César, y Evelyn Téllez Carvajal, eds. La protección de los derechos humanos en América Latina y Europa en la era digital. Tirant lo Blanch, 2024. https://revistascientificas.us.es/index.php/ies/article/download/27238/23877

[491] Red AL sur. Gobernanza algorítmica en América Latina: un marco para la inclusión y la rendición de cuentas. 2022. https://www.redalsur.org/publicaciones/gobernanza

[492] Defensoría del Pueblo de Colombia. Justicia Digital: Diagnóstico de la implementación de TIC en el acceso a la justicia en Colombia. Bogotá: 2023. https://www.defensoria.gov.co

y acceso a la reparación para las víctimas de decisiones automatizadas erróneas o discriminatorias.[493]

g) *Invertir en infraestructura digital y disminuir la distancia tecnológica*: garantizar el acceso universal a la conectividad, priorizar regiones históricamente excluidas como el Chocó, y asegurar que la digitalización no se convierta en una nueva forma de marginación.[494]
h) *Articular redes de apoyo, prevención y protección integral:* coordinar la acción entre Estado, comunidad, iglesia y actores territoriales para fortalecer las rutas de atención, la reparación integral y la reintegración social de las víctimas de violencia de género.
i) *Mantener la centralidad de la justicia humanista y garantista*: no delegar ciegamente la protección de los derechos fundamentales a la tecnología, sino conservar siempre el juicio ético, la valoración individualizada y el control humano en las decisiones que afectan la vida y la libertad.[495]

### 7.7.3 Reflexión de capítulo

La justicia penal de género en la era digital no es un destino, sino un proceso en construcción. La inteligencia artificial puede—y debe—ser una aliada, pero sólo si se pone al servicio de la emancipación, la dignidad y la igualdad sustantiva. La modernización no puede ser un fin en sí misma: es un medio para reconstruir la confianza en las instituciones, democratizar el acceso a la justicia y reparar las deudas históricas con las mujeres y comunidades más vulnerables. Innovar, en el contexto colombiano y latinoamericano, es atreverse a pensar una justicia menos distante, menos ciega y menos indiferente; es colocar el rostro y la voz de las víctimas en el centro de la transformación. El futuro está abierto: lo construimos hoy, con responsabilidad, crítica y compromiso ético.

[493] Fundación Karisma. Algoritmos y Justicia: La necesidad de auditar lo automático. Bogotá, 2020. https://web.karisma.org.co

[494] CEPAL. Conectividad en América Latina: desafíos y oportunidades para cerrar la brecha digital con enfoque de género. Naciones Unidas, 2022. https://repositorio.cepal.org

[495] ONU. Marco de gobernanza digital basado en derechos humanos. Nueva York: Naciones Unidas, 2022. https://www.un.org/es

# CAPÍTULO OCTAVO
# ANÁLISIS REGIONAL DE LA VIOLENCIA DE GÉNERO EN COLOMBIA

## CONTEXTUALIZACIÓN

En este capítulo se aborda la problemática de la violencia de género en Colombia desde una perspectiva regional e interseccional, la cual aplica el enfoque ya utilizado en el estudio del departamento del Chocó. Se analizan cinco regiones representativas—la Andina (Antioquia, Santander, Boyacá), Amazonía (Amazonas), Caribe (La Guajira), Orinoquía (Arauca) y Pacífica (Chocó)—a través de ejes como antecedentes históricos, datos estadísticos, contexto sociocultural, jurisprudencia relevante, desafíos institucionales y conclusiones específicas.[496]

El análisis enfatiza el rol de la jurisprudencia de la Corte Constitucional en la protección de los derechos de las mujeres desde una perspectiva diferencial. Se destacan sentencias estructurales como la **T-878 de 2014**, que reconoce la interseccionalidad como elemento clave para entender las barreras de acceso a la justicia de mujeres indígenas y afrodescendientes, así como el Auto 009 de 2015 sobre violencia sexual en el marco del conflicto armado.[497]

También se incorporan datos de instituciones como el Instituto Nacional de Medicina Legal, cuyo *Informe Forensis* 2023 revela un total de 782 feminicidios consumados y más de 62.000 casos de violencia intrafamiliar contra mujeres, dato que confirma una tendencia al alza y un subregistro sistemático en regiones apartadas.[498]

Cada sección regional evidencia cómo los factores culturales, económicos, étnicos y geográficos impactan tanto en la incidencia de la violencia como en la efectividad de la respuesta institucional. Esto subraya la urgencia de implementar políticas públicas que respondan a las particularidades territoriales

---

[496] Chaverra Mena, Y. (2025). Violencia de género y eficacia jurídica en Colombia. Edición 2025. Universidad de San Martín de Porres.

[497] Corte Constitucional de Colombia. Sentencia T-878 de 2014. Disponible en: https://www.corteconstitucional.gov.co/relatoria/2014/T-878-14.htm

[498] Instituto Nacional de Medicina Legal y Ciencias Forenses, 2024. Forensis 2023: Datos para la vida. Disponible en: https://www.medicinalegal.gov.co

y garanticen la igualdad sustantiva para los grupos en situación de vulnerabilidad, conforme a los mandatos de la Convención de Belém do Pará y el Sistema Interamericano de Derechos Humanos.[499]

## 8.1 La violencia de género en la región Andina: entre modernidad institucional y limitaciones rurales

### 8.1.1 Configuraciones históricas y sociojurídicas de la violencia de género andina

La región Andina, corazón geográfico y demográfico del país, constituye un laboratorio privilegiado para analizar los múltiples rostros de la violencia de género en Colombia. Antioquia, Santander y Boyacá, territorios que se abordan aquí como representativos, comparten una herencia histórica marcada por la impronta de la moral católica y una estructura familiar patriarcal que, durante buena parte del siglo XX, subordinó a la mujer y normalizó la violencia en su contra como un componente funcional del orden social tradicional.[500] No obstante, las particularidades socioeconómicas y el impacto variable del conflicto armado interno en cada departamento configuran matices relevantes.

En Antioquia, la perseverancia de estructuras rurales—sobre todo en subregiones como el Bajo Cauca, Nordeste y Urabá—permitió la reproducción de esquemas patriarcales rígidos, agravados por la presencia de actores armados ilegales. La violencia sexual se utilizó como arma de guerra, lo que reforzó la lógica del control social sobre el cuerpo femenino e invisibilizó, durante décadas, el sufrimiento diferencial de las mujeres rurales, especialmente afrodescendientes y campesinas.[501]

En contraste, la Antioquia urbana—con Medellín como epicentro—fue testigo, durante las décadas de los ochenta y noventa, de la emergencia de

---

[499] Organización de Estados Americanos. (1994). Convención Interamericana para Prevenir, Sancionar y Erradicar la Violencia contra la Mujer (Convención de Belém do Pará). Disponible en: https://www.oas.org/es/mesecvi/docs/BelemDoPara-ES.pdf

[500] Véase Boesten, Jelke. Violence, Inequality, and Women's Rights in the Andean Region. Social Politics, Vol. 20, No. 4, 2013, pp. 505-528; y Sánchez Botero, Juanita. "Patriarcado y violencia contra la mujer en la Colombia rural." Revista Colombiana de Sociología, 39(1), 2016, pp. 173-197.

[501] Centro Nacional de Memoria Histórica, La guerra inscrita en el cuerpo: Informe nacional sobre violencia sexual en el conflicto armado (Bogotá: CNMH, 2017), pp. 121-146.

circunstancias asociadas al narcotráfico: la hipersexualización de la imagen femenina, la normalización de la violencia letal contra mujeres vinculadas a economías ilegales y el surgimiento de nuevas formas de subordinación y riesgo para las mujeres jóvenes en entornos urbanos.[502]

Las mujeres campesinas y afrodescendientes de Antioquia han enfrentado una doble exposición: a la violencia intrafamiliar derivada del machismo local y a la violencia sistemática del conflicto armado, que incluyó atrocidades como desplazamientos forzados, violaciones masivas y abortos forzados, elementos que las colocan en el centro del debate sobre justicia transicional y reparación integral.[503]

Santander y Boyacá, aunque comparten ciertos rasgos socioculturales de corte conservador, presentan dinámicas propias. En Santander, la tradición de autoridad masculina y la vigencia del "honor familiar" consolidaron una cultura doméstica de control y silenciamiento de las mujeres, reforzada en contextos de violencia política y la irrupción esporádica de guerrillas y paramilitares, como lo prueban episodios documentados de violencia sexual en zonas rurales durante el conflicto armado.[504]

En Boyacá, el predominio de pequeñas poblaciones campesinas propició la pervivencia de prácticas tales como el matrimonio infantil arreglado o la tolerancia social al castigo físico de la esposa, situaciones apenas cuestionadas hasta las dos últimas décadas, cuando la acción de movimientos sociales y la influencia de estándares internacionales comenzaron a modificar el horizonte normativo.[505]

La modernización legislativa—impulsada por la ratificación de la CEDAW y la Convención de Belém do Pará—y la intervención de la Corte Constitucional han sido cruciales para erosionar estos patrones, aunque

---

[502] Arias López, Beatriz. "Feminización de la violencia y narcotráfico en Medellín." Universitas Humanística, 85, 2018, pp. 167-190; y Vásquez, Andrés. "Criminalidad organizada y violencia de género en Medellín." Revista Criminalidad, 57(1), 2015, pp. 79-104.

[503] Véase CNMH, La guerra inscrita en el cuerpo, op. cit., pp. 210-220.

[504] Ruta Pacífica de las Mujeres, La verdad de las mujeres: víctimas del conflicto armado en Colombia (Bogotá: 2013), pp. 200-209; y Sisma Mujer, "Violencia sexual y conflicto armado en Santander: testimonios y resistencias." Boletín Sisma Mujer, n.º 63, 2020.

[505] Dejusticia, "Diagnóstico sobre prácticas de violencia de género en el ámbito rural boyacense." Informe de investigación, 2022; y Defensoría del Pueblo, "Informe sobre violencia de género y matrimonio infantil en zonas rurales de Boyacá", 2021.

persisten resistencias profundas y una fragmentación marcada entre la norma y la realidad social.[506] La historia andina, en consecuencia, revela la coexistencia de un arcaico modelo de subordinación femenina con nuevas formas de violencia vinculadas a las dinámicas contemporáneas de exclusión, movilidad y conflicto.

### 8.1.2 ESTADÍSTICAS DEPARTAMENTALES Y TENDENCIAS DE VIOLENCIA EN ZONAS URBANAS Y RURALES

El análisis estadístico en la región Andina colombiana revela la coexistencia de un evento masivo de violencia de género con variaciones territoriales significativas, determinadas por factores demográficos, culturales y el alcance institucional.[507]Antioquia, por su densidad poblacional y desarrollo económico, concentra uno de los mayores números absolutos de casos de violencia contra las mujeres en el país. En el año 2022, este departamento registró 17.093 denuncias de violencia intrafamiliar, cifra que lo posicionó como el segundo con más casos reportados después de Bogotá, lo cual indica una problemática de alta proporción, aunque, ajustado por población, su tasa suele acercarse al promedio nacional.[508]

La violencia sexual constituye uno de los flagelos más graves en Antioquia. Según datos de Medicina Legal, en 2021 se practicaron más de 2.000 valoraciones médico-legales por presuntos delitos sexuales contra mujeres en el departamento, lo que posiciona a la región como una de las más afectadas a nivel nacional.

La mayoría de las víctimas son niñas y adolescentes, lo que corrobora la hipótesis de que la violencia sexual reproduce patrones de control sobre los

---

[506] Corte Constitucional de Colombia, Sentencia SU-080 de 2020; SU-167 de 2024; y T-291 de 2016. Véase también Jaramillo Sierra, Isabel Cristina, "El impacto de la jurisprudencia constitucional en la transformación de los roles de género en Colombia." Revista Derecho y Sociedad, 54, 2022, pp. 41-65.

[507] Véase Forensis 2023: Datos para la vida, Instituto Nacional de Medicina Legal y Ciencias Forenses (Bogotá: 2024), pp. 38-49.

[508] Observatorio de Seguridad Humana de Antioquia, Informe anual 2022, Medellín: Gobernación de Antioquia, 2023, pp. 11-17.

cuerpos de las mujeres jóvenes y perpetúa la desigualdad generacional.[509]El feminicidio, expresión extrema de la violencia de género, muestra una tendencia alarmante. Durante 2024, Antioquia lideró la estadística nacional con 86 presuntos feminicidios, lo que representa aproximadamente el 15% de todos los casos ocurridos en Colombia ese año.

Aunque existe una leve disminución respecto a 2023, la situación persiste en niveles intolerables, particularmente en municipios rurales donde el acceso a protección estatal es limitado.[510] Los estudios de organizaciones de mujeres señalan que en alrededor del 68% de los feminicidios, el agresor era la pareja o expareja de la víctima, dato que corrobora la hipótesis de que la violencia íntima se constituye en la principal amenaza para la vida de las mujeres en el entorno andino.[511]

En Santander y Boyacá, aunque las cifras absolutas son menores debido a sus poblaciones más pequeñas, las tasas relativas revelan una problemática igualmente preocupante. Boyacá reportó en 2020 un total de 2.582 casos de violencia de género e intrafamiliar notificados al sistema de salud, con una distribución que evidencia la primacía de la violencia física (68,7%), seguida de la sexual (15,8%) y la psicológica (8,9%).[512] La tasa de violencia intrafamiliar fue de 172 casos por 100.000 habitantes en 2019, lo que supera el promedio nacional de 156,5. Destaca, además, el dato de que el 82,6% de las víctimas de violencia sexual en Boyacá son menores de 18 años, cifra que evidencia la grave situación de abuso infantil en contextos rurales.[513]

Santander, por su parte, registró en 2018 cerca de 5.970 mujeres víctimas de algún tipo de violencia no letal, cifra basada en registros oficiales que podría

---

[509] Instituto Nacional de Medicina Legal y Ciencias Forenses, Forensis 2022, pp. 134-141; y Vélez Restrepo, Clara. "Abuso sexual en menores en Colombia: análisis regional." Revista de Salud Pública, 25(3), 2023, pp. 280-293.

[510] Casa de la Mujer, "Boletín de Feminicidios en Colombia 2024," Bogotá, julio 2024; y Red Feminista Antimilitarista, Informe de Violencias Letales contra Mujeres en Antioquia 2024, Medellín: 2024.

[511] Casa de la Mujer, op. cit.; Procuraduría General de la Nación, "Informe especial sobre feminicidios y violencia de pareja 2023-2024", Bogotá, 2024.

[512] Sistema de Vigilancia en Salud Pública (SIVIGILA), Informe de violencia de género e intrafamiliar en Boyacá 2020, Tunja: Secretaría de Salud Departamental, 2021.

[513] Caracol Radio, "Boyacá reporta alta incidencia de abuso sexual infantil," 17 de septiembre de 2021; y Vélez Restrepo, op. cit., p. 286.

subestimar este incidente debido al subregistro tradicional en zonas rurales.[514] Durante el periodo 2019–2020, se evidenció un incremento sostenido en las denuncias por violencia sexual, fenómeno respaldado por diversos estudios universitarios. Estas investigaciones destacan, adicionalmente, la existencia de obstáculos persistentes que dificultan tanto la presentación de denuncias como el acceso real a mecanismos judiciales de protección y reparación.

Las estadísticas correspondientes al primer semestre de 2023 muestran en Santander alrededor de 1.200 casos de violencia intrafamiliar y de pareja, así como más de 300 delitos sexuales contra mujeres. En comparación, la tasa de notificación de violencia de género en Antioquia durante el mismo periodo fue de aproximadamente 120 por 100.000 habitantes, mientras que departamentos como Amazonas, fuera de la región Andina, superaron los 300, lo que evidencia la existencia de territorios especialmente vulnerables que requieren intervenciones diferenciadas.[515]

En cuanto a feminicidios, Santander y Boyacá mantienen cifras anuales históricamente inferiores a las de Antioquia (entre 5 y 15 casos por año), aunque han tenido picos significativos. En 2022, Santander reportó 12 feminicidios y Boyacá 7, cifras que, aunque menores en términos absolutos, representan tragedias profundas dadas las dimensiones poblacionales y los efectos sociales en contextos rurales. En ambos departamentos, la prevalencia de la violencia de pareja y la vulnerabilidad de niñas y adolescentes son rasgos estructurales persistentes.[516]

Las cifras, al contrastarse entre departamentos, demuestran que la violencia de género obedece a una ocurrencia endémica, transversal a todas las zonas urbanas y rurales de la región Andina, aunque con matices particulares. El reto fundamental reside en superar la distancia entre la densidad institucional—supuestamente mayor en el centro del país—y el arraigo de patrones socioculturales que perpetúan la violencia, así como en garantizar que

---

[514] Ruta Pacífica de las Mujeres, La verdad de las mujeres, op. cit., pp. 210-217; y Universidad Industrial de Santander (UIS), "Informe sobre violencia sexual en Santander 2020," Bucaramanga, 2021.

[515] Instituto Nacional de Salud, Boletín Epidemiológico de Violencia de Género 2023, Bogotá: INS, 2023.

[516] Medicina Legal, Forensis 2023, pp. 231-234; Defensoría del Pueblo, "Violencia de género en contextos rurales andinos," Bogotá, 2024.

las estadísticas reflejen fielmente el grosor real del suceso, y eliminar el subregistro y la revictimización de las denunciantes.

### 8.1.3 Cultura patriarcal, ruralidad y centralismo: barreras socioculturales persistentes

La región Andina se encuentra atravesada por una herencia cultural de hondo arraigo campesino, influenciada por la religiosidad católica y, en ciertas zonas, por el legado industrial y minero que coexiste con procesos de modernización incipiente.[517] En municipios rurales de Antioquia, Santander y Boyacá, persiste una estructura patriarcal tradicional donde el varón ejerce el rol de autoridad incuestionable en el seno familiar y comunitario, y la mujer asume, por mandato tácito, el papel de cuidadora y reproductora de valores domésticos.[518] Esta distribución de roles, naturalizada por generaciones, ha favorecido la invisibilización de la violencia intrafamiliar, pues los conflictos domésticos son considerados "asuntos privados" a ser resueltos sin intervención externa, como lo sintetiza el refrán "la ropa sucia se lava en casa".[519]

La influencia eclesial ha sido determinante en el afianzamiento de la subordinación femenina. En particular, la Iglesia Católica—especialmente poderosa en Antioquia y Boyacá—promovió durante décadas la indisolubilidad del matrimonio y el deber sacrificial de la mujer por la unidad familiar.[520] Solo en las últimas décadas del siglo XX, la modernización legal y los movimientos feministas lograron cuestionar abiertamente la permisividad social hacia el castigo físico "disciplinario" por parte del esposo. Sin embargo, subsiste entre mujeres mayores cierta normalización de la violencia sufrida y una tendencia a no denunciar por lealtad familiar o temor al estigma.[521]

En los entornos urbanos, especialmente en Medellín y Bucaramanga, la cultura popular de los años 80 y 90 exaltó arquetipos de hipermasculinidad

[517] Pérez, Nohora. "Tradición campesina y patriarcado en la región Andina." Revista Colombiana de Sociología 45(2), 2023, pp. 69-84.

[518] De La Espriella, Gabriel, "Dinámicas familiares rurales y violencia de género en Colombia." Estudios Sociales Contemporáneos 15(1), 2022, pp. 23-37.

[519] Vélez, Clara, op. cit., p. 282; Forensis 2023, p. 44.

[520] Sánchez Botero, María, "Religión y control social femenino en Colombia." Anuario de Historia Regional y de las Fronteras 28(1), 2023, pp. 201-216.

[521] Rodríguez, Inés, "Mujeres mayores y normalización de la violencia doméstica." Revista Trabajo Social UNAL 38(3), 2022, pp. 44-60.

asociados a la violencia y al dominio, situación que reitera la cosificación de la mujer y el ideal del "poder masculino" exhibido a través de la fuerza o el éxito ilícito, como lo documenta la literatura sobre narcocultura.[522] Pese a los notables avances socioculturales de las últimas dos décadas, el residuo simbólico de esa época aún resuena en prácticas y discursos que objetivizan a la mujer como propiedad o trofeo del hombre poderoso.[523]

En Santander, la identidad regional se ha nutrido del mito del carácter recio y franco, pero también ha perpetuado dinámicas de tolerancia hacia la agresividad masculina.[524] Se observa, por ejemplo, la justificación cotidiana de conductas violentas bajo la premisa del "carácter fuerte" santandereano. Asimismo, persisten prácticas que refuerzan la función social de la mujer como objeto de valoración estética o reproductiva, como los concursos de belleza y la presión para contraer matrimonio y tener hijos a temprana edad.[525]

El contexto boyacense, de predominio rural, reproduce patrones similares, aunque enmarcados en tradiciones folclóricas y una moral religiosa austera. La violencia sexual y el incesto han sido tabúes mantenidos en silencio en muchas localidades, y estudios recientes demuestran que parte de la población no reconoce como violencia ciertas conductas de control y restricción de la autonomía femenina, lo que dificulta la detección temprana y la denuncia.[526] Se observa, además, una influencia persistente de la moral tradicional en la sexualidad y los roles de género, lo que perpetúa una ética desigual: la sociedad muestra permisividad ante las conductas extramaritales de los hombres, mientras condena severamente cualquier transgresión por parte de las mujeres.[527]Cabe destacar, sin embargo, la emergencia de movimientos feministas y colectivos de mujeres que, especialmente en Medellín y Bucaramanga, han generado una transformación de los imaginarios colectivos.

---

522 Salazar, Alonso, No nacimos pa' semilla: la cultura de las bandas juveniles en Medellín, 10ª ed. (Bogotá: Editorial Planeta, 2020), pp. 111-125.

523 Casa de la Mujer, op. cit., p. 19.

524 Mena, Camilo, "Identidad regional y violencia doméstica en Santander." Criterio Jurídico, 41(2), 2023, pp. 153-168.

525 Observatorio de Género de Santander, Informe 2023: violencia y roles de género, Bucaramanga: 2024, pp. 34-37.

526 Secretaría de Salud de Boyacá, Estudio sobre percepción social de la violencia de género, Tunja: 2023, pp. 55-60.

527 Sánchez Botero, op., cit., p. 212.

Campañas contra el acoso callejero, programas de masculinidades no violentas y la inclusión de la cátedra de equidad de género en instituciones educativas han iniciado un proceso de cambio intergeneracional.[528] No obstante, estos avances conviven con resistencias significativas, especialmente en sectores rurales y tradicionales, donde la ruptura con los valores patriarcales es percibida como amenaza al tejido social.

Un rasgo sociocultural relevante es la fortaleza de los colectivos femeninos en contextos de conflicto y exclusión. En el Oriente Antioqueño, organizaciones de mujeres surgidas durante los años duros de la violencia armada se han consolidado como actores clave en la defensa de derechos y la incidencia en políticas públicas locales.[529] En Santander, grupos como "Mujer y Futuro" han visibilizado dimensiones de la violencia de género poco atendidas, como la violencia patrimonial y económica.[530] Boyacá, por su parte, ha comenzado a dialogar con comunidades indígenas u'wa para incorporar visiones interculturales en la prevención de violencias, un proceso aún incipiente pero relevante para la inclusión de la diversidad étnica.[531]

En suma, la región Andina se caracteriza por el asiento de patrones patriarcales y la normalización social de la violencia contra la mujer, aunque se advierte un proceso progresivo de transformación cultural impulsado por la educación, la movilización social y el activismo femenino. El reto institucional consiste en acompañar y profundizar estos cambios, sin perder de vista la complejidad de los imaginarios que, durante décadas, han justificado o minimizado la agresión hacia las mujeres. La erradicación de la violencia exige no solo reformas normativas, sino una profunda mutación de los valores colectivos que la han sostenido.[532]

---

[528] Observatorio de Asuntos de Mujer de Medellín, Impacto de campañas feministas urbanas 2022-2024, Medellín: 2024.

[529] Red de Mujeres del Oriente Antioqueño, "Informe de gestión 2023", Rionegro: 2024.

[530] Mujer y Futuro, Memorias del programa de incidencia 2023, Bucaramanga: 2024.

[531] Secretaría de Gobierno de Boyacá, Memoria de encuentros interétnicos para la equidad de género 2022-2024, Tunja: 2024.

[532] Pérez, op. cit., p. 80; De La Espriella, op. cit., p. 36.

### 8.1.4 Jurisprudencia y pronunciamientos destacados de la Corte Constitucional y tribunales regionales

La Corte Constitucional colombiana ha construido, durante las últimas décadas, un cuerpo doctrinal robusto en materia de protección de los derechos de las mujeres, con especial énfasis en el enfoque de género e interseccionalidad que resulta particularmente relevante para los departamentos de la región Andina.[533] Varias sentencias destacadas han establecido obligaciones claras para jueces y autoridades administrativas en Antioquia, Santander y Boyacá, y exigen la incorporación transversal del análisis diferencial en todos los procesos en los que se alegue violencia de género.[534]

Uno de los hitos jurisprudenciales más destacados es la **Sentencia de Unificación SU-080 de 2020**, donde la Corte Constitucional abordó un caso de violencia intrafamiliar en el marco de un proceso de divorcio. Allí, el tribunal estableció que la justicia de familia debe ponderar de manera prioritaria los antecedentes de violencia doméstica en la toma de decisiones sobre custodia y reparación integral, y que la perspectiva de género es obligatoria para evitar la revictimización judicial de las mujeres.[535] Este pronunciamiento rompió con la tradicional separación entre la jurisdicción penal y la civil, al afirmar que el deber de protección de los derechos fundamentales de las víctimas permea todo el aparato jurisdiccional, independientemente de la materia o el fuero.[536]

En la **Sentencia SU-167 de 2024**, la Corte reafirmó la obligación estatal de adoptar acciones diferenciadas que reconozcan las múltiples formas de discriminación que enfrentan las mujeres, especialmente aquellas pertenecientes a grupos rurales, indígenas o afrodescendientes.[537] Este fallo estableció que el principio de interseccionalidad implica que las políticas públicas y las decisiones judiciales deben diseñarse acorde a las circunstancias específicas de las mujeres según su contexto territorial, étnico, socioeconómico y cultural, y no como sujetos homogéneos. Así, en departamentos como Antioquia, las autoridades

---

[533] Uprimny, Rodrigo y Guarnizo, Juanita. "Jurisprudencia constitucional y género en Colombia." Revista Derecho y Sociedad 52(1), 2023, pp. 11-31.

[534] Corte Constitucional, Sentencia SU-080 de 2020; SU-167 de 2024.

[535] Corte Constitucional, SU-080/20, M.P. Diana Fajardo Rivera.

[536] Ibíd.; Véase también: García, Natalia, "El enfoque de género en la jurisdicción civil y de familia", Revista de Derecho Privado 41, 2023, pp. 99-112.

[537] Corte Constitucional, SU-167/24, M.P. Antonio José Lizarazo Ocampo.

deben garantizar respuestas diferenciadas para mujeres afroantioqueñas del Urabá, frente a las realidades de las mujeres urbanas de Medellín, o las campesinas de las subregiones rurales; en Boyacá, la situación de las campesinas de Lengupá difiere sustancialmente de la de las profesionales en Tunja.[538]

En materia de tutela y protección judicial, destacan múltiples pronunciamientos relativos a estos departamentos. La **Sentencia T-967 de 2014** revisó el caso de una mujer víctima de violencia en Antioquia y reiteró el principio de "cero tolerancia" frente a las decisiones judiciales que perpetúan sesgos o estereotipos de género.[539] La Corte fue enfática en señalar que la falta de aplicación del enfoque de género constituye una vía de hecho y puede dar lugar a la revocatoria de las decisiones y a la responsabilidad del operador judicial.[540] Igualmente, en la **Sentencia T-090 de 2008**, se protegió a una mujer de Medellín cuyo agresor, pese a reiteradas denuncias previas por violencia intrafamiliar, permanecía en libertad, lo que le permitió atacarla con ácido. La Corte declaró vulnerados sus derechos a la vida e integridad, ordenó medidas ejemplares e insistió en la debida diligencia reforzada que compete a las autoridades cuando existe conocimiento de situaciones de riesgo grave para la mujer.[541]

Respecto a la violencia sexual en el contexto del conflicto armado, la jurisprudencia ha tenido especial desarrollo en los Autos de seguimiento al estado de cosas inconstitucional por desplazamiento. El **Auto 092 de 2008** documentó incidentes trascendentales de violencia sexual contra mujeres en Antioquia y Santander—por ejemplo, en el Urabá y bajo control de bloques paramilitares—y dispuso medidas de protección individuales e institucionales, como la creación de unidades psicosociales especializadas para atención a víctimas en regiones afectadas.[542] Este pronunciamiento jurisprudencial advirtió sobre el rezago institucional en la implementación de las medidas para mujeres

---

538 Ibíd., Consideraciones 6.4 y 8.1; Véase también: Observatorio de Género de Antioquia, Informe 2023, p. 48.

539 Corte Constitucional, T-967/14, M.P. Gloria Stella Ortiz Delgado.

540 Ibíd., Consideración 7.2; véase: Colectiva Justicia Mujer, "Jurisprudencia sobre violencia de género en Antioquia", Medellín: 2023, p. 28.

541 Corte Constitucional, T-090/08, M.P. Jaime Córdoba Triviño.

542 Corte Constitucional, Auto 092 de 2008, Anexo 1, casos de Urabá y Santander; Véase también: CNMH, Mujeres y guerra: víctimas y resistentes en el Caribe colombiano, Bogotá: 2015, pp. 109-134.

desplazadas sobrevivientes de violencia sexual y urgió a intensificar los esfuerzos en la región Andina. Finalmente hizo hincapié en la obligación de los entes territoriales de adoptar respuestas diferenciadas según los riesgos y traumas vividos por las mujeres en entornos rurales y urbanos afectados por el conflicto armado.[543]

En el ámbito laboral, la Sentencia T-145 de 2025 (Sala Laboral) reconoció el derecho a la estabilidad reforzada y al acompañamiento especial de las mujeres víctimas de violencia basada en el sexo. El fallo estableció que tanto el empleador como el Estado deben abstenerse de incurrir en actos de revictimización o discriminación frente a mujeres que, como consecuencia de las agresiones sufridas, requieran ausentarse o ajustar su relación laboral. [544] Este precedente resulta especialmente relevante en las ciudades andinas, donde la pérdida del empleo suele constituir una nueva forma de victimización que agrava la precariedad económica y la exclusión social.[545]

Por su parte, la Sentencia T-027 de 2025 examinó el riesgo de feminicidio y reafirmó que la violencia letal contra las mujeres constituye una expresión máxima de discriminación estructural. La Corte reiteró que las autoridades policiales, judiciales y administrativas tienen el deber de implementar medidas preventivas inmediatas, incluso frente a señales incipientes de amenaza grave.[546] Esta jurisprudencia impone un deber de anticipación y diligencia extrema a los operadores institucionales de Antioquia, Santander y Boyacá, donde no son infrecuentes los casos trágicos precedidos de denuncias previas ignoradas por las autoridades.

En conclusión, el andamiaje jurisprudencial construido por la Corte Constitucional y replicado por tribunales regionales articula principios fundamentales: (i) la incorporación transversal del enfoque de género e interseccionalidad en todas las decisiones judiciales; (ii) la corrección de prácticas judiciales deficientes o sesgadas; (iii) la garantía de protección reforzada a víctimas en contextos de conflicto armado o de vulnerabilidad

---

[543] Corte Constitucional, Auto 009 de 2015, M.P. Luis Ernesto Vargas Silva.

[544] Corte Constitucional, T-145/25, M.P. Jorge Enrique Ibáñez Najar.

[545] Observatorio Laboral de la Mujer, "Impacto de la violencia de género en el empleo femenino: Región Andina 2023", Bogotá: 2024, p. 67.

[546] Corte Constitucional, T-027/25, M.P. Paola Andrea Meneses Mosquera; Alcaldía Mayor de Bogotá, "Protocolos de prevención feminicida", Bogotá: 2024, pp. 15-22.

agravada; (iv) la protección laboral y la no discriminación; y (v) la prevención activa del feminicidio y de todas las formas de violencia letal. Para los operadores de justicia andinos, este marco exige superar la tradicional pasividad institucional, y asumir una posición proactiva y de debida diligencia reforzada, so pena de incurrir en responsabilidad disciplinaria, civil o incluso penal por omisión de sus deberes.[547]

### 8.1.5 Desafíos institucionales: acceso desigual, revictimización y fallas en prevención

En la región Andina, el enfrentamiento institucional de la violencia de género revela tanto avances como profundas limitaciones, muchas de las cuales se derivan de la estancia de prácticas patriarcales y de una cultura organizacional que, en ocasiones, permanece ajena al paradigma de derechos humanos y a la perspectiva de género exigida por la jurisprudencia constitucional.[548] A pesar de que departamentos como Antioquia cuentan con una infraestructura institucional más robusta—que incluye Secretaría de las Mujeres y unidades de Fiscalía especializadas—, en los municipios periféricos persiste la práctica de conciliaciones informales promovidas por autoridades locales o la desestimación sistemática de denuncias, lo que facilita la permanencia de la impunidad.[549]

La sobrecarga procesal constituye un obstáculo notorio: Antioquia ostenta uno de los mayores volúmenes de casos en el sistema penal y de familia, lo que se traduce en una justicia lenta y, en no pocos casos, en operadores que carecen de la formación suficiente en materia de enfoque de género.[550] La Corte Constitucional ha advertido reiteradamente que solo un tercio de los jueces y fiscales en regiones vulnerables ha recibido capacitación efectiva en género y derechos de las mujeres, lo que afecta la calidad de la respuesta estatal incluso

[547] Uprimny y Guarnizo, op. cit., pp. 28-29; Ley 1257/2008, art. 18.

[548] Véase: Uprimny, Rodrigo; Guarnizo, Juanita. "Desafíos institucionales y violencia de género en Colombia." Anuario Colombiano de Derecho Procesal 14, 2024: 78-102.

[549] Observatorio de Género de Antioquia. "Retos institucionales frente a la violencia de género." Informe 2024, p. 53.

[550] Fiscalía General de la Nación. "Informe nacional de carga procesal 2023." Bogotá: FGN, 2024, pp. 41-48.

en departamentos con mejores recursos.[551] Ello genera una aplicación desigual: mientras un juez de Medellín puede dictar decisiones ejemplares y alineadas con la doctrina constitucional, en un municipio rural de Antioquia o Santander se perpetúan fallos impregnados de estereotipos nocivos y revictimizantes.[552]

En Santander y Boyacá, la institucionalidad especializada en género inició más tardíamente, y aunque hoy existen Consejerías o Secretarías de la Mujer, su incidencia real se ve limitada por recursos insuficientes y dificultades de cobertura rural.[553] Según la Defensoría del Pueblo, en muchas veredas de Santander las víctimas deben recorrer largas distancias para acceder a una Comisaría o Personería, situación agravada en las provincias montañosas de Boyacá, donde las barreras geográficas y la precariedad del transporte inciden directamente en la desprotección de las mujeres víctimas.[554]

De allí la pertinencia de estrategias innovadoras como las comisarías móviles, equipos psicosociales itinerantes y herramientas tecnológicas (líneas gratuitas, aplicaciones) especialmente adaptadas al contexto rural, recomendadas por organismos internacionales y organismos nacionales como la Defensoría.[555] La coordinación entre entidades estatales constituye aún una deficiencia relevante. Con frecuencia, una Comisaría otorga medidas de protección sin que la Policía garantice su cumplimiento; la Fiscalía puede adelantar la judicialización del agresor mientras el sector salud omite la atención psicosocial a la víctima. Esta fractura institucional propicia episodios sucesivos de revictimización y pone en entredicho la efectividad del sistema de protección integral.[556]

Antioquia ha intentado paliar esta fragmentación con la creación de la Mesa Departamental de Erradicación de Violencias, que reúne varias entidades

---

[551] Corte Constitucional, Auto 009 de 2015, Consideración 7.2; Defensoría del Pueblo, "Informe sobre la implementación del enfoque de género en la administración de justicia," 2023, p. 36.

[552] Véase: Colectiva Justicia Mujer. "Barreras institucionales y fallos judiciales revictimizantes en la región Andina." Medellín: 2023, p. 34.

[553] Consejería para la Equidad de la Mujer, "Evolución institucional en Boyacá y Santander," Informe 2023, p. 17.

[554] Defensoría del Pueblo, "Desplazamientos y acceso a justicia en zonas rurales de Santander y Boyacá." Boletín 24, 2024, p. 12.

[555] Comisión Económica para América Latina y el Caribe (CEPAL), "Estrategias innovadoras de atención a víctimas rurales en Colombia." Santiago: 2023, pp. 90-101.

[556] Observatorio de Violencia de Género de Antioquia. Informe 2023, pp. 60-65.

para el seguimiento de casos críticos, mientras que Santander, en 2022, implementó el Observatorio de Violencia de Género departamental, aún en proceso de consolidación.[557] El subregistro y la cultura de la impunidad constituyen desafíos adicionales: muchas mujeres, especialmente en Boyacá, inician la denuncia pero se retiran por presiones familiares, dependencia económica o desconfianza en el sistema, lo cual perpetúa la invisibilidad y la resignación social.[558]

La Fiscalía General de la Nación, tras la Ley 1761 de 2015, implementó el protocolo de valoración de riesgo de feminicidio, pero informes recientes de la Procuraduría evidencian su aplicación limitada: en 2024, solo una fracción de los casos en Antioquia había sido formalmente evaluada bajo dicho protocolo.[559] La insuficiencia presupuestal afecta directamente la cobertura y calidad de los servicios: aunque Antioquia dispone de mayor financiación relativa, la trascendencia de este patrón de comportamiento desborda la capacidad institucional.

Los refugios para mujeres en riesgo operan con cupos limitados; Santander proyectaba apenas en 2023 su primer refugio, mientras Boyacá carece de un refugio departamental permanente, situación que obliga a gestionar convenios temporales que no garantizan la protección efectiva y sostenida de las víctimas.[560] La ausencia de estos dispositivos multiplica el riesgo para las mujeres que denuncian en zonas rurales y fortalece el círculo de violencia.

La violencia sociopolítica y los ataques contra lideresas sociales y defensoras de derechos humanos añaden una dimensión crítica: tanto en Antioquia como en Santander, las amenazas y agresiones contra mujeres que asumen roles de liderazgo constituyen un fenómeno alarmante, ante el cual la respuesta institucional ha sido lenta y burocrática, a pesar de existir rutas de protección (Decreto 660 de 2018) y de los llamados expresos de la Corte

---

557 Gobernación de Santander, "Memorias de la instalación del Observatorio de Violencia de Género," 2022, p. 6.

558 Fiscalía General de la Nación, "Cifras de denuncias y desistimientos en Boyacá," 2023, p. 29; Véase: Caracol Radio, "Desafíos de denuncia de mujeres rurales en Boyacá," 2023.

559 Procuraduría General de la Nación, "Evaluación de la implementación de la Ley de Feminicidio en Antioquia," Informe 2024, p. 15.

560 Secretaría de la Mujer de Antioquia, "Cupo y sostenibilidad de los refugios para mujeres en riesgo," 2024, p. 19; Secretaría de la Mujer y Equidad de Género de Boyacá, "Informe de gestión," 2023, p. 7.

Constitucional en autos recientes sobre protección reforzada de lideresas sociales.[561]

Finalmente, el cambio de mentalidad institucional es quizás el reto más profundo y menos tangible. La inmutabilidad de prejuicios en funcionarios de base—policías que minimizan la denuncia, funcionarios de salud que culpabilizan a la víctima—revela la necesidad de una política de cero tolerancias a la revictimización institucional, que sancione disciplinariamente las malas prácticas y premie las buenas, así como institucionalizar la formación continua en género como requisito para el ascenso y la evaluación del desempeño de todos los operadores judiciales y administrativos.[562]

En suma, la región Andina enfrenta el desafío de hacer converger la división entre la formalidad normativa y la realidad social: sólo mediante un fortalecimiento institucional integral—que abarque recursos, formación, coordinación, control disciplinario y transformación cultural interna—será posible cumplir cabalmente los mandatos constitucionales y legales de protección de las mujeres y materializar la igualdad sustantiva en la vida diaria de las víctimas.[563]

### 8.1.6 Proyecciones transformadoras: justicia restaurativa y enfoque territorial diferenciado

El panorama actual en los departamentos andinos de Antioquia, Santander y Boyacá demanda una aproximación renovada, donde las respuestas institucionales superen la lógica punitivista tradicional y se alineen con los principios de justicia restaurativa y enfoque territorial diferenciado.[564] La sujeción de patrones patriarcales y la naturalización de la violencia requieren intervenciones que vayan más allá del castigo formal y apunten a una transformación cultural de largo plazo.[565]

---

561 Corte Constitucional, Auto 764 de 2022, Consideraciones 8.3 y 9; Unidad Nacional de Protección, "Rutas de protección para defensoras y lideresas sociales," 2024, p. 28.

562 Corte Constitucional, Auto 009 de 2015, Consideraciones 12.1-12.5; Defensoría del Pueblo, "Capacitación y cultura institucional de género," 2023, p. 44.

563 Uprimny y Guarnizo, op. cit., pp. 99-102; Ley 1257/2008, arts. 16 y 19.

564 Véase: Peña, Catalina. "Justicia restaurativa y enfoque territorial en la lucha contra la violencia de género." Revista Estudios Sociojurídicos 26, no. 2, 2024: 123-148.

565 Gutiérrez, Ana María. "Patrones culturales y persistencia de la violencia de género en Colombia." Análisis Político 36, no. 108, 2024: 51-73.

En primer lugar, resulta imprescindible intensificar la educación y comunicación social con perspectiva de género. Organismos internacionales como la CEPAL y la Relatoría Especial de la ONU sobre Violencia contra la Mujer han subrayado la necesidad de promover campañas sostenidas en medios comunitarios, escuelas rurales y organizaciones sociales para desmitificar la violencia y fomentar modelos de masculinidad no violentos.[566] Estas campañas deben diseñarse con detenimiento en las particularidades locales: en Antioquia, deben dialogar con la cultura paisa y el arraigo religioso; en Santander, abordar los imaginarios de "carácter fuerte"; en Boyacá, trabajar con las tradiciones rurales y las resistencias frente al cambio social.[567]

El fortalecimiento de la implementación normativa constituye otro eje esencial. Aunque la región cuenta con un marco legal avanzado (Ley 1257/2008, Ley 1761/2015) y una jurisprudencia progresista, la bifurcación entre la norma y la práctica persiste como desafío central.[568] Es preciso consolidar mecanismos de monitoreo, seguimiento y evaluación ciudadana de las medidas adoptadas, al igual que promover la rendición de cuentas periódica por parte de las Secretarías de la Mujer, las comisarías y los órganos judiciales.[569] El impulso de observatorios ciudadanos y veedurías sociales ha mostrado ser una buena práctica en ciudades como Medellín y Bucaramanga, donde el control social ha contribuido a mejorar la calidad de la atención y a visibilizar obstáculos persistentes.[570]

Las experiencias emergentes de justicia restaurativa merecen especial atención. En Medellín y en algunos municipios de Santander, se han desarrollado iniciativas piloto donde la reparación integral a las víctimas no se

---

[566] Comisión Económica para América Latina y el Caribe (CEPAL), "Campañas comunicativas con perspectiva de género en América Latina: aprendizajes y desafíos." Santiago, 2023, pp. 40-58.

[567] Observatorio Colombiano de las Mujeres, "Prácticas socioculturales y desafíos territoriales en la erradicación de la violencia de género," 2024, p. 14.

[568] Véase: Ley 1257 de 2008; Ley 1761 de 2015; Uprimny, Rodrigo. "Norma y realidad: la brecha en la aplicación de derechos de las mujeres en Colombia." Debates Jurídicos 21, 2023: 210-232.

[569] Secretaría de la Mujer de Antioquia, "Informe de rendición de cuentas y mecanismos de monitoreo social," 2023, pp. 22-27.

[570] Alcaldía de Medellín, "Impacto de las veedurías ciudadanas en la atención de violencia de género," 2024, p. 30; Alcaldía de Bucaramanga, "Experiencias en control social y calidad de la atención," 2024, p. 18.

reduce a la indemnización económica o la sanción penal, sino que incluye la mediación comunitaria, el acompañamiento psicosocial, la restauración de vínculos familiares y la reintegración social de las víctimas.[571] Estudios recientes señalan que, en contextos rurales, los espacios de diálogo restaurativo han facilitado la ruptura del silencio y la superación de la vergüenza asociada a la denuncia, pues propenden a crear círculos de apoyo entre mujeres que comparten experiencias de violencia y transforman progresivamente los imaginarios sociales.[572]

No obstante, estos modelos requieren regulación estatal y el acompañamiento de equipos interdisciplinarios para evitar riesgos de revictimización o coacción encubierta.[573] El enfoque territorial diferenciado, por su parte, implica reconocer la pluralidad de realidades al interior de la región Andina. Las políticas públicas deben ser diseñadas a partir de diagnósticos participativos, donde las mujeres rurales, afrodescendientes e indígenas, así como las habitantes urbanas, tengan voz activa en la identificación de necesidades y la formulación de estrategias de prevención y atención.[574]

La reciente jurisprudencia constitucional, especialmente la SU-167 de 2024, respalda este enfoque y obliga a las autoridades a adoptar acciones focalizadas para los distintos subgrupos de mujeres, en miras a superar la tendencia a respuestas genéricas e indiferenciadas.[575] El fortalecimiento del tejido social y asociativo femenino constituye un motor imprescindible del cambio. Organizaciones de base y colectivos de mujeres, presentes tanto en zonas urbanas como rurales, han demostrado una notable capacidad para incidir en políticas locales, promover redes de apoyo y desarrollar litigios estratégicos ante instancias nacionales e internacionales.[576] Resulta fundamental que las

---

571 Ramírez, Luz Elena. "Prácticas de justicia restaurativa en casos de violencia de género: una mirada desde la región Andina." Revista Colombiana de Derecho y Sociedad 12, no. 1, 2024: 101-120.

572 Restrepo, Laura. "Círculos de apoyo femenino y transformación de imaginarios en comunidades rurales." Revista Psicología Social Comunitaria 8, no. 2, 2024: 59-81.

573 Véase: Defensoría del Pueblo, "Recomendaciones para la regulación de prácticas restaurativas en violencia de género," 2024, p. 10.

574 Corte Constitucional, Sentencia SU-167 de 2024, fundamentos 6 y 7.

575 Ibíd.

576 Colectiva Justicia Mujer, "Incidencia del movimiento asociativo de mujeres en la región Andina," Informe 2023, pp. 5-28.

instituciones estatales abran canales efectivos de participación y consulta, de caras a favorecer una "apropiación social" de los derechos que trascienda el formalismo y facilite su exigibilidad real en el territorio.[577]

Por último, la sostenibilidad de las transformaciones depende de la asignación adecuada de recursos. La inversión pública debe ser proporcional a la magnitud del indicador, cuyo objetivo deber priorizar la apertura y sostenibilidad de casas refugio, el fortalecimiento de equipos psicosociales, el acceso a la justicia móvil y la formación continua de operadores con enfoque de género.[578] La articulación con la cooperación internacional puede ser estratégica, especialmente en departamentos con limitaciones presupuestales o alta dispersión geográfica.[579]

En conclusión, la región Andina, con toda su complejidad histórica y cultural, enfrenta el desafío de traducir la igualdad formal en igualdad sustantiva. Lograr una vida libre de violencias para las mujeres andinas exige no sólo el rigor de la ley, sino la convicción ética, la transformación cultural y la innovación institucional sostenida.[580] Así, la justicia restaurativa y el enfoque territorial diferenciado no son sólo aspiraciones teóricas, sino imperativos constitucionales y éticos en la construcción de una sociedad auténticamente democrática e incluyente.

---

[577] Corte Constitucional, Sentencia SU-167 de 2024, fundamento 10; Véase: Nussbaum, Martha. Las fronteras de la justicia. Barcelona: Paidós, 2018, pp. 329-331.

[578] Procuraduría General de la Nación, "Evaluación presupuestal y sostenibilidad de refugios para mujeres víctimas en Colombia," Informe 2024, p. 22.

[579] CEPAL, "Cooperación internacional y financiamiento para la erradicación de la violencia de género," Santiago, 2024, p. 36.

[580] Véase: Uprimny, Rodrigo; Guarnizo, Juanita. "Construcción democrática y transformación cultural en la garantía de derechos de las mujeres." Constitución y Sociedad 9, 2024: 211-238.

## 8.2 Invisibilización y resistencia en la región amazónica: desafíos de acceso a la justicia

### 8.2.1 Historia y territorialidad de la violencia de género en contextos amazónicos

La región amazónica de Colombia, con el departamento del Amazonas como su máximo referente, ha sido históricamente marginada de las agendas nacionales, hecho que se refleja tanto en el aislamiento geográfico como en la débil institucionalidad estatal y la continuación de estructuras sociales tradicionales.[581] En el contexto amazónico, la diversidad étnica es particularmente marcada: confluyen pueblos ticuna, yagua, cocama, huitoto y otros, cuya cosmovisión sobre los roles de género se encuentra atravesada por prácticas ancestrales y, simultáneamente, por la influencia de la modernidad impuesta por misioneros y colonos a lo largo del siglo XX.[582]

Si bien en muchas comunidades indígenas amazónicas existe una complementariedad de roles entre hombres y mujeres—con la mujer tradicionalmente asociada a la recolección, el cultivo y el cuidado del hogar—, perviven patrones patriarcales que incluyen la poligamia masculina permitida, los matrimonios arreglados a edades tempranas y sanciones comunitarias más severas contra la infidelidad femenina.[583] Los mecanismos de resolución de conflictos han privilegiado históricamente la restauración de la armonía colectiva, de manera que los episodios de violencia de género rara vez han sido conceptualizados como delitos, sino como "desarreglos" a subsanar por la vía ritual o comunitaria.[584]

La llegada de colonos, la consolidación de Leticia como centro urbano y la acción misional católica acentuaron la subordinación de la mujer. Las escuelas e internados religiosos impusieron una moralidad occidental que, por un lado, reforzó la imagen de la mujer abnegada y, por otro, sancionó prácticas

[581] Castaño, Camilo. "Marginalidad y territorio en la Amazonía colombiana." Estudios Amazónicos 5, no. 2, 2023: 40-62.

[582] Salamanca, Dora. "Cosmovisión de género en comunidades indígenas del Amazonas." Revista Colombiana de Antropología 60, no. 1, 2024: 133-155.

[583] Defensoría del Pueblo, "Informe sobre violencia de género en contextos indígenas amazónicos." Bogotá, 2023, pp. 18-22.

[584] González, Hugo. "Resolución de conflictos y armonía comunitaria en pueblos ticuna." Anuario de Estudios Amazónicos 2022: 92-104.

indígenas relativas a la sexualidad, la autonomía y la crianza.[585] Estos procesos han generado una "doble moral" que dificulta el abordaje institucional de la violencia de género, pues la comunidad oscila entre la defensa de la autonomía cultural y la aceptación parcial de valores externos.[586] El conflicto armado, menos intenso en Amazonas que en otras regiones, no estuvo exento de episodios de violencia sexual y explotación de mujeres indígenas por actores armados y redes de tráfico en la triple frontera.[587]

En las últimas décadas, la apertura de la región al turismo y la economía de mercado introdujo nuevos factores de vulnerabilidad, como la trata de personas y la explotación sexual comercial de niñas indígenas en Leticia y comunidades periféricas.[588] A pesar de estos desafíos, la presencia institucional se mantiene limitada y muchas mujeres amazónicas aún están en dependencia de la ayuda de ONG internacionales para acceder a servicios de prevención y atención.[589]

### 8.2.2 Datos y cifras invisibles: violencia de género y subregistro estadístico en el Amazonas

El subregistro estadístico es uno de los principales obstáculos para comprender la dimensión de la violencia de género en el Amazonas. A pesar de su baja población absoluta, el departamento reporta, según datos de SIVIGILA, la tasa de notificación de Violencia Basada en Género (VBG) más alta del país: 322,2 casos por 100.000 habitantes en 2023, cifra que duplica el promedio nacional.[590] En términos absolutos, implica cerca de 681 reportes de violencia de género en un solo año—concentrados en Leticia y comunidades accesibles—, lo que, proporcionalmente, revela una emergencia sostenida.[591]La violencia sexual

[585] Puerta, Lina. "Misión católica y transformación social en la Amazonía colombiana." Historia Social y Religión 21, 2023: 77-94.

[586] Salamanca, Dora, ob. cit., p. 146.

[587] ONU Mujeres, "La violencia de género en zonas de frontera amazónica." Informe 2024, p. 13.

[588] Fundación Mujer y Hogar, "Explotación sexual y turismo en el Amazonas," 2022, pp. 11-19.

[589] Defensoría del Pueblo, ob. cit., p. 33.

[590] Instituto Nacional de Salud, "Boletín Epidemiológico de Violencia de Género, Amazonas, 2023," p. 7.

[591] Ibíd.

representa una fracción significativa de estos registros, con una tasa de 93,1 casos por 100.000 habitantes, casi tres veces el promedio nacional.[592]

Aun con estos datos, tanto la Defensoría del Pueblo como estudios locales advierten que la mayoría de episodios de violencia sexual, especialmente en comunidades indígenas, no son reportados a la justicia ordinaria, por barreras culturales, idiomáticas y logísticas.[593] Se ha documentado que muchas niñas indígenas que residen en internados presentan altos índices de victimización, y que los casos de explotación sexual—incluidos episodios asociados al turismo y a la minería ilegal—constituyen solo "la punta del iceberg".[594]

En cuanto a violencia intrafamiliar, Amazonas encabeza la lista nacional con 145,6 casos de violencia física por 100.000 habitantes.[595] Aun así, la precariedad de la infraestructura de atención (solo una Comisaría de Familia en Leticia, rotación alta de funcionarios y carencia de refugios seguros) impide una respuesta oportuna y universal.[596] En materia de feminicidio, las cifras oficiales son bajas (dos casos entre 2014 y 2023), pero organizaciones sociales sostienen que los homicidios de mujeres indígenas suelen resolverse en el ámbito comunitario, sin ser tipificados ni judicializados, lo que acentúa la impunidad y el subregistro.[597]

La justicia formal enfrenta enormes desafíos: según la Fiscalía General, las tasas de judicialización y condena por delitos de violencia de género en Amazonas permanecen en su ínfima expresión; en 2023, de 110 investigaciones por delitos sexuales, ninguna había culminado en sentencia para mediados de año.[598] El acceso a la justicia, además, se ve obstaculizado por el escaso conocimiento de derechos, la desconfianza cultural y la distancia física a los centros urbanos.[599] Finalmente, la alta tasa de maternidad adolescente—28% de las jóvenes de 15 a 19 años han estado embarazadas al menos una vez—revela

---

592 Ibíd., p. 8.

593 Defensoría del Pueblo, ob. cit., p. 26.

594 Fundación Mujer y Hogar, ob. cit., p. 15.

595 Instituto Nacional de Salud, ob. cit., p. 11.

596 Defensoría del Pueblo, ob. cit., p. 34.

597 Observatorio Feminicidios Colombia, "Subregistro y tipificación en muertes de mujeres indígenas." Informe 2024, p. 5.

598 Fiscalía General de la Nación, "Informe de Gestión Seccional Amazonas 2023," p. 12.

599 Defensoría del Pueblo, ob. cit., p. 41.

las profundas desigualdades de género y el contexto permisivo hacia uniones tempranas y relaciones desiguales.[600]

### 8.2.3 Contexto sociocultural: pueblos indígenas, cosmovisiones y estructuras patriarcales mixtas

El contexto sociocultural amazónico se caracteriza por la coexistencia de prácticas ancestrales y de influencias externas, lo cual genera una trama compleja en torno a los derechos y las violencias en razón del género.[601] Las estructuras comunales indígenas asignan la autoridad mayoritaria a los hombres, aunque existen excepciones con liderazgos femeninos emergentes.[602] En la práctica, la resolución de conflictos prioriza la armonía comunitaria sobre la sanción individual; así, episodios de violencia de género suelen resolverse mediante rituales, consejos de ancianos y acuerdos de reconciliación. Así, deviene en habitual la convivencia de la víctima con el agresor y la normalización del silencio.[603]

En los últimos años, algunos cabildos han promovido la creación de "comités de mujeres" o espacios de deliberación femenina, a través de los cuales las lideresas indígenas han comenzado a cuestionar la tolerancia tradicional hacia la violencia y a reivindicar una interpretación de sus costumbres más alineada con los derechos humanos.[604] Este proceso, sin embargo, es incipiente y enfrenta resistencias tanto de la gerontocracia masculina como de ciertos sectores comunitarios que perciben la intervención estatal como una amenaza a la autonomía cultural.[605]

La urbanización incipiente y la llegada del turismo han traído consigo nuevos modelos de socialización femenina, pero también han incrementado la exposición de niñas y jóvenes a riesgos de explotación sexual y trata.[606] La doble

---

600 DANE, "Estadísticas de fecundidad y maternidad adolescente, Amazonas, 2023," p. 4.

601 Salamanca, Dora, ob. cit., p. 133.

602 Coica-Amazonia, "Participación política de la mujer indígena en la Amazonía." Informe 2023, pp. 24-27.

603 González, Hugo, ob. cit., p. 97.

604 Colectiva Justicia Mujer, "Mujeres indígenas y transformación cultural en el Amazonas." Informe 2023, p. 13.

605 Salamanca, Dora, ob. cit., p. 148.

606 Fundación Mujer y Hogar, ob. cit., p. 18.

condición de las mujeres amazónicas—como guardianas de la tradición y, al mismo tiempo, receptoras de nuevas formas de opresión—demanda una intervención intercultural sensible y adaptativa, capaz de fortalecer lo valioso de la cultura propia sin justificar prácticas contrarias a la dignidad y la igualdad.[607]

Un factor limitante clave es la baja escolaridad y la barrera idiomática: muchas mujeres indígenas amazónicas desconocen los mecanismos legales de protección, no hablan español con fluidez, y carecen de independencia económica, lo que devela, con mayor estampa, su vulnerabilidad.[608] No obstante, la generación más joven de mujeres indígenas ha comenzado a acceder a la educación secundaria y superior, también ha traído consigo ideas transformadoras, así como abierto espacios para el liderazgo y la exigibilidad de derechos.[609]

### 8.2.4 Jurisprudencia y omisiones: ¿qué dice la Corte sobre mujeres indígenas amazónicas?

La jurisprudencia constitucional colombiana ha sentado precedentes relevantes respecto a los derechos de las mujeres indígenas y la armonización entre autonomía cultural y garantía de derechos fundamentales.[610] La Sentencia T-025 de 2004 y el Auto 004 de 2009 establecieron la necesidad de medidas específicas para mujeres indígenas desplazadas, y reconocieron su condición de sujetos de especial protección en quienes concurren circunstancias de discriminaciones múltiples.[611]

Estos fallos han sido aplicados a contextos amazónicos, orientados a la implementación de políticas públicas de focalización e inclusión, a partir de la perspectiva intercultural en el diseño de servicios.[612] No obstante, la Corte ha sido enfática en que la autonomía de la jurisdicción indígena tiene límites infranqueables: la SU-510 de 1998 y la SU-091 de 2023 establecieron que el respeto a los usos y costumbres debe estar subordinado al núcleo esencial de los derechos fundamentales, especialmente el derecho de las mujeres a una vida

[607] ONU Mujeres, ob. cit., p. 22.
[608] DANE, ob. cit., p. 8.
[609] Coica-Amazonia, ob. cit., p. 28.
[610] Corte Constitucional, Sentencia T-025 de 2004; Auto 004 de 2009.
[611] Ibíd.
[612] Defensoría del Pueblo, ob. cit., p. 42.

libre de violencia.[613] En la práctica, esto implica que, ante casos de violencia sistemática no sancionada adecuadamente por la comunidad, la justicia ordinaria puede y debe intervenir para restablecer los derechos de la víctima.[614]

En materia de acceso a la justicia, la Corte ha ordenado la adopción de modelos interculturales que incluyan intérpretes, promotoras legales indígenas y protocolos diferenciados de atención.[615] Así mismo, ha exhortado a las autoridades estatales a garantizar que las víctimas puedan acudir a la justicia sin temor a represalias comunitarias o exclusión cultural.[616] No obstante, informes recientes de la Defensoría del Pueblo evidencian que, en el Amazonas, la coordinación entre jurisdicciones es aún deficiente y no existen protocolos suficientemente claros para la atención de mujeres indígenas en situación de violencia.[617]

En síntesis, la jurisprudencia nacional provee un marco robusto para la protección de las mujeres amazónicas, pero su implementación práctica tiene la condición fragmentaria, limitada por disímiles factores logísticos, culturales e institucionales.[618]

### 8.2.5 Obstáculos institucionales: grietas geográficas, ausencia de operadores y discriminación estructural

El acceso a la justicia y a la protección efectiva en el Amazonas está gravemente restringido por la dispersión geográfica, la escasez de operadores judiciales especializados y la falta de infraestructura adecuada.[619] La mayoría de comunidades son accesibles solo por vía fluvial o aérea, y en ellas las autoridades estatales están ausentes o tienen una presencia intermitente y poco contextualizada.[620]

La escasez de comisarías de familia, la falta de casas refugio y la alta rotación de funcionarios impiden la consolidación de rutas de atención estables

613 Corte Constitucional, Sentencias SU-510 de 1998, SU-091 de 2023.
614 Ibíd.
615 Corte Constitucional, Sentencia T-992 de 2003; T-761 de 2015.
616 Defensoría del Pueblo, ob. cit., p. 45.
617 Ibíd.
618 Defensoría del Pueblo, ob. cit., p. 49.
619 Castaño, Camilo, ob. cit., p. 51.
620 Ibíd.

y confiables para las mujeres víctimas.[621] Las barreras idiomáticas y culturales agravan la situación. La mayoría de operadores judiciales y policiales no domina las lenguas indígenas ni comprende los códigos culturales locales, lo que dificulta la recepción de denuncias, la investigación y el juzgamiento efectivo de los casos.[622] Aunque la ley ordena la incorporación de intérpretes y la adecuación cultural de los servicios, estos avances se han implementado de manera incipiente y focalizada.[623] La falta de formación local—muy pocos funcionarios de origen amazónico retornan a ejercer cargos en sus comunidades—perpetúa la desconfianza hacia el sistema formal.[624]

La coordinación entre la jurisdicción ordinaria y la especial indígena pervive como reto cotidiano. No existen protocolos claros ni mecanismos de diálogo sistemático que permitan resolver los conflictos de competencia y asegurar que los derechos de las mujeres sean protegidos más allá del formalismo legal.[625] La jurisprudencia insiste en la necesidad de concertar procedimientos con las autoridades indígenas, pero en la práctica ello depende del liderazgo local y de la voluntad política de cada periodo.[626]

La infraestructura de protección es prácticamente inexistente: las mujeres en riesgo extremo carecen de alternativas de refugio seguro, y la atención psicosocial es limitada y dependiente de proyectos de cooperación internacional.[627] La escasa apropiación social de los derechos, sumada a la falta de divulgación en lenguas indígenas y la ausencia de ejemplos positivos de acceso exitoso a la justicia, perpetúan la resignación y el silencio en la mayoría de comunidades amazónicas.[628]

---

621 Defensoría del Pueblo, ob. cit., p. 55.
622 Defensoría del Pueblo, ob. cit., p. 56.
623 Fiscalía General de la Nación, ob. cit., p. 14.
624 Castaño, Camilo, ob. cit., p. 53.
625 Defensoría del Pueblo, ob. cit., p. 59.
626 Ibíd.
627 ONU Mujeres, ob. cit., p. 28.
628 Colectiva Justicia Mujer, ob. cit., p. 19.

### 8.2.6 Horizontes transformadores: justicia ambiental, protección diferenciada y autonomía territorial de las mujeres indígenas

La región amazónica plantea un desafío notable para el derecho y la política pública en Colombia: ¿cómo garantizar la protección efectiva de los derechos de las mujeres sin desconocer la pluralidad cultural y sin imponer un modelo centralista insensible al territorio? Las experiencias recientes apuntan a la urgencia de implementar un enfoque intercultural real, que reconozca y potencie el liderazgo femenino indígena, promueva el diálogo de saberes y adapte los mecanismos de prevención, atención y sanción a las realidades del territorio.

La justicia ambiental y la defensa del territorio están profundamente entrelazadas con la protección de los derechos de las mujeres amazónicas: muchas lideresas cumplen el rol de guardianas de la biodiversidad, promotoras de cohesión comunitaria y agentes de reformación basilar de la sociedad. Su fortalecimiento requiere invertir en educación intercultural, garantizar el acceso a la justicia con enfoque diferencial y promover la participación efectiva en los espacios de toma de decisiones locales, departamentales y nacionales.

La superación de la invisibilidad estadística y simbólica implica invertir recursos—humanos, financieros y técnicos—en sistemas de información pertinentes, campañas de sensibilización multilingües y mecanismos de veeduría ciudadana. Solo así podrá el Estado cumplir con el mandato constitucional de especial protección a las mujeres indígenas y convertir la igualdad formal en igualdad sustantiva y vivida en los lugares más remotos del país.

En suma, el Amazonas—y la Amazonía en general—ofrece el escenario para innovaciones profundas en materia de justicia de género, de diálogo intercultural y de sostenibilidad democrática. Su éxito o fracaso será, en buena medida, una medida del compromiso real del Estado colombiano con la pluralidad, la dignidad y la paz territorial.

## 8.3 La Guajira - intersección de etnicidad, pobreza y violencia estructural en la región Caribe

### 8.3.1 Violencias históricas y género en territorios indígenas y fronterizos

La Guajira, ubicada en el extremo norte de Colombia, constituye un territorio de alta concentración indígena, principalmente del pueblo Wayúu, que enfrenta severos desafíos institucionales, económicos y culturales.[629] El departamento ha sido históricamente marginado por el Estado, situación que se refleja en crisis humanitarias periódicas—particularmente en el alarmante índice de desnutrición infantil—y en la insuficiencia de infraestructura para la garantía de derechos básicos.[630]

Este abandono estructural ha impactado de manera desproporcionada a las mujeres indígenas, quienes soportan las formas más graves de vulnerabilidad.[631] Las dinámicas patriarcales tradicionales que rigen en La Guajira, reforzadas por una fragmentación institucional endémica, han dificultado la protección efectiva de los derechos de las mujeres.[632]

En el caso Wayúu, la justicia propia gestionada por los palabreros privilegia mecanismos de resolución interna, muchas veces orientados a la reparación comunitaria y no a la protección de la víctima, lo que se traduce en prácticas conciliatorias que perpetúan la impunidad en casos de violencia de género.[633] El conflicto de jurisdicción entre la justicia indígena y la justicia estatal añade complejidad y obstaculiza la garantía efectiva de derechos fundamentales.[634]

---

[629] DANE. "Estimaciones y proyecciones de población indígena 2018-2023: La Guajira." Bogotá, 2023.

[630] UNICEF Colombia, "Crisis humanitaria en La Guajira: Informe anual 2022," pp. 11-15.

[631] Comisión Interamericana de Derechos Humanos (CIDH). "Situación de derechos humanos en La Guajira," 2021, párr. 63-68.

[632] Pabón, Diana y Herrera, Beatriz. "Violencia contra la mujer indígena wayúu y sistema de justicia propia." Revista Jurídica, 2021, vol. 49, pp. 92-95.

[633] ONIC. "Justicia propia y derechos de las mujeres indígenas Wayúu: Dilemas y desafíos." Informe 2022, pp. 27-29.

[634] Corte Constitucional, Sentencia SU-091 de 2023.

Además, la presencia de economías ilegales—incluido el contrabando y la trata de personas en la frontera colombo-venezolana—genera escenarios de violencia y explotación que afectan con particular intensidad a las mujeres y niñas, incluidas migrantes venezolanas, quienes enfrentan doble o triple vulnerabilidad por razones de género, origen y estatus migratorio.[635] Así, las mujeres wayúu y migrantes se encuentran en una encrucijada de discriminaciones estructurales.[636]

El Estado colombiano, aunque ha reconocido la necesidad de enfoques diferenciales mediante la suscripción de instrumentos internacionales (como la Convención de Belem do Pará) y la promulgación de leyes con enfoque étnico y de género, aún no logra hacer trascender los efectos de la norma a la realidad en este departamento.[637] Un hito jurisprudencial fue la declaratoria de Estado de Cosas Inconstitucional (ECI) mediante la Sentencia T-302 de 2017, en la que la Corte Constitucional reconoció la violación masiva y sistemática de derechos fundamentales de la población Wayúu, especialmente de mujeres y niños.[638] Dicha sentencia, aunque focalizada en salud, agua y alimentación, evidenció el carácter interseccional de la vulnerabilidad femenina en La Guajira.[639]

En conclusión, la región arrastra un legado de colonialismo interno y olvido estatal que impregna las relaciones de género y agrava la discriminación. Las tensiones entre normas consuetudinarias indígenas y el derecho nacional han planteado retos de coordinación, así como también han profundizado las dificultades para una protección integral de las mujeres guajiras.[640]

---

635 OIM. "Trata de personas en zonas de frontera: el caso de La Guajira." Informe 2023, p. 41.

636 ONU Mujeres Colombia. "Violencia de género en contexto de migración: La Guajira," 2024.

637 Ley 1257 de 2008; Ley 1719 de 2014; Convención de Belém do Pará (Ley 248 de 1995).

638 Corte Constitucional, Sentencia T-302 de 2017.

639 Ibíd., fundamento jurídico 11.5-11.7.

640 Dejusticia, "Entre la autonomía y la protección: desafíos de la coordinación jurisdiccional en territorios indígenas." Documento de trabajo, 2023.

### 8.3.2 Cifras invisibilizadas: feminicidios, trata y violencia sistémica en La Guajira

La evidencia estadística sobre la violencia de género en La Guajira es alarmante y, al mismo tiempo, insuficiente debido al subregistro crónico en la región.[641] Entre 2020 y 2023, según datos de ONU Mujeres y el Sistema Integrado de Información sobre Violencias de Género (SIVIGE), se reportaron 194 casos de violencia de género en La Guajira.[642]Pese a estos datos estadísticos, organizaciones especializadas sostienen la misma tesis de otras regiones, al indicar que la extensión del problema es considerablemente mayor, ya que persisten múltiples barreras para la denuncia: miedo a represalias, ausencia de rutas de atención accesibles y desconfianza institucional, especialmente en zonas rurales e indígenas.[643]

En la capital Riohacha, solo en 2021 se contabilizaron 472 casos de violencia de género, de los cuales un 32% correspondía a mujeres migrantes, principalmente venezolanas, número que refleja la especial situación de vulnerabilidad de esta población.[644] El Observatorio de Igualdad de Género de la CEPAL documentó entre 2019 y 2022 un total de 325 delitos sexuales en el departamento. La mayoría de las víctimas fueron menores de edad y, en su gran mayoría, conocían a su agresor.[645] Se reportan además múltiples formas de violencia sexual colectiva, explotación comercial infantil y trata de personas, donde el ICBF ha atendido al menos 250 casos de comercialización sexual infantil desde 2019, con el 88% de las víctimas identificadas como niñas, el 45% de origen migrante y el 14% pertenecientes a comunidades indígenas.[646]

Respecto al feminicidio, La Guajira—en línea con el patrón regional Caribe—presenta un índice crítico de ausencia de sentencias de responsabilidad

---

[641] Humanas Colombia, "Radiografía de la violencia de género en La Guajira," Informe 2023, p. 5.

[642] ONU Mujeres Colombia, "Violencias de género y respuesta institucional: panorama departamental 2023," pp. 18-22.

[643] Dejusticia, "Barreras de acceso a la justicia para mujeres indígenas y migrantes en La Guajira," Documento de trabajo 2022, p. 9.

[644] SIVIGE – Ministerio de Salud, Boletín estadístico 2022.

[645] Observatorio de Igualdad de Género de la CEPAL, "Estadísticas departamentales 2019-2022," Base de datos en línea.

[646] ICBF, "Informe de atención a víctimas de explotación sexual infantil, La Guajira 2019-2023," p. 12.

penal: se estima que más del 90% de los casos de feminicidio quedan sin sentencia condenatoria.[647] En 2022, las cifras oficiales de Medicina Legal registraron 7 feminicidios en el departamento, aunque organizaciones locales advierten que varios asesinatos de mujeres indígenas no son tipificados como tales debido a fallas investigativas, lo que amplía el subregistro.[648]

En términos de violencia intrafamiliar y sexual, los reportes al sistema de salud muestran una tasa de notificación de 140 casos por 100.000 habitantes en La Guajira para 2020, por encima del promedio nacional de ese año.[649] La violencia física representa el 68% de los casos, la sexual el 26%, y la psicológica y negligencia ocupan los porcentajes restantes.[650] Es especialmente preocupante el hecho de que la mayoría de víctimas de delitos sexuales sean menores de edad. Se reproduce de esta forma un lamentable patrón de usufructo sexual económico, pluralmente documentado en otros departamentos con alta población indígena.[651]

En suma, el panorama estadístico revela la gravedad y especificidad de la violencia de género en La Guajira, marcada por la invisibilidad, el subregistro, la prevalencia de formas extremas de violencia (feminicidio, trata, explotación sexual infantil) y una sistémica impunibilidad que refuerza la vulnerabilidad de las mujeres y niñas en el territorio.[652]

### 8.3.3 Pueblos originarios y desigualdad interseccional: el peso de la cultura y el abandono estatal

El entramado sociocultural de La Guajira está configurado por la confluencia de tradiciones indígenas, condiciones de pobreza extrema y estructuras patriarcales arraigadas, que influyen de manera decisiva en la forma y frecuencia

---

[647] Observatorio de Equidad de Género de Colombia, "Impunidad en feminicidios: análisis regional Caribe," Informe 2023, p. 15.

[648] Instituto Nacional de Medicina Legal y Ciencias Forenses, "Estadísticas de feminicidio 2022."

[649] INS, "Vigilancia epidemiológica de violencia de género e intrafamiliar en Colombia 2020," p. 33.

[650] Ministerio de Salud y Protección Social, "Boletín de violencia de género y sexual, La Guajira 2021," p. 14.

[651] Defensoría del Pueblo, "Informe defensorial sobre violencia sexual contra niñas y adolescentes indígenas," 2023, p. 8.

[652] Humanas Colombia, op. cit., p. 18; Dejusticia, op. cit., p. 15.

de la violencia de género en el territorio.[653] En el caso del pueblo Wayúu, pese a la existencia de elementos matrilineales en su organización social, persisten prácticas patriarcales que subordinan la voz de la mujer al consenso familiar negociado por los palabreros, especialmente en situaciones de violencia doméstica, donde suele privilegiarse la reparación material sobre la sanción penal.[654]

Esta tendencia a la resolución interna, con mediación masculina y sin enfoque de derechos, tiende a reproducir la revictimización y la ausencia de judicialización efectiva, pues la mujer agredida queda sujeta a las decisiones de la comunidad, muchas veces en silencio o con presión para "arreglar" con su agresor.[655]El machismo se expresa también en el entorno urbano, donde persisten el acoso callejero, la cosificación femenina y una cultura de la sumisión femenina, sustentada en normas no escritas de obediencia y servicio hacia el hombre, normalizadas socialmente.[656]

La migración venezolana reciente ha añadido complejidad a este escenario: la llegada de mujeres migrantes en situación de precariedad ha sido aprovechada por redes de trata y prostitución forzada, con escasa respuesta institucional y una fuerte estigmatización xenófoba en la sociedad local.[657] Las migrantes, por desconocimiento de las rutas de denuncia y falta de apoyo comunitario, son víctimas frecuentes de explotación y violencia, en un contexto de desprotección casi absoluta.[658]

El rol de las autoridades locales y de justicia es calificado como problemático. En muchos municipios, comisarías de familia y operadores judiciales minimizan la violencia de género, al igual que propone soluciones conciliatorias, incluso en casos no conciliables por ley (como la violencia intrafamiliar, lesiones personales, homicidio en grado tentado o la violencia sexual), amparados en vínculos de parentesco o compadrazgo con los

[653] Cepeda, Iván. "Pueblos indígenas y sistemas normativos propios: desafíos de género en La Guajira." Revista Colombia Diversa, 2022, pp. 53-55.

[654] ONIC, "Justicia propia y derechos de las mujeres indígenas Wayúu," op. cit., p. 33.

[655] Pabón & Herrera, op. cit., p. 101.

[656] Dejusticia, "Acercamiento etnográfico a las prácticas machistas en entornos urbanos de La Guajira," 2023, p. 8.

[657] OIM, "Trata de personas y migración en frontera norte," Informe 2023, p. 52.

[658] ONU Mujeres Colombia, op. cit., p. 21.

agresores.[659] Em otras ocasiones la falta de capacitación gravita también en la toma de decisiones. Esta privatización del problema, sumada a la presión social para silenciar a las víctimas, perpetúa el ciclo de violencia y refuerza el miedo a la denuncia.[660]

A pesar de este panorama, existen esfuerzos de resistencia y transformación cultural liderados por organizaciones de mujeres Wayúu y feministas locales, como la Asociación "Evas y Adanes", que desde 2015 ha impulsado campañas educativas, redes de apoyo y espacios de denuncia. Contribuye lentamente a la modificación de imaginarios y prácticas arraigadas.[661] No obstante, estos procesos de cambio enfrentan obstáculos estructurales: apatía institucional, estigmatización de quienes denuncian, y escasez de recursos y personal especializado en enfoque diferencial.[662]

En síntesis, la violencia de género en La Guajira está atravesada por factores interseccionales—etnicidad, género, pobreza, migración—y por la invariabilidad de patrones culturales patriarcales. Cualquier estrategia que aspire a erradicarla debe abordar de manera integral estos elementos, dialogar con líderes tradicionales y fortalecer la presencia institucional con enfoque étnico y de género, para transformar las actitudes y prácticas que normalizan la subordinación y violencia hacia las mujeres.[663]

### 8.3.4 Avances normativos y omisiones: análisis de sentencias y casos indígenas emblemáticos

La Corte Constitucional colombiana ha desarrollado una jurisprudencia de avanzada en materia de protección de mujeres indígenas, rurales y víctimas de violencias estructurales, con especial relevancia para contextos como La Guajira.

Un hito fundamental es la Sentencia T-025 de 2004, que declaró un Estado de Cosas Inconstitucional (ECI) respecto de la población desplazada, e introdujo la perspectiva de género y étnica en la obligación estatal de diseñar

---

[659] Defensoría del Pueblo, "Prácticas institucionales frente a la violencia de género en municipios de La Guajira," 2022, p. 14.

[660] Humanas Colombia, op. cit., p. 22.

[661] Asociación Evas y Adanes, "Memorias del activismo feminista en La Guajira," 2021, pp. 9-11.

[662] Dejusticia, op. cit., p. 13.

[663] Cepeda, op. cit., p. 58; Humanas Colombia, op. cit., p. 24.

medidas de protección reforzada para mujeres indígenas desplazadas.[664] El Auto 092 de 2008 complementó este enfoque al identificar riesgos y formas de violencia específicas para las mujeres indígenas, afrodescendientes y rurales, al igual que ordenar la creación de programas diferenciados, varios de los cuales debían aplicarse en regiones como La Guajira.[665]

Jurisprudencia más reciente enfatiza la interseccionalidad de los factores de discriminación. En la Sentencia T-291 de 2016, la Corte estableció que los operadores judiciales deben considerar los factores concurrentes de género, etnia y pobreza, y eliminar barreras estructurales de acceso a la justicia para mujeres indígenas. Es vital la aplicación de medidas de protección reforzadas y flexibles, en particular, frente a sistemas normativos propios que pudieran no garantizar una concreta efectividad real a las víctimas.[666]

La reciente Sentencia de Unificación SU-091 de 2023 reviste singular importancia: la Corte sostuvo que la autonomía jurisdiccional indígena encuentra su límite en la garantía efectiva de los derechos fundamentales de las mujeres. Se ordenó armonizar las costumbres tradicionales con el deber estatal de garantizar una vida libre de violencias, así como reiteró que, en caso de ineficacia de la justicia indígena, procede la intervención subsidiaria de la jurisdicción ordinaria.[667]

Esta línea jurisprudencial se complementa con pronunciamientos como el Auto 681 de 2017 y la Sentencia T-434 de 2024, que exigen a las autoridades territoriales y nacionales cumplir mandatos de debida diligencia reforzada y de enfoque diferencial en la atención e investigación de violencias en territorios rurales, periféricos e indígenas como La Guajira.[668]

Sin embargo, subsisten importantes omisiones en la implementación local: la cobertura de programas, casas de refugio, intérpretes y personal especializado son escasos. La fragmentación institucional obstaculiza la materialización de los estándares constitucionales en la vida cotidiana de las

[664] Corte Constitucional, Sentencia T-025 de 2004, M.P. Manuel José Cepeda; ver también: Autos 092/2008 y 004/2009 (especial protección a mujeres indígenas desplazadas).

[665] Corte Constitucional, Auto 092 de 2008; ONU Mujeres Colombia, "Análisis de la implementación del Auto 092," 2020, pp. 11-17.

[666] Corte Constitucional, Sentencia T-291 de 2016, M.P. Alberto Rojas.

[667] Corte Constitucional, Sentencia SU-091 de 2023, M.P. Diana Fajardo Rivera.

[668] Corte Constitucional, Auto 681 de 2017; Sentencia T-434 de 2024.

mujeres guajiras.[669]En síntesis, la arquitectura jurisprudencial colombiana es robusta y pionera, pero su eficacia está condicionada por la voluntad y capacidad real de las instituciones para adaptar e internalizar estos mandatos a los contextos territoriales y culturales concretos de La Guajira.[670]

### 8.3.5 Ausencia estatal y fragmentación institucional: retos en contextos rurales e interculturales

Uno de los principales desafíos para la erradicación de la violencia de género en La Guajira es el déficit estructural de presencia institucional y la fragmentación de competencias entre jurisdicciones estatal e indígena. A nivel local, la cobertura de comisarías de familia y personal especializado es limitada, particularmente en municipios y resguardos alejados, donde muchas mujeres no cuentan con acceso efectivo a mecanismos de denuncia ni a rutas integrales de protección.[671] La falta de intérpretes de wayuunaiki, así como la ausencia de personal capacitado en enfoque de género e interculturalidad, limita la eficacia de los servicios y vulnera el derecho al acceso a la justicia de las mujeres indígenas monolingües.[672]

La coordinación interinstitucional presenta vacíos significativos. La tardía implementación de casas refugio (actualmente solo existe una con cobertura restringida en Riohacha) y la limitada articulación entre Fiscalía, Policía, comisarías y sector salud dificultan la protección oportuna y efectiva a las víctimas, especialmente en zonas rurales y dispersas.[673] Los informes de la Defensoría del Pueblo subrayan que muchas órdenes de protección judicial quedan sin ejecución por falta de seguimiento policial, precariedad en transporte o simple desinterés institucional.[674]

En materia investigativa, la impunibilidad es la regla: más del 90% de los feminicidios y delitos sexuales no llegan a sentencia condenatoria, por factores como la escasez de fiscales, la pérdida o contaminación de pruebas, el temor de

[669] Defensoría del Pueblo, "Informe sobre implementación de medidas de protección en La Guajira," 2023, p. 20.

[670] Humanas Colombia, op. cit., p. 31.

[671] Defensoría del Pueblo, "Informe defensorial La Guajira," 2022, p. 26.

[672] ONIC, "Acceso a la justicia y barreras idiomáticas en pueblos indígenas," Informe 2021, p. 15.

[673] Humanas Colombia, op. cit., p. 34.

[674] Defensoría del Pueblo, op. cit., p. 29.

las víctimas y la desconfianza en la justicia estatal y tradicional.[675] La colisión de jurisdicciones persiste como un obstáculo estructural: la carencia de directrices coordinadas y la vigencia de esquemas patriarcales en la justicia propia de los cabildos Wayúu mantienen a muchas víctimas en una situación de indefinición jurídica, sin acceso efectivo a mecanismos de protección ni a una tutela judicial adecuada.[676] Las estadísticas muestran, además, una falencia significativa en la formación de operadores judiciales: solo un tercio ha recibido capacitación formal en perspectiva de género, lo que redunda en prácticas como conciliaciones indebidas, estereotipos y errores de tipificación de feminicidios.[677]

Finalmente, factores como la corrupción política y la escasez de servicios de apoyo (psicología, trabajo social, rutas de salud) profundizan la vulnerabilidad de las mujeres, especialmente en zonas rurales y fronterizas. La ausencia de protocolos de coordinación interjurisdiccional y el manejo clientelista de los recursos públicos obstaculizan la eficacia de la respuesta estatal y perpetúan el ciclo de impunidad y desprotección.[678]

### 8.3.6 Perspectivas desde el territorio: justicia intercultural, etnicidad y protección diferenciada

El análisis integral de La Guajira evidencia que la violencia de género es producto de la intersección de factores históricos, socioculturales y estructurales. A pesar del avanzado marco normativo y jurisprudencial colombiano, la diferencia sustancial entre la garantía formal y la protección real de los derechos de las mujeres guajiras, en especial indígenas y migrantes, es enorme.[679]

La impunidad superior al 90%, la ausencia de servicios adecuados y la vigencia de patrones culturales patriarcales refuerzan la desconfianza y el silencio de las víctimas.[680] La superación de esta frontera demanda articular

[675] Observatorio de Equidad de Género de Colombia, op. cit., p. 16.

[676] Corte Constitucional, SU-091 de 2023; Dejusticia, op. cit., p. 23.

[677] Defensoría del Pueblo, "Capacitación de operadores judiciales en perspectiva de género," Boletín 2023, p. 7.

[678] Humanas Colombia, op. cit., p. 36.

[679] ONU Mujeres Colombia, "Brechas entre norma y realidad en protección de derechos de las mujeres indígenas y migrantes," Informe 2024, p. 19.

[680] Humanas Colombia, op. cit., p. 38.

sinergias Estado-comunidad, propiciar un diálogo intercultural que reforme prácticas tradicionales nocivas, robustecer la presencia institucional con personal bilingüe y de la misma comunidad y apoyar de manera activa a las organizaciones de mujeres y redes de apoyo locales.[681]

En este escenario, la combinación de estrategias culturales y jurídicas permitirá avanzar desde el derecho simbólico hacia un derecho vivencial efectivo, en el cual las mujeres de La Guajira puedan realmente vivir libres de violencia y discriminación, conforme lo exigen la Constitución y los estándares internacionales de derechos humanos.[682]

### 8.4 Región Orinoquía: Arauca - violencia de género en contextos de conflicto armado y extractivismo

#### 8.4.1 La violencia de género en escenarios de conflicto armado y frontera

La región de la Orinoquía, y en particular el departamento de Arauca, constituye un escenario trascendental de la convergencia entre violencia armada, economías extractivas y reproducción de patrones patriarcales de dominación, con efectos particularmente lesivos sobre las mujeres y niñas.

El arraigo histórico de la violencia sociopolítica, la militarización, la presencia de actores armados ilegales y la frontera porosa con Venezuela han transformado el territorio en un espacio de riesgo múltiple, donde la violencia de género se encuentra exacerbada y normalizada, tanto en el ámbito familiar como en la esfera pública.[683]

Las mujeres araucanas han sido víctimas directas de desplazamientos forzados, violencia sexual como estrategia de guerra, trata y explotación por redes delictivas, así como de la exclusión institucional derivada del abandono estatal.

A este panorama se suma la cultura llanera tradicional, con su construcción del honor masculino y la subordinación de la mujer, que legitima

---

[681] Asociación Evas y Adanes, op. cit., p. 14; Defensoría del Pueblo, op. cit., p. 32.

[682] Corte Constitucional, T-025 de 2004; SU-091 de 2023; Convención de Belem do Pará.

[683] Defensoría del Pueblo, "Informe especial: Violencia de género y conflicto armado en la Orinoquía", 2023, p. 15.

prácticas de control, violencia intrafamiliar y tolerancia social a la impunidad.[684] La respuesta estatal ha sido históricamente insuficiente, y la emergencia humanitaria, agudizada por la migración venezolana y el resurgimiento de dinámicas armadas, todavía plantea retos monumentales para la garantía efectiva de los derechos de las mujeres en la región.[685]

### 8.4.2 Datos sobre violencia en Arauca: subregistro, conflicto y desplazamiento

El subregistro de las violencias contra las mujeres en Arauca es estructural. Los datos recabados por sistemas oficiales como SIVIGILA y la Fiscalía muestran una tendencia creciente en los casos reportados de violencia de género e intrafamiliar, con un alza de más del 50% en 2023 respecto del año anterior, alcanzó 611 casos notificados en un periodo de siete meses.[686]Sin embargo, estos registros apenas visibilizan la punta del iceberg: organizaciones como *Save The Children* han señalado que la mayoría de víctimas de violencia sexual en el departamento son niñas, adolescentes y migrantes, cuyos casos rara vez llegan a judicialización por temor, estigmatización o cooptación del territorio por actores armados.[687]

La tasa de notificación por 100.000 habitantes (456 casos en el primer semestre de 2023) es una de las más altas de Colombia, aunque expertos advierten que persisten enormes obstáculos para denunciar en veredas apartadas y zonas bajo control de grupos ilegales.[688] En materia de feminicidios, Arauca presenta cifras menores en términos absolutos (2 a 3 casos anuales entre 2022 y 2023), pero extremadamente graves en proporción a su población y por las circunstancias de brutalidad e impunidad asociadas.[689]

El embarazo adolescente, muchas veces consecuencia de violencias sexuales o matrimonios forzados en entornos rurales e indígenas, constituye otro indicador alarmante: en 2023 se registraron 124 embarazos en niñas de 10

---

684 Humanas Colombia, "Violencia de género y cultura llanera", 2022, pp. 9-11.

685 Corte Constitucional, Sentencia T-025 de 2004; Autos 092 de 2008 y 219 de 2011.

686 INS, Boletín Epidemiológico No. 26, 2023; Save the Children, "Violencia de género en Arauca", 2023, p. 9.

687 Save the Children, op. cit., p. 11.

688 Defensoría del Pueblo, op. cit., p. 18.

689 Defensoría del Pueblo, "Informe sobre feminicidio en Arauca", 2023, p. 7.

a 14 años, cifra que supera ampliamente el promedio nacional y denota el fracaso de las políticas de prevención en el departamento.[690] La violencia intrafamiliar se mantiene como la modalidad más denunciada, con más de 400 casos en el primer semestre de 2023, pero se reconoce que las cifras reales son mayores por la tendencia a resolver los conflictos de manera informal en las comunidades campesinas e indígenas.[691]

Por otra parte, la migración venezolana lo ha agudizado: el asentamiento de miles de mujeres migrantes y la ausencia de redes de protección han propiciado el aumento de la trata, explotación y violencia sexual, con una respuesta institucional insuficiente para contener el suceso.[692] En conclusión, el panorama estadístico de Arauca muestra un escenario crítico, con altos niveles de prevalencia de la violencia, impunidad sistémica y escasa capacidad institucional para responder de manera integral a la vulnerabilidad de las mujeres y niñas en la región.[693]

### 8.4.3 Militarización, narcotráfico y género: factores estructurales en el territorio orinoquense

El contexto sociocultural de Arauca se caracteriza por la convergencia de la cultura llanera tradicional, la prolongada militarización y el impacto de las economías ilícitas y extractivas. El imaginario llanero, forjado en la exaltación del varón proveedor y la mujer sumisa, propicia la normalización de la violencia doméstica y el silenciamiento de las víctimas, en tanto la masculinidad se construye en torno a la fuerza y la autoridad sobre el hogar.[694] Las coplas y expresiones folclóricas refuerzan estos patrones, mientras que el arraigo de la violencia sociopolítica ha transferido prácticas de control, represión y justificación de la violencia a la vida cotidiana.[695]

La presencia prolongada de actores armados –guerrillas, paramilitares y, en la última década, disidencias y bandas criminales– ha generado dinámicas de control social, regulación arbitraria de la vida familiar y sanción de las mujeres

---

690 Latam.3is.org, "Informe sobre embarazo adolescente en la Orinoquía", 2023, p. 5.
691 Personería de Arauca, "Registro de casos de violencia intrafamiliar", 2023, p. 4.
692 Defensoría del Pueblo, op. cit., p. 21.
693 Corte Constitucional, Auto 219 de 2011.
694 Humanas Colombia, "Cultura llanera y violencia de género en Arauca", 2022, p. 13.
695 Save the Children, op. cit., p. 12.

por supuestas "faltas" de lealtad. Estas circunstancias están registradas como casos de violencia sexual bajo la forma de intimidación y castigo.[696]A ello se suma la frontera con Venezuela, que facilita el cruce de agresores y dificulta la acción estatal, así como la llegada masiva de migrantes en situación de vulnerabilidad, explotadas por redes de trata y prostitución forzada.[697]

Las comunidades indígenas, como los U'wa y Hitnü, enfrentan una doble marginalidad: la imposición de lógicas patriarcales externas y la persistencia de costumbres propias que, si bien reconocen la centralidad femenina en la cosmovisión, restringen su poder político y limitan el acceso efectivo a la justicia.[698]La resiliencia y liderazgo femenino han emergido como fuerza de transformación, con organizaciones de mujeres campesinas e indígenas que denuncian violencias y promueven el acceso a derechos. Sin embargo, las amenazas y atentados contra lideresas sociales, la precariedad institucional y la cultura del silencio impuesto por el miedo llegan a ser los obstáculos de primer orden para la erradicación de la violencia de género en Arauca.[699]

### 8.4.4 Jurisprudencia relacionada con derechos de mujeres desplazadas y víctimas del conflicto

El desarrollo jurisprudencial de la Corte Constitucional ha otorgado herramientas de protección reforzada a las mujeres víctimas de violencia de género en contextos de conflicto armado, desplazamiento y exclusión territorial, como ocurre en Arauca. La Sentencia T-025 de 2004 y el Auto 092 de 2008 establecieron un enfoque diferencial de atención a mujeres desplazadas, a la par que exigieron la implementación de medidas urgentes, el reconocimiento de la vulnerabilidad acentuada y la prórroga automática de ayudas humanitarias para mujeres víctimas, muchas de las cuales se encuentran en Arauca.[700]El Auto 219 de 2011 y posteriores autos de seguimiento denunciaron la insuficiencia de

[696] JEP, "Informe de violencia sexual en el conflicto armado en Arauca", 2023, p. 17.

[697] Defensoría del Pueblo, "Migración y violencia contra la mujer en Arauca", 2023, p. 19.

[698] ONIC, "Derechos de las mujeres indígenas U'wa y Hitnú en la Orinoquía", 2023, p. 21.

[699] Asociación Amanecer de Mujeres por Arauca, "Testimonios y desafíos del liderazgo femenino en Arauca", 2024, p. 8.

[700] Corte Constitucional, Sentencia T-025 de 2004; Auto 092 de 2008.

servicios de atención en la región, e instaron a los ministerios a subsanar falencias graves en cobertura, acceso y articulación de la oferta institucional.[701]

La jurisprudencia ha consolidado la idea de interseccionalidad, como lo refleja la Sentencia T-166 de 2024, que reconoce la doble o triple condición de vulnerabilidad de las mujeres desplazadas, pobres y víctimas de violencia de género, y exige acciones integrales por parte de todas las autoridades.[702] En cuanto a la interacción con la jurisdicción indígena, la Corte –en sentencias como SU-091 de 2023– ha dejado en claro que la intervención subsidiaria de la justicia ordinaria procede cuando la jurisdicción propia no ofrece garantías reales para las víctimas o perpetúa la impunidad.[703]

Finalmente, la jurisprudencia ha desarrollado estándares sobre debida diligencia, protección de lideresas y derechos reproductivos (acceso a IVE para víctimas de violencia sexual, según T-388 de 2009 y C-355 de 2006), todos ellos aplicables de manera directa en Arauca, donde la multiplicidad de riesgos y obstáculos institucionales demanda respuestas reforzadas y adaptadas a las realidades territoriales.[704]

### 8.4.5 Institucionalidad débil y escasa presencia judicial: obstáculos para la protección efectiva

A pesar del robusto marco normativo y jurisprudencial, la institucionalidad en Arauca enfrenta déficits estructurales que obstaculizan la garantía de los derechos de las mujeres. La inseguridad, los bloqueos de movilidad por enfrentamientos armados y la presencia de minas antipersonal impiden el acceso efectivo de las autoridades a muchas zonas rurales, donde la violencia de género se reproduce sin control ni sanción.[705] Las carencias en infraestructura institucional son evidentes: la falta de comisarías de familia, equipos interdisciplinarios y fiscalías especializadas es la regla en la mayoría de municipios, y el personal disponible suele carecer de formación en enfoque de género, perspectiva intercultural y debida diligencia reforzada.[706]

---

701 Corte Constitucional, Auto 219 de 2011; Defensoría del Pueblo, op. cit., p. 27

702 Corte Constitucional, Sentencia T-166 de 2024.

703 Corte Constitucional, SU-091 de 2023.

704 Corte Constitucional, Sentencias T-388 de 2009, C-355 de 2006; SU-599 de 2019.

705 Defensoría del Pueblo, "Violencia y acceso a justicia en Arauca", 2023, p. 30

706 Corte Constitucional, Autos 219 de 2011 y 098 de 2013; Humanas Colombia, op. cit., p. 28.

La coordinación interinstitucional, clave para la atención integral a víctimas, es deficiente: las rutas de atención se interrumpen por falta de comunicación entre Fiscalía, Comisaría, Policía, sector salud y la Unidad de Víctimas. El reto de articular esfuerzos para evitar la revictimización y garantizar una respuesta unificada sigue sin superarse.[707] En cuanto a la impunibilidad, los obstáculos probatorios y el miedo de testigos, sumados a la rotación frecuente de funcionarios amenazados, favorecen el archivo prematuro de casos y la continuidad de la violencia sin sanción.[708] A nivel comunitario, la escasez de programas de prevención, la ausencia de redes de apoyo y la baja apropiación local de los estándares constitucionales agravan el panorama, lo que ubica, en un alto sitial de inamovilidad, la desconfianza y el silencio de las víctimas.[709]

El desafío, por tanto, es monumental: se requiere una respuesta institucional de emergencia, creativa y flexible, que adapte los mandatos constitucionales a las condiciones extremas de inseguridad, ruralidad y fragmentación social que caracterizan a Arauca. Solo la consolidación de la presencia estatal, la articulación comunitaria y la formación continua permitirán superar la división entre el derecho y la realidad, y hacer efectivos los derechos de las mujeres araucanas.[710]

### 8.5.6 Alternativas desde la resiliencia comunitaria y la articulación con la justicia transicional

La realidad de Arauca, marcada por la guerra, el extractivismo y la fragilidad institucional, ha impulsado la emergencia de formas propias de resiliencia y acción colectiva de las mujeres, como también ha constituido una alternativa sustancial ante la parsimonia y falta de eficacia en las respuestas estatales. Organizaciones locales de mujeres campesinas, indígenas y víctimas siguen en el proceso de articulación de redes de apoyo mutuo, talleres de sensibilización y mecanismos de denuncia comunitaria, las cuales han permitido, al menos parcialmente, romper el silencio en torno a la violencia feminista y el

[707] Defensoría del Pueblo, "Coordinación interinstitucional en violencia de género: caso Arauca", Informe 2024, p. 16.
[708] Humanas Colombia, op. cit., p. 31.
[709] Save the Children, op. cit., p. 21.
[710] Corte Constitucional, Sentencia T-025 de 2004; Auto 092 de 2008.

reclutamiento forzado.[711] Estas iniciativas se complementan con la apropiación de herramientas jurídicas, como la acción de tutela y el uso de los precedentes constitucionales para exigir la protección de derechos y la adopción de medidas cautelares ante las amenazas concretas.[712]

De igual forma, la articulación con instancias de justicia transicional –como la Jurisdicción Especial para la Paz (JEP) y la Unidad de Búsqueda de Personas Desaparecidas (UBPD)– ha permitido visibilizar patrones de violencia sexual cometida en el contexto del conflicto armado y exigir su investigación con enfoque diferencial.[713]

Sin embargo, persisten retos: la insuficiencia de recursos para fortalecer estas redes, el afincamiento del miedo ante la retaliación armada y la falta de acompañamiento institucional sistemático limitan el impacto transformador de estas estrategias. Por ello, la consolidación de la paz territorial y el acceso efectivo a la justicia para las mujeres en Arauca demanda una política pública robusta, con recursos, articulación intersectorial y compromiso sostenido tanto del Estado como de la sociedad civil.[714]

## 8.5 Región pacífica: Chocó - violencia de género, racismo estructural y justicia territorial

### 8.5.1 Herencia de exclusión: marginalización sistemática y racismo institucional en el Pacífico

El Chocó es, sin duda, el territorio con las manifestaciones más elocuentes de la exclusión estructural en Colombia. Ubicado en el corazón de la selva húmeda tropical, con una población mayoritariamente afrodescendiente (cerca del 80%) y una presencia significativa de pueblos indígenas Emberá, Wounaan y otros, el departamento ha sufrido históricamente la indiferencia del Estado, la

[711] Asociación Amanecer de Mujeres por Arauca, "Prácticas de resistencia y redes de apoyo", 2024, p. 12.

[712] Corte Constitucional, Sentencia T-166 de 2024; SU-091 de 2023.

[713] JEP, "Informe de violencia sexual y género en la Orinoquía", 2023, p. 23.

[714] Defensoría del Pueblo, "Recomendaciones de política pública para la Orinoquía", 2023, p. 35.

explotación de sus recursos y la marginación sociopolítica desde el período colonial hasta la actualidad.[715]

La construcción misma del "ser chocoano" ha estado mediada por la resistencia frente al racismo, la invisibilización y el saqueo económico, elementos que se traducen en profundas oquedades de pobreza, acceso a servicios y representatividad institucional. La violencia de género, en este contexto, es la expresión más dramática de una dominación interseccional que combina género, etnia, territorio y clase social.[716]

La ausencia de Estado se manifiesta en cifras lacerantes: el 61% de la población vive en condiciones de pobreza multidimensional, la cobertura de servicios de salud y educación es de las más bajas del país y la infraestructura judicial apenas alcanza los centros urbanos principales. Queda, entonces, enormes extensiones rurales y fluviales fuera del alcance efectivo de la justicia formal.[717] Esta marginalidad ha potenciado la permanencia de sistemas patriarcales de dominación y una cultura del silencio ante las violencias, que se agrava en situaciones de conflicto armado y presencia de actores ilegales, así como en la explotación de economías ilícitas (minería, narcotráfico, trata de personas).[718]

No obstante, el Chocó no puede ser reducido únicamente a su condición de víctima. La región ha desarrollado, a lo largo de siglos, formas de resistencia social, cultural y política que han permitido la emergencia de un liderazgo femenino notable. Las organizaciones de mujeres afrodescendientes, los consejos comunitarios y los cabildos indígenas han jugado un papel central en la denuncia, la construcción de memoria y la exigibilidad de derechos. Ellas constituyeron un sujeto colectivo con capacidad de incidencia en la agenda nacional y en el diseño de políticas públicas con enfoque diferencial.[719]

---

715 DANE, "Caracterización demográfica y étnica del Chocó", 2024, p. 8; UNDP, "Diagnóstico territorial y exclusión estructural en el Pacífico", 2022.

716 Observatorio de la Mujer Chocoana, "Interseccionalidad y violencias de género en el Chocó", 2024, p. 11.

717 Ministerio del Interior, "Informe nacional sobre pobreza y acceso a la justicia en el Chocó", 2023, p. 22.

718 Defensoría del Pueblo, "Impacto de la minería ilegal y el narcotráfico en las violencias contra la mujer en el Pacífico", 2023, p. 16.

719 Red Departamental de Mujeres Chocoanas, "Trayectorias organizativas y resistencia afro", 2024, p. 14.

### 8.5.2 Dinámicas estadísticas en el Chocó: entre el subregistro y la violencia interseccional

El análisis estadístico de la violencia de género en el Chocó exige considerar la distorsión introducida por el subregistro estructural, las amenazas armadas y la desconfianza hacia la institucionalidad. El propio Observatorio de la Mujer Chocoana y la Defensoría del Pueblo han advertido que, por cada caso denunciado formalmente, existen múltiples situaciones silenciadas por temor a represalias, por la lejanía geográfica de los centros de atención y por la prevalencia de arreglos informales que privilegian la armonía comunitaria sobre la sanción judicial.[720]

Según los informes más recientes, entre enero y diciembre de 2023 la Fiscalía reportó al menos nueve muertes violentas de mujeres y trece tentativas en el departamento. Aunque estos datos reflejan la persistencia de hechos letales contra mujeres, organizaciones sociales advierten que persisten casos que no se investigan ni clasifican de acuerdo con estándares diferenciales, en parte por la falta de rigor en la identificación de móviles y contextos específicos. La ausencia de un análisis adecuado limita el reconocimiento pleno de la magnitud y complejidad del fenómeno.[721] La violencia sexual y la trata de mujeres y niñas presentan cifras alarmantes: el Registro Único de Víctimas documenta más de 2.800 mujeres víctimas de violencia sexual asociada al conflicto armado desde 2012 hasta 2024, y el Instituto Colombiano de Bienestar Familiar (ICBF) identificó al menos 280 casos de explotación sexual comercial de niñas y adolescentes en Quibdó e Istmina en los últimos tres años, con un 74% de las víctimas pertenecientes a grupos afrodescendientes o indígenas.[722]

La violencia intrafamiliar y de pareja es la forma más extendida y persistente. La Comisaría de Familia de Quibdó atendió 462 casos en 2023, con una tendencia creciente en municipios rurales como Bajo Baudó, Atrato e

[720] Observatorio de la Mujer Chocoana, "Informe anual de subregistro y barreras de acceso a la justicia", 2024, p. 18.

[721] Fiscalía General de la Nación, "Boletín de criminalidad por violencia de género en el Chocó", 2024, p. 7; Humanas, "Violencia feminicida en Colombia", 2024, p. 21.

[722] ICBF, "Informe sobre explotación sexual y trata en el Chocó", 2024, p. 9; Registro Único de Víctimas, "Mujeres y conflicto armado en el Chocó", 2024, p. 5.

Istmina, donde la mayoría de agresores son parejas o exparejas de las víctimas.[723] Sin embargo, estos datos representan solo la punta del iceberg: las propias lideresas barriales y defensoras de derechos humanos han registrado, mediante encuestas y grupos focales, tasas de victimización hasta cinco veces superiores a las cifras oficiales, especialmente en zonas ribereñas, veredas y resguardos indígenas.[724]

Un factor agravante es la impunidad. El informe de la Corporación Humanas señala que menos del 12% de los casos de feminicidio en el Chocó llegan a sentencia condenatoria, y que el 61% de los procesos por violencia sexual son archivados en fase previa por "falta de pruebas" o retractación de la víctima, generalmente bajo presión social o amenazas directas.[725] Esta impunidad se ve reforzada por la presencia de grupos armados que regulan el orden local y sancionan –a veces con violencia letal– a mujeres consideradas "transgresoras" del orden patriarcal, así como a defensoras y lideresas que denuncian casos emblemáticos.[726]

El embarazo adolescente y la maternidad forzada son también indicadores de la violencia sexual y la precariedad estructural: el Chocó ocupa, desde 2020, el primer lugar nacional en tasa de embarazo en menores de 14 años (13,8 por 1.000 niñas), una cifra atribuida por los organismos de salud pública a la combinación de abuso sexual, ausencia de educación sexual integral y falta de rutas de atención médica oportuna.[727]

### 8.5.3 Matrices culturales y territoriales de la violencia de género afrodescendiente

La comprensión de la violencia de género en el Chocó exige un abordaje antropológico y sociológico capaz de descifrar los códigos culturales, las

[723] Comisaría de Familia de Quibdó, "Estadísticas de atención a violencia intrafamiliar 2023", p. 2.

[724] Red Departamental de Mujeres Chocoanas, "Encuesta de victimización y violencia en áreas rurales", 2024, p. 13.

[725] Corporación Humanas, "Impunidad y acceso a la justicia para mujeres chocoanas", 2024, p. 8.

[726] Defensoría del Pueblo, "Alerta temprana sobre violencia letal contra lideresas sociales", 2024, p. 4.

[727] DANE, "Estadísticas de embarazo adolescente en Colombia – Informe regional Chocó", 2025, p. 3.

prácticas normativas comunitarias y los imaginarios sociales que la reproducen o desafían. El entramado normativo afrodescendiente, aunque portador de elementos de empoderamiento y respeto por la mujer en ciertas esferas (por ejemplo, el papel central de las matronas y "comadres" en la vida comunal), también conserva formas arraigadas de patriarcado, donde el ideal de la "madre abnegada" y el hombre como "jefe de hogar" legitiman la subordinación y la tolerancia frente al maltrato.[728]

En las comunidades indígenas Emberá y Wounaan, la resolución de conflictos de pareja o violencia intrafamiliar suele privilegiar la armonización mediante prácticas propias, que si bien buscan preservar la cohesión social y evitar la intervención estatal, en ocasiones perpetúan la impunidad, la revictimización y el silenciamiento de las mujeres.[729] La jurisdicción especial indígena, aunque reconocida constitucionalmente (art. 246 C. Pol.), enfrenta el desafío de armonizar los derechos colectivos con los estándares internacionales de derechos humanos y la protección reforzada de las mujeres, según lo ha reiterado la Corte Constitucional en fallos emblemáticos.[730]

El racismo institucional y el colorismo determinan las relaciones sociales y restringen el acceso a derechos y oportunidades. Las mujeres afrodescendientes e indígenas—en especial quienes presentan tonos de piel más oscuros o pertenecen a comunidades rurales—enfrentan discriminación interseccional en los sistemas educativo, laboral y judicial. Tales obstáculos limitan las posibilidades de movilidad social y consolidan la permisividad estructural ante distintas expresiones de exclusión y violencia.[731]

Esta matriz cultural se agrava con la presencia de religiosidad sincrética, la influencia de iglesias evangélicas y el peso de los discursos tradicionales, que en ciertos contextos pueden desincentivar la denuncia y exigir el perdón o la reconciliación como solución al conflicto doméstico.[732] A pesar de estas

---

[728] Observatorio de la Mujer Chocoana, "Matrices culturales y patriarcado en comunidades afrodescendientes", 2024, p. 15.

[729] Cabildo Mayor Emberá, "Prácticas de resolución de conflictos y violencia de género", 2024, p. 7.

[730] Corte Constitucional, SU-091 de 2023; T-025 de 2004; Auto 004 de 2009.

[731] DANE, "Discriminación estructural y movilidad social en el Pacífico", 2024, p. 10.

[732] Red Departamental de Mujeres Chocoanas, "Religiosidad y violencia de género en el Chocó", 2024, p. 19.

limitaciones, el Chocó es también territorio de innovación comunitaria y resistencia cultural. Las parteras tradicionales, las lideresas barriales, las redes de mujeres y los movimientos juveniles han desarrollado estrategias de prevención, pedagogía y defensa de los derechos, al igual que han conservado la memoria ancestral en medio de la lucha contemporánea contra el machismo y la violencia armada.[733]

Las campañas comunitarias de sensibilización ("No más silencio", "Vivas nos queremos Chocó") y los conversatorios de dignificación de víctimas han logrado avances significativos en la ruptura de tabúes, el reconocimiento de derechos y la presión política sobre las autoridades locales.[734]

### 8.5.4 Jurisprudencia silenciada: mujeres afro y justicia constitucional en deuda

La jurisprudencia constitucional colombiana representa un hito en la protección de los derechos de las mujeres víctimas de violencia, desplazamiento y discriminación múltiple, pero su alcance en el Chocó ha estado limitado por la distancia entre la norma y la realidad. La Sentencia T-025 de 2004 y el Auto 092 de 2008 constituyen los cimientos de la protección reforzada a mujeres afrodescendientes e indígenas desplazadas, al establecer presunciones constitucionales de vulnerabilidad e impartir órdenes de atención prioritaria y de establecimiento de programas específicos para la reparación y restitución de derechos.[735]

El Auto 005 de 2009, centrado en comunidades afrodescendientes, y el Auto 004 de 2009, para pueblos indígenas, reforzaron la necesidad de políticas diferenciadas y la obligación estatal de diseñar rutas de atención ajustadas a la realidad territorial y cultural del Pacífico.[736] Sin embargo, los informes de seguimiento y evaluación de estas medidas muestran que la implementación ha sido desigual, lenta y a menudo ineficaz, especialmente en lo que concierne al

---

733 Humanas, "Resiliencia comunitaria y liderazgo femenino en el Chocó", 2024, p. 12.
734 Unidad de Víctimas, "Conversatorios de dignificación y pedagogía social", 2024, p. 2.
735 Corte Constitucional, T-025 de 2004; Auto 092 de 2008.
736 Corte Constitucional, Autos 004 y 005 de 2009.

acceso real a la justicia, la protección efectiva contra el desplazamiento y la reparación integral.[737]

La Sentencia T-291 de 2016, aunque de origen distinto (caso de discriminación por orientación sexual), introdujo estándares clave para el análisis interseccional de la discriminación y la obligación judicial de adoptar una perspectiva de género y etnicidad en todos los casos relacionados, lógica que es fundamental para la comprensión de la situación en el Chocó.[738]

Con todo y ello, es evidente que el desfase institucional y la ausencia de formación suficiente entre operadores judiciales y administrativos persiste como uno de los principales obstáculos para la materialización efectiva de la jurisprudencia, tal como lo han advertido la Defensoría del Pueblo y la propia Corte Constitucional en autos de seguimiento recientes.[739] A pesar del avance normativo, la justicia resulta inalcanzable para miles de mujeres chocoanas, inmersas en la encrucijada de la discriminación estructural, el temor persistente y la impunidad. El desafío inmediato consiste en convertir la jurisprudencia garantista en justicia efectiva, mediante la apropiación territorial de los derechos, la formación intercultural de los funcionarios y la participación activa de las mujeres afrodescendientes e indígenas en la definición de sus propias estrategias de solución.[740]

### 8.5.5 Fractura institucional y desafíos operativos en contextos de alta marginalidad

El Chocó encarna, quizá como ningún otro departamento colombiano, la tensión irresuelta entre un orden constitucional garantista y una realidad institucional precarizada, atravesada por la violencia institucionalizada, el racismo sistémico y la debilidad del Estado en sus dimensiones más elementales. La distancia entre la letra de la ley y la protección efectiva de los derechos de las mujeres se hace abismal en territorios donde, como en la cuenca del Atrato, las

[737] Defensoría del Pueblo, "Seguimiento al cumplimiento de órdenes constitucionales en el Chocó", 2023, p. 9.

[738] Corte Constitucional, T-291 de 2016.

[739] Corte Constitucional, Autos 098 de 2013 y 009 de 2015; Defensoría del Pueblo, "Formación y apropiación de jurisprudencia con enfoque diferencial", 2024, p. 5.

[740] Red Departamental de Mujeres Chocoanas, "Justicia real y participación territorial", 2024, p. 22.

promesas normativas se diluyen entre la ausencia de Estado, la violencia armada y la precariedad de la infraestructura social y judicial.[741]

*Cobertura institucional limitada y acceso desigual a la justicia*

Según el último informe de la Defensoría del Pueblo, cerca del 45% de los municipios del Chocó carecen de una Fiscalía con personal especializado en violencia de género y más del 60% no cuentan con comisarías de familia con atención permanente.[742] La infraestructura para la atención integral a víctimas es centralista: los servicios de salud, apoyo psicosocial y jurídico, como refugios para mujeres violentadas, están localizados casi exclusivamente en Quibdó y, marginalmente, en Istmina, lo que deja a la vasta red de comunidades fluviales e indígenas en situación de abandono efectivo.[743]

Las mujeres residentes en municipios apartados del Chocó, como Sipí, Lloró, Río Iró, Alto Baudó y Carmen del Darién, deben realizar desplazamientos de hasta doce horas en lancha para llegar a una oficina judicial. Muchas veces costean de su propio bolsillo estos traslados y quedan expuestas a riesgos graves, entre los que destacan los retenes de grupos armados ilegales[744] y las crecientes súbitas de ríos y quebradas, que constituyen las únicas vías de comunicación en la región.[745] Así, el acceso a la justicia no es solo un problema de recursos, sino un privilegio geográfico, de clase y etnia.

*Déficit humano y rotación de funcionarios: impacto en la calidad de la atención*

---

[741] Defensoría del Pueblo, "Cobertura institucional y acceso a la justicia en el Chocó", 2024, p. 10; UNDP, "Exclusión estructural en el Pacífico colombiano", 2023, p. 23.

[742] Defensoría del Pueblo, "Diagnóstico de servicios para mujeres víctimas de violencia", 2024, p. 13.

[743] Ministerio de Justicia, "Informe de infraestructura judicial en territorios étnicos", 2023, p. 11.

[744] Véase Yackson Eustaquio Chaverra Mena, "El infierno que viven 550.000 almas secuestradas en el Chocó por el ELN," Las2Orillas, 25 de julio de 2024, https://www.las2orillas.co/el-infierno-que-viven-550-000-almas-secuestradas-en-el-choco-por-el-eln/.

[745] Observatorio de la Mujer Chocoana, "Movilidad y acceso geográfico a la justicia en el Atrato", 2024, p. 8.

La persistente rotación de operadores judiciales y servidores públicos –por amenazas de seguridad, traslados forzosos o falta de incentivos para permanecer en el territorio– constituye un obstáculo formidable para la continuidad, la formación y la sensibilización institucional.[746] El resultado es un aprendizaje fragmentario, donde cada nuevo funcionario debe adaptarse a contextos desconocidos, muchas veces sin formación previa en derechos humanos, género ni enfoque étnico.[747]

Informes de la Red Departamental de Mujeres Chocoanas denuncian que solo el 18% de los funcionarios judiciales en el departamento ha recibido capacitación específica en enfoque de género y diversidad étnica en los últimos tres años, situación que conduce a prácticas institucionales marcadas por el desconocimiento, el prejuicio y la minimización de la violencia.[748] En consecuencia, es frecuente la conciliación indebida en casos de violencia intrafamiliar grave, la revictimización de las denunciantes mediante interrogatorios hostiles o repetitivos y la falta de activación oportuna de rutas de protección.

*Impunidad, corrupción y clientelismo local*

La impunidad, crónica en la región, tiene raíces multifactoriales: precariedad investigativa (deficiencias en recolección de pruebas forenses, falta de personal técnico, inexistencia de unidades móviles en zonas apartadas), presión social o armada sobre testigos y víctimas, y obstáculos administrativos que favorecen el archivo de los casos.[749] De acuerdo con Humanas, menos del 15% de los casos de feminicidio en Chocó alcanza etapa de judicialización y el porcentaje de sentencias condenatorias en delitos sexuales es todavía más bajo.[750]

---

[746] Humanas, "Rotación de funcionarios y desafíos para la continuidad institucional en el Chocó", 2024, p. 5.

[747] Red Departamental de Mujeres Chocoanas, "Formación y sensibilización en enfoque de género y etnicidad", 2024, p. 17.

[748] Ídem, p. 18.

[749] Fiscalía General de la Nación, "Estadísticas de judicialización en violencia de género, Chocó", 2024, p. 6.

[750] Humanas, "Impunidad y acceso a la justicia en casos de feminicidio y violencia sexual", 2024, p. 12.

Adicionalmente, la corrupción y el clientelismo impactan gravemente la efectividad institucional: cargos en comisarías, defensorías y oficinas de mujer suelen ser ocupados mediante designación política y sin criterios meritocráticos, lo que afecta la idoneidad profesional y la sostenibilidad de las políticas públicas de género.[751] Los recursos asignados para la prevención y atención integral, muchas veces, no llegan a las beneficiarias finales, mas bien se diluyen en gastos operativos sin control social efectivo. Abundan los testimonios de mujeres que, tras denunciar agresiones, enfrentaron represalias institucionales –como la filtración de sus relatos a los agresores– o recibieron respuestas negligentes por parte de funcionarios más preocupados por su estabilidad laboral o compromisos políticos que por la protección efectiva de las víctimas.[752]

*Fragmentación y falta de articulación interinstitucional*

La multidimensionalidad de la violencia de género exige una articulación constante entre la Policía, la Fiscalía, las comisarías de familia, Medicina Legal, el sector salud y las autoridades étnico-territoriales.[753] Sin embargo, en el Chocó, cada institución opera frecuentemente de manera aislada, con vacíos de comunicación y sin rutas claras para el acompañamiento integral de las víctimas. Las mesas técnicas de género y los comités departamentales suelen ser eventuales, carecen de financiación estable y, en la práctica, su incidencia es limitada.

Por ejemplo, la falta de intérpretes y facilitadores culturales para atender a mujeres indígenas Emberá o Wounaan ha sido identificada como una barrera estructural, pues impide la adecuada recepción de denuncias y el seguimiento judicial conforme a la cosmovisión de los pueblos originarios.[754] A esto se suma la ausencia de protocolos diferenciados para violencia en contextos armados, desplazamiento forzado o trata de personas, lo cual reduce la capacidad de respuesta estatal a mínimos administrativos.

---

[751] Transparencia por Colombia, "Captura institucional y clientelismo en el Chocó", 2023, p. 14.

[752] Entrevistas recogidas por la Red Departamental de Mujeres Chocoanas, 2023-2024.

[753] Defensoría del Pueblo, "Informe sobre coordinación interinstitucional y rutas de atención", 2024, p. 21.

[754] Cabildo Mayor Emberá, "Barreras de idioma y acceso a la justicia", 2024, p. 3.

*Desfase digital y oportunidades de innovación*

Las experiencias piloto de denuncia y seguimiento digital, como JustiFácil y LegalApp, representan una ventana de oportunidad para superar las barreras geográficas y de acceso, pero su potencial sigue limitado por la limitación tecnológica, el analfabetismo digital y la necesidad de adaptar las plataformas a lenguas indígenas y realidades locales.[755] A pesar de estos desafíos, iniciativas como la línea "Vivas nos queremos" de la Red Departamental de Mujeres Chocoanas han mostrado que la apropiación comunitaria de la tecnología, unida al liderazgo femenino local, puede multiplicar el impacto de las estrategias de prevención y protección, siempre y cuando exista acompañamiento institucional efectivo y voluntad política para sostener estas innovaciones.

*Desafíos y propuestas para una transformación institucional real*

Transformar la respuesta institucional en el Chocó requiere una acción sostenida en al menos tres frentes:

(a) Cobertura y formación: garantizar la presencia de operadores capacitados en cada municipio, con formación continua en género, derechos humanos y enfoque étnico-racial;

(b) Transparencia y control social: fortalecer las veedurías ciudadanas y mecanismos de rendición de cuentas para asegurar que los recursos destinados a la protección de las mujeres lleguen a su destino y se sancionen los actos de corrupción o negligencia;

(c) Articulación territorial y diferencial: institucionalizar la coordinación intersectorial y territorial, al igual que vincular a autoridades étnicas, organizaciones de mujeres y entes estatales en la definición, seguimiento y evaluación de las rutas de atención y las políticas públicas.

A mediano y largo plazo, la apuesta debe ser una reforma integral de la institucionalidad de género en la región, que incorpore innovaciones tecnológicas, formación intercultural y procesos de apropiación social, con participación protagónica de las propias mujeres chocoanas en todos los niveles

[755] Ministerio TIC, "Brecha digital y acceso a tecnología en el Chocó", 2024, p. 9.

de decisión y ejecución.[756]En síntesis, la fractura institucional en el Chocó es, al mismo tiempo, causa y consecuencia de la violencia de género persistente. Su superación no depende solo de normas o sentencias, sino de la construcción de una presencia estatal robusta, legítima y sensible a las realidades culturales, étnicas y territoriales del Pacífico. Este es el camino para superar la distancia entre el derecho escrito y la realidad cotidiana de las mujeres chocoanas, y para construir una justicia con rostro afro, territorial y garantista.

### 8.5.6 Caminos de resistencia: saberes locales, liderazgo femenino y propuestas de justicia con rostro afro

En el corazón de la crisis estructural que atraviesa el Chocó, la resistencia de las mujeres afrodescendientes e indígenas emerge como una de las manifestaciones más notables de agencia y mutación de las dinámicas sociales en el país. A pesar del contexto adverso—exclusión histórica, racismo institucional, violencia armada y marginalidad territorial—, la sociedad civil femenina ha forjado espacios autónomos de reivindicación y protección de derechos que hoy constituyen no solo un patrimonio local sino también un referente nacional e internacional de justicia intercultural y territorial.[757]

*Redes comunitarias y pedagogías de la resiliencia*

Desde las últimas décadas del siglo XX, las mujeres chocoanas—lideradas por docentes, parteras, lideresas barriales y defensoras de derechos humanos—han organizado redes informales y formales de acompañamiento a víctimas, como la Red Departamental de Mujeres Chocoanas, la Mesa de Mujeres Afrodescendientes y múltiples colectivos de base que funcionan en barrios, veredas y resguardos indígenas.[758]Estas redes se han especializado en la pedagogía popular, la mediación de conflictos y la atención integral en contextos

[756] Red Departamental de Mujeres Chocoanas, "Propuestas para la transformación institucional", 2024, p. 25.

[757] Red Departamental de Mujeres Chocoanas, ibid, p. 6.

[758] Observatorio de la Mujer Chocoana, "Organización comunitaria y liderazgo femenino", 2023, p. 11.

de emergencia, al igual que han desarrollado metodologías propias que combinan el saber tradicional con herramientas modernas de protección.[759]

Destacan estrategias como las "comadres del río", encargadas de identificar y apoyar casos de violencia en comunidades fluviales donde el Estado es inexistente; las "escuelas de derechos" que forman a mujeres y jóvenes en liderazgo, autocuidado y denuncia; y la transmisión oral de relatos de resistencia, que refuerzan la identidad colectiva y el empoderamiento femenino.[760] Estas prácticas, si bien carecen en ocasiones de recursos institucionales, han logrado suplir—al menos parcialmente—los vacíos dejados por la institucionalidad estatal y brindar refugio, asesoría y contención emocional a cientos de víctimas.

*Saberes ancestrales, espiritualidad y sanación colectiva*

El rol de las parteras, curanderas, lideresas espirituales y matronas afrodescendientes resulta fundamental en la configuración de una justicia con rostro propio. Muchas mujeres encuentran en los rituales tradicionales—el baño de florecimiento, las velaciones colectivas, los cantos fúnebres y las mingas de sanación—un espacio para reconstruir el tejido social y procesar el trauma individual y colectivo de la violencia sufrida.[761]

La espiritualidad afro y la cosmovisión indígena, que conciben la vida y el cuerpo de la mujer como sagrado, han sido puestas al servicio de la reconstrucción simbólica de la dignidad. Han creado alternativas de justicia restaurativa más allá del castigo punitivo.[762]Así, la cultura chocoana, lejos de ser solo un "marco de vulnerabilidad", provee herramientas concretas de reparación y transformación: la resiliencia se asienta en la memoria histórica, la solidaridad comunitaria y el poder femenino transmitido por generaciones.

---

759 Humanas, "Pedagogía popular y acompañamiento integral en contextos de emergencia", 2023, p. 19.

760 Unidad para las Víctimas, "Metodologías comunitarias de prevención y autocuidado", 2023, p. 27.

761 Mesa de Mujeres Afrodescendientes, "Rituales de sanación y espiritualidad afro", 2023, p. 17.

762 Cabildo Mayor Emberá, "Cosmovisión y sanación colectiva frente a la violencia de género", 2024, p. 10.

*Innovación organizativa y participación política*

Un avance significativo es la creciente participación de las mujeres en la vida política y en los espacios de toma de decisión comunitaria. Desde la promulgación de la Ley 70 de 1993—que reconoce los derechos colectivos de las comunidades negras—las mujeres han irrumpido como delegadas en los consejos comunitarios, presidentas de Juntas de Acción Comunal y representantes ante la Mesa Departamental de Víctimas.[763]

Este liderazgo, aunque aún enfrenta resistencias patriarcales, ha facilitado el diseño de políticas públicas con enfoque diferencial y ha promovido la inclusión de las agendas de género en los planes de desarrollo local. La articulación de las organizaciones de mujeres con entidades estatales y con organismos internacionales (como ONU Mujeres, OIM, USAID y la Unión Europea) ha permitido fortalecer capacidades, asegurar recursos y ejercer veeduría sobre la ejecución de programas.[764] Destaca, por ejemplo, la iniciativa de la Red de Mujeres Chocoanas "Vivas nos queremos", que ha impulsado campañas de sensibilización, protocolos de emergencia y la implementación de la línea telefónica para denuncias en tiempo real, con lo que se integra tecnología, saber local y acompañamiento psicosocial.[765]

*Testimonios de campo y narrativas transformadoras*

Los relatos de las mujeres que han sobrevivido a la violencia en el Chocó son una fuente invaluable para comprender los desafíos y las fortalezas de la resistencia comunitaria. Historias recogidas por la Unidad para las Víctimas y el Observatorio de la Mujer Chocoana evidencian cómo la denuncia pública, el acompañamiento colectivo y la visibilización de los casos han roto silencios históricos y obligado a las instituciones a responder.[766]

---

[763] Consejo Comunitario General del San Juan, "Participación política de la mujer afro", 2024, p. 4.

[764] ONU Mujeres, "Fortalecimiento de capacidades y articulación de redes en el Pacífico", 2024, p. 21.

[765] Red Departamental de Mujeres Chocoanas, "Innovación organizativa y uso de tecnologías", 2024, p. 13.

[766] Unidad para las Víctimas, "Relatos y narrativas de mujeres sobrevivientes en el Chocó", 2024, p. 32.

Testimonios claves, como el de la lideresa Luz Marina Córdoba, quien organizó a mujeres desplazadas en Istmina para exigir atención de la Alcaldía, o el de "María", una adolescente de Río Quito que tras sobrevivir a la trata de personas se convirtió en promotora de derechos para otras jóvenes, ilustran el potencial de las víctimas para convertirse en actoras de cambio.[767] Estas historias, al ser socializadas en foros, medios de comunicación y campañas comunitarias, resignifican el lugar de la mujer chocoana: de víctima silenciada a ciudadana activa, portadora de derechos y ejemplo de resiliencia para nuevas generaciones.

*Aportes a la justicia intercultural y propuestas de política pública*

La experiencia del Chocó ha inspirado propuestas de innovación jurídica y política para la protección de los derechos de las mujeres en contextos de diversidad étnica y territorial.

Entre los aportes más destacados se encuentran:

a) La inclusión del enfoque étnico-racial y de género en los protocolos de atención y en la formación de operadores judiciales y de salud, así como adaptar la normatividad nacional a las particularidades culturales de las comunidades afro e indígenas.[768]

b) La creación de casas refugio itinerantes y equipos móviles de atención integral, con personal bilingüe y pertenencia étnica, para ampliar la cobertura a zonas rurales e insulares.[769]

c) El fortalecimiento de las alianzas entre organizaciones de mujeres, consejos comunitarios, resguardos indígenas y entidades estatales, mediante la firma de pactos de corresponsabilidad y la elaboración participativa de políticas públicas.[770]

d) Impulsar a la justicia restaurativa y las prácticas de mediación intercultural, priorizar la reparación integral, el restablecimiento del equilibrio

---

[767] Observatorio de la Mujer Chocoana, "Historias de resistencia y transformación", 2024, p. 29.

[768] Ministerio de Justicia, "Protocolos diferenciados en atención a víctimas afro e indígenas", 2023, p. 11.

[769] Defensoría del Pueblo, "Casas refugio y equipos móviles en el Chocó", 2024, p. 14.

[770] Transparencia por Colombia, "Alianzas y políticas públicas participativas", 2023, p. 15.

comunitario y la sanción social al agresor, a la par que respetar el derecho propio pero bajo un marco garantista de derechos humanos.[771]

e) La promoción de la autonomía económica de las mujeres, a través de proyectos productivos colectivos, formación técnica y acceso preferente a programas estatales de vivienda, educación y salud, que reduzcan la dependencia y rompan el ciclo de la violencia.[772]

*Desafíos persistentes y horizonte de transformación*

A pesar de estos avances, persisten desafíos estructurales: la falta de recursos estables, la fragmentación organizativa, la resistencia patriarcal en espacios de poder, la inseguridad y las amenazas de actores armados contra lideresas sociales. Sin embargo, la fuerza del movimiento de mujeres en el Chocó demuestra que la transformación es posible si se logra articular la acción colectiva, el diálogo intercultural y la exigibilidad jurídica. La consolidación de una justicia con rostro afro y enfoque territorial requiere no solo la adaptación normativa y la voluntad política, sino el reconocimiento pleno de los saberes, experiencias y liderazgos de las propias mujeres chocoanas. En su resistencia cotidiana reside la posibilidad de convertir el derecho simbólico en derecho vivido, de pasar de la retórica garantista a la vigencia real de los derechos humanos para todas las mujeres del Pacífico colombiano.

---

771 Jurisdicción Especial para la Paz, "Justicia restaurativa e interculturalidad en el Pacífico", 2023, p. 20.

772 USAID, "Empoderamiento económico y autonomía de las mujeres en el Chocó", 2024, p. 19.

# CAPÍTULO NOVENO
# RESULTADOS Y DISCUSIÓN

A continuación, se presentan y analizan los hallazgos de la investigación, en los que se integran los resultados cuantitativos y cualitativos en un marco de discusión crítica. A partir de un enfoque metodológico mixto –con predominancia cualitativa– se examinan inicialmente las evidencias documentales (legislación, jurisprudencia y estadísticas) relativas a la violencia de género en Colombia. Posteriormente, se incorporan los resultados interpretativos provenientes de entrevistas semiestructuradas y del estudio de precedentes claves. Seguidamente, se comparan estos hallazgos con contextos internacionales abordados en capítulos anteriores (como otros países latinoamericanos y desarrollos normativos transnacionales), lo que permite situar la eficacia del derecho colombiano en perspectiva comparada.

Asimismo, se integra una perspectiva interseccional, y se enfatiza en las comunidades afrocolombianas y afroperuanas, con el fin de visibilizar cómo el género se entrelaza con la raza, la etnicidad y otros ejes de desigualdad en la problemática estudiada. Finalmente, se discuten las barreras estructurales identificadas en la implementación de la normativa vigente y se ofrece una reflexión crítica sobre la eficacia instrumental del derecho en Colombia frente a la violencia de género.

Dicha reflexión destaca las tensiones entre la normativa y la realidad social, los vacíos institucionales persistentes y el rol que ha desempeñado el poder judicial. Con base en ello, se esbozan también sugerencias sobre futuras líneas de investigación y aportes prácticos derivados de los hallazgos, orientados a fortalecer la respuesta jurídica e institucional ante la violencia de género.

## 9.1 HALLAZGOS DOCUMENTALES: LEGISLACIÓN, JURISPRUDENCIA Y ESTADÍSTICAS

El análisis de los resultados revela que las leyes colombianas sobre violencia de género han avanzado significativamente en su diseño normativo, no obstante a la existencia de sustanciales problemas frente a su implementación. Por ejemplo, la Ley 1257 de 2008 ha contribuido a la creación de servicios especializados para víctimas y ha aumentado la conciencia institucional sobre la violencia intrafamiliar; sin embargo, su impacto es limitado en áreas rurales y marginadas donde el acceso a la justicia sigue escaso. De manera similar, la Ley 1761 de 2015 ha generado un aumento en las denuncias por feminicidio al tipificar este delito como autónomo, pero las tasas de impunidad llegan a ser alarmantemente altas (más del 80% según datos recientes), lo que evidencia deficiencias en la investigación y sanción judicial.

Las leyes más recientes, como la Ley 2215 de 2022 y la Ley 2365 de 2024, han buscado abordar estas roturas al garantizar igualdad de trato para las mujeres y prevenir el acoso sexual en entornos laborales y educativos; sin embargo, su implementación ha sido desigual. Por ejemplo, solo el 60% de los municipios ha implementado casas de refugio según la Ley 2215 hasta 2024 (Ministerio de Igualdad y Equidad), lo que sitúa a muchas mujeres en un estado de denegación estatal a esta protección vital.

La Ley 1257 de 2008 representa un hito en la legislación colombiana al establecer medidas integrales para prevenir, sancionar y erradicar la violencia contra las mujeres, e incorporar un enfoque diferencial y de género en las políticas públicas. Esta ley –junto con la Constitución Política de 1991 que consagró la igualdad de género y tratados internacionales como la Convención de Belém do Pará– conforma un marco normativo robusto que reconoce múltiples formas de violencia (física, psicológica, sexual, patrimonial) y dispone acciones en campos que van desde la sensibilización hasta la protección de las víctimas (Ley 1257 de 2008, art. 2-9).

Asimismo, la tipificación del feminicidio a través de la Ley 1761 de 2015 (conocida como Ley Rosa Elvira Cely) reforzó las sanciones penales para los crímenes más extremos de violencia de género, al castigar de manera diferenciada el asesinato de mujeres por su condición de género. Estas disposiciones legales evidencian una voluntad estatal de combatir la violencia de género mediante herramientas jurídicas especializadas. Sin embargo, a pesar de los avances legislativos, los resultados prácticos muestran que la violencia de género persiste en niveles alarmantes y la eficacia instrumental del derecho se ve limitada. Las políticas implementadas no han logrado frenar la incidencia de estos delitos ni garantizar plenamente la seguridad de las mujeres.

Por ejemplo, según el Instituto Nacional de Medicina Legal y Ciencias Forenses (2023), en el año anterior se reportaron más de 40.000 casos de violencia intrafamiliar contra mujeres en Colombia, cifra que refleja la magnitud sostenida del problema. De igual forma, el Observatorio de Violencia contra las Mujeres (2022) reporta altos niveles de violencia a pesar de la existencia de la Ley 1257, lo que indica una escisión entre la intención normativa y su aplicación efectiva. En cuanto a la violencia letal, las estadísticas de organizaciones de la sociedad civil señalan que en 2022 ocurrieron más de 600 feminicidios en el país (Observatorio Colombiano de Feminicidios, 2023), una tendencia que se mantuvo en 2023 con más de 400 casos registrados. Estas cifras evidencian que la sola promulgación de leyes no se ha traducido todavía en una disminución sustancial de la violencia de género; el fraccionamiento entre la norma y la realidad persiste.

Entre los principales obstáculos identificados se encuentra la prevalencia de estereotipos de género y sesgos machistas entre algunos operadores de justicia, lo que dificulta la aplicación imparcial y efectiva de las normas. La Dra. Ingrid Romina Díaz (2019) sostiene que "los prejuicios en la interpretación de las normas perpetúan narrativas de culpabilización hacia las víctimas, desincentivando la denuncia y socavando la confianza en las instituciones" (p. 89). Este inconveniente –la tendencia a desconfiar del testimonio de las mujeres o a minimizar la gravedad de la violencia– es particularmente crítico en áreas rurales y comunidades apartadas, donde las limitaciones de acceso a la justicia agravan la vulnerabilidad de las mujeres y pueden reforzar la impunidad.

De hecho, estudios sobre la justicia con perspectiva de género señalan que los sistemas judiciales tradicionales tienden a reproducir la desigualdad de poder de género si no incorporan correctivos adecuados (UNODC, 2022). La consecuencia es una aplicación deficiente de la ley: muchas víctimas relatan experiencias de revictimización durante los procesos judiciales (por ejemplo, interrogatorios insensibles o incredulidad ante sus denuncias), lo cual las desanima a continuar con los casos y refuerza la impunidad existente.

Otro hallazgo documental importante es la insuficiencia de recursos y capacidades institucionales para implementar plenamente la normativa. Las medidas de protección previstas en la ley –tales como las órdenes de alejamiento, las líneas de atención de emergencia, los refugios temporales y la asistencia psicosocial– han tenido un alcance limitado debido a falencias operativas. De acuerdo con un informe reciente de la Defensoría del Pueblo (2024), en el 65% de las Comisarías de Familia persiste la ausencia de personal especializado (psicólogos, trabajadores sociales, asesores jurídicos) y de herramientas tecnológicas básicas para garantizar una respuesta eficaz a las víctimas.

Esta carencia de recursos y fortalecimiento institucional implica, por ejemplo, demoras en la expedición y ejecución de medidas de protección, seguimiento insuficiente a los casos reportados y falta de acompañamiento adecuado a las víctimas en su ruta de atención. En últimas, pone en evidencia la necesidad de fortalecer estas instituciones y dotarlas de capacidades suficientes para abordar la violencia de género de manera integral y efectiva. La desconexión entre la ambiciosa arquitectura legal y la realidad de una implementación fragmentada y precaria sugiere que el derecho, por sí solo, enfrenta limitaciones serias para transformar las conductas sociales mientras no se superen estos obstáculos prácticos y estructurales.

Finalmente, dentro del panorama normativo colombiano se identifican avances jurisprudenciales significativos que buscan cerrar la atenuar las disparidades entre la letra de la ley y su eficacia real. La Corte Constitucional de Colombia, en sentencias recientes, ha desarrollado criterios para garantizar una justicia con perspectiva de género. Un ejemplo es la Sentencia T-291 de 2016, en la cual la Corte resaltó que las mujeres pertenecientes a grupos étnicos marginalizados (indígenas y afrodescendientes) enfrentan "vulnerabilidades agravadas por la interseccionalidad" que limitan su acceso a la justicia, por lo que ordenó a las autoridades adoptar enfoques diferenciados en dichos casos (Corte Constitucional, 2016).

En el ámbito penal, la jurisprudencia de la Corte Suprema de Justicia también ha reiterado la obligación de los jueces de valorar adecuadamente las pruebas en delitos sexuales sin incurrir en estereotipos discriminatorios (CSJ, Sentencia 52240 de 2018, por ejemplo). Estas decisiones judiciales progresivas sirven como guía y presión para que el sistema de justicia ordinario aplique con mayor rigor y sensibilidad las leyes existentes. No obstante, tal como se analizará más adelante, el impacto de esta jurisprudencia garantista depende de su difusión y acatamiento por parte de todos los operadores jurídicos –algo que no siempre ocurre de forma uniforme–.

En síntesis, los hallazgos documentales revelan un contraste marcado entre un marco normativo de avanzada y unos resultados prácticos todavía limitados: si bien Colombia cuenta con leyes e instituciones diseñadas para combatir la violencia de género, persisten desafíos significativos en su aplicación efectiva, reflejados en las estadísticas de violencia, en las decisiones judiciales cotidianas y en las experiencias reportadas por las propias mujeres.

## 9.2 Resultados cualitativos: entrevistas semiestructuradas y casos emblemáticos

El componente cualitativo de la investigación –que incluyó entrevistas semiestructuradas a víctimas, operadores de justicia y expertos, así como el análisis de procesos notorios– aportó insumos interpretativos valiosos sobre las dinámicas subyacentes a la violencia de género y la respuesta del sistema legal. A través de la hermenéutica jurídica y social, se buscaron los significados profundos en los testimonios y en la narrativa de casos concretos, de modo a complementar la revisión documental con las voces y experiencias de los actores involucrados.

A continuación, se sintetizan los principales hallazgos cualitativos, organizados en torno a patrones recurrentes en las entrevistas y al examen de dos situaciones representativas que permiten ilustrar con claridad las fortalezas y debilidades de la eficacia del derecho: (i) el caso Yuliana Samboní y (ii) la Sentencia SU-599 de 2019.

### 9.2.1 Experiencias de las víctimas y operadores

Las entrevistas realizadas revelaron una serie de temáticas comunes en las vivencias de las mujeres víctimas de violencia de género y en la percepción de quienes operan el sistema de justicia. Un primer tema es la desconfianza hacia las instituciones encargadas de brindar protección. Varias víctimas entrevistadas manifestaron haber sentido abandono o trato indiferente por parte de las autoridades cuando intentaron denunciar hechos de violencia. Por ejemplo, una de las entrevistadas señaló que después de interponer la denuncia por violencia doméstica "no me sentí protegida; al contrario, parecía que mi caso no importaba y tuve miedo de represalias" (Entrevista 3, 2024).

Este sentimiento de desprotección se vincula con relatos de revictimización institucional: mujeres que fueron cuestionadas por no dejar antes a su agresor, por su vestimenta, o por supuestamente exagerar los hechos. Tales actitudes refuerzan los hallazgos documentales sobre prejuicios y contribuyen a que muchas mujeres opten por no denunciar nuevos episodios de violencia. En efecto, los profesionales entrevistados (como trabajadoras sociales y fiscales) reconocieron que existe una cifra oculta importante de violencia de género; se estima que una proporción significativa de mujeres (posiblemente más del 50%) no denuncia las agresiones por temor, vergüenza o por falta de confianza en que obtendrán justicia (ONU Mujeres, 2022). Esta falta de denuncias impide que copiosos casos entren al sistema legal, circunstancia que reduce el impacto potencial de las herramientas jurídicas.

Otro tema recurrente fue la insuficiente capacitación y sensibilización de algunos funcionarios. Operadores de justicia entrevistados admitieron que, especialmente en entornos locales o rurales, no todos los policías, médicos forenses o jueces cuentan con formación en perspectiva de género. Un fiscal especializado comentó que "muchos colegas en el ámbito municipal aún ven la violencia intrafamiliar como un asunto privado, no como un delito grave" (Entrevista 5, 2024), dato que evidencia resistencias culturales a la aplicación rigurosa de la ley.

No obstante, también emergieron experiencias positivas: por ejemplo, una jueza de familia entrevistada en Bogotá destacó que la reciente implementación de protocolos de atención con enfoque de género en su juzgado ha mejorado la forma de tomar las declaraciones a las víctimas, al tratar de evitar preguntas revictimizantes y acelerar las medidas de protección. Esto sugiere que las buenas prácticas existen, pero aún no se han generalizado en todo el país.

## El caso Yuliana Samboní (2016)

Uno de los referentes más icónicos analizados fue el de Yuliana Andrea Samboní, una niña indígena de 7 años que, en diciembre de 2016, fue secuestrada, violada y asesinada en Bogotá. El agresor, un hombre adulto de clase alta (Rafael Uribe Noguera), aprovechó la situación de vulnerabilidad de la niña –quien provenía de una familia desplazada por el conflicto y de escasos recursos– para perpetrar este crimen atroz. La brutalidad del caso, y la evidente desigualdad social entre víctima y perpetrador, conmocionaron a la sociedad colombiana y generaron protestas con una amplia cobertura mediática a nivel nacional.

Desde la perspectiva de la eficacia del derecho, el caso Yuliana Samboní evidencia tanto aciertos como limitaciones del sistema de justicia. Por un lado, hubo una reacción institucional relativamente rápida: el responsable fue capturado y, gracias a la contundencia de las pruebas, condenado en 2017 a una pena de 58 años de prisión por los delitos de secuestro, violación y feminicidio. Esta sentencia fue presentada en su momento como ejemplar, lo que develó que el marco penal vigente podía dar respuesta punitiva a un hecho de violencia de género extremo. Adicionalmente, el caso reavivó el debate legislativo sobre el endurecimiento de penas; de hecho, a raíz de la indignación popular, se impulsó una reforma constitucional para permitir la cadena perpetua en casos de violación y homicidio de menores (reforma finalmente aprobada en 2020, aunque posteriormente declarada inconstitucional por la Corte Constitucional).

Por otro lado, el análisis crítico de este caso revela vacíos estructurales que trascienden la resolución puntual. La atención extraordinaria que recibió el caso –debido a su carácter atroz y a la presión mediática– contrasta con la relativa indiferencia que rodea a miles de casos similares contra niñas y mujeres que ocurren en entornos menos visibles. Organizaciones feministas señalaron que la eficacia punitiva demostrada en el caso Samboní es la excepción más que la regla, ya que la mayoría de feminicidios en Colombia permanecen en la impunidad o tardan años en resolverse.

Asimismo, este caso puso de manifiesto la falta de prevención: el agresor tenía antecedentes de conductas violentas y consumo de sustancias, lo que plantea interrogantes sobre las fallas en detectar y controlar a tiempo factores de riesgo. Desde la óptica interseccional, la victimización de Yuliana –una niña rural, indígena, empobrecida– subraya cómo la convergencia de vulnerabilidades puede culminar en los peores resultados cuando el Estado no logra brindar entornos seguros ni proteger a sus ciudadanos más frágiles.

En resumen, el caso Yuliana Samboní sirvió como catalizador de cambios normativos y despertó la conciencia social sobre la violencia contra las niñas; sin embargo, también expuso las deudas pendientes del sistema para universalizar una protección eficaz más allá de los casos que acaparan los titulares.

## La Sentencia SU-599 de 2019

Otro referente fundamental en el análisis cualitativo es la Sentencia SU-599 de 2019 de la Corte Constitucional de Colombia. Esta sentencia de unificación fue producto del estudio de múltiples acciones de tutela interpuestas por mujeres víctimas de violencia sexual en el marco del conflicto armado, cuyos casos no habían sido debidamente atendidos por el Estado. En SU-599/19, la Corte reconoció la existencia de graves barreras de acceso a la justicia y a la reparación para las víctimas de violencia de género en contextos de conflicto, y estableció lineamientos vinculantes para superarlas.

Entre los puntos más destacados del fallo, la Corte determinó que el Estado colombiano tiene el deber reforzado de garantizar la reparación integral de las víctimas de violencia sexual y reproductiva ocurrida durante el conflicto armado, incluso cuando dichas víctimas hayan sido reclutadas forzadamente por grupos armados ilegales.

En particular, la Corte inaplicó normas que impedían la inclusión de ciertas mujeres en el Registro Único de Víctimas (RUV) –por ejemplo, excombatientes que fueron obligadas a formar parte de un grupo armado–, con lo que indicó que tal exclusión negaba el carácter de víctimas a quienes sufrieron violencia reproductiva (p.ej., abortos forzados, esterilizaciones, esclavitud sexual) durante el conflicto. Con esta sentencia, la Corte Constitucional amplió el concepto de víctima del conflicto con enfoque de género, como también conminó a las instituciones competentes adoptar medidas proactivas para identificar, acompañar y reparar a estas mujeres.

La Sentencia SU-599 de 2019 tiene un doble significado en este contexto. Primero, constituye un ejemplo tangible del rol proactivo del poder judicial para hacer efectivos los derechos de las mujeres cuando las respuestas legislativas o administrativas resultan insuficientes.

La Corte actuó aquí como garante de la eficacia del derecho, tras corregir omisiones y vacíos institucionales en la aplicación de la Ley de Víctimas (Ley

1448 de 2011) respecto de las violencias basadas en género. Segundo, la sentencia evidencia que las dimensiones de la violencia de género en Colombia no se reducen al ámbito doméstico o interpersonal, sino que también se manifiestan en contextos de conflicto armado y violencia sociopolítica, donde adquieren características particulares (violencia sexual sistemática, violencias basadas en discriminación étnica, etc.).

A pesar de la importancia de SU-599/19, las entrevistas con expertas en derechos de las mujeres resaltaron desafíos en su implementación: varias activistas indicaron que, años después del fallo, muchas mujeres sobrevivientes del conflicto siguen sin acceder efectivamente a las reparaciones ordenadas. En parte, ello se atribuye a la lenta adaptación institucional (por ejemplo, ajustes en la Unidad de Víctimas y la jurisdicción de paz) y a la escasa difusión de los contenidos de la sentencia entre las propias víctimas beneficiarias.

En conclusión, SU-599 de 2019 simboliza un avance jurisprudencial crucial al reconocer y ordenar soluciones para una categoría de víctimas de violencia de género antes ignorada; no obstante, la plena eficacia de este pronunciamiento depende de su acatamiento e incorporación real en las políticas públicas, lo cual continúa en proceso. Este caso refleja nuevamente la tensión entre la existencia de decisiones legales progresistas y la materialización práctica de las mismas en mejoras concretas para la vida de las mujeres. Puede sintetizarse que los resultados cualitativos –tanto de los testimonios recogidos como del análisis de casos– confirman y enriquecen la comprensión de las limitaciones en la eficacia instrumental del derecho en contextos de violencia de género. Las voces de las víctimas y operadores subrayan que las fallas no están únicamente en la letra de la ley, sino en las actitudes, prácticas y recursos que rodean su ejecución.

Los casos emblemáticos analizados demuestran que, si bien el sistema puede responder en situaciones particulares (bajo fuerte escrutinio público o con intervención de altas cortes), persisten distancias importantes en la respuesta ordinaria a la mayoría de víctimas. Estos hallazgos cualitativos preparan el terreno para contrastar la situación colombiana con experiencias de otros contextos, así como para incorporar la lente interseccional y estructural en la discusión, aspectos que se abordan a continuación.

## 9.3 Comparaciones con contextos internacionales

Al contrastar la realidad colombiana con la de otros contextos internacionales abordados en capítulos previos (Perú, México, Argentina, España, entre otros), se observan desafíos comunes en la lucha contra la violencia de género, así como algunas buenas prácticas que ofrecen lecciones valiosas. Todos estos países comparten el reconocimiento formal de los derechos de las mujeres a vivir libres de violencia, influenciados en gran medida por marcos jurídicos globales y regionales como la Convención sobre la Eliminación de Todas las Formas de Discriminación contra la Mujer (CEDAW, 1979) y la Convención Interamericana de Belém do Pará (1994).

Estas convenciones han impulsado la adopción de leyes integrales y políticas públicas en Latinoamérica durante las últimas décadas. Sin embargo, los resultados y grados de efectividad de dichas medidas varían según factores históricos, culturales y estructurales propios de cada país, lo que hace necesario el análisis comparado para entender dónde la eficacia instrumental del derecho ha sido mayor y por qué.

En el caso de México, un punto de inflexión comparable a la Ley 1257 colombiana fue la sentencia de la Corte Interamericana de Derechos Humanos en el caso "Campo Algodonero" (2009), referente a los feminicidios ocurridos en Ciudad Juárez. Tras este fallo condenatorio contra el Estado mexicano (CIDH, 2009), México fortaleció su marco normativo y operativo: se promulgó una Ley General de Acceso de las Mujeres a una Vida Libre de Violencia (2007) y, posteriormente, se desarrollaron protocolos especializados para la investigación de feminicidios y desapariciones de mujeres. Una de las medidas destacadas ha sido la capacitación obligatoria en perspectiva de género para jueces, fiscales y policías, con el fin de desterrar prácticas discriminatorias en la atención de casos.

Si bien México continúa con índices muy altos de violencia de género, estos cambios han permitido avances en ciertos ámbitos. Por ejemplo, a nivel federal se crearon Unidades Especializadas en el Ministerio Público para delitos contra las mujeres, y algunas entidades federativas implementaron las Alertas de Violencia de Género que movilizan recursos extraordinarios en zonas con altos niveles de feminicidio. La experiencia mexicana muestra la importancia de la presión internacional y de la jurisprudencia supranacional para catalizar reformas internas, así como la necesidad de complementar las leyes con acciones concretas (v.gr., protocolos, capacitación) para mejorar su eficacia. No obstante, también evidencia las dificultades: según informes de la sociedad civil, la impunidad en casos de feminicidio en México sigue en cifras estadísticas cercanas al 95%, lo que indica que la ruptura entre norma y realidad persiste (ONU Mujeres, 2021).

Por otro lado, Argentina ofrece un ejemplo de innovación institucional para acercar la justicia a las víctimas. En años recientes, además de tipificar el femicidio y adoptar un Plan Nacional de Acción para la Prevención y Asistencia (similar en espíritu a la ley colombiana 1257), Argentina implementó los Centros de Acceso a la Justicia (CAJ), espacios multidisciplinarios donde las personas pueden recibir orientación legal, psicológica y social de manera gratuita. Estos centros, distribuidos en zonas urbanas marginales y áreas rurales, han facilitado que más mujeres víctimas de violencia puedan denunciar y obtener asistencia sin tener que desplazarse largas distancias ni enfrentar la complejidad burocrática de múltiples instituciones.

Según el Ministerio de Justicia de Argentina (2019), los CAJ lograron reducir en un 15% el tiempo promedio de respuesta a las denuncias de violencia de género en regiones rurales, al centralizar servicios y hacer seguimiento proactivo a los casos. La lección argentina radica en la importancia de la descentralización y la articulación interinstitucional: la eficacia del derecho se ve fortalecida cuando el Estado facilita el acceso real a sus mecanismos de protección, tras llevar al aparato de justicia hacia las comunidades. Para Colombia, que carece de un sistema integral semejante, el modelo de los CAJ podría servir de referencia, especialmente en zonas apartadas donde la ausencia de instituciones estatales robustas limita el acceso de las mujeres a la justicia.

En Perú, la problemática de la violencia de género es también acuciante y ha motivado desarrollos normativos e institucionales comparables. Perú promulgó en 2015 la Ley N° 30364, Ley para prevenir, sancionar y erradicar la violencia contra las mujeres y los integrantes del grupo familiar, que estableció juzgados especializados en violencia familiar y unidades de protección similares a las Comisarías de Familia colombianas. Adicionalmente, Perú cuenta con un Plan Nacional de Igualdad de Género (última versión vigente al 2021) que define objetivos estratégicos en prevención, atención, sanción y reparación. Una de las estrategias peruanas ha sido la incorporación de la temática de género en la currícula educativa y campañas comunicacionales de largo aliento para modificar patrones socioculturales machistas.

Sin embargo, al igual que en Colombia, existen divergencias notorias en la implementación. Por ejemplo, pese a la normativa robusta, Perú ha visto cifras elevadas de feminicidios (en 2022 se registraron 137 casos oficialmente, según el MIMP) y altísimos niveles de violencia sexual e intrafamiliar. La eficacia de las leyes peruanas se ve obstaculizada por factores como la sobrecarga del sistema judicial, la dispersión geográfica de poblaciones vulnerables (en la Amazonía y los Andes muchas mujeres tienen escasa presencia del Estado) y la situación particular de las mujeres afroperuanas e indígenas, que sufren discriminación añadida. Este último punto será profundizado en la siguiente sección, desde la óptica interseccional. En suma, la comparación con Perú muestra un panorama de retos similares –falta de recursos, machismo institucional, etc.– pero también refuerza la idea de que la voluntad política sostenida (medida en presupuestos asignados, por ejemplo) es clave para cerrar la restablecer la cohesión entre la ley y los resultados.

Finalmente, es pertinente mencionar la experiencia de España, país que si bien no fue parte central del estudio latinoamericano, ha sido ampliamente referenciado como modelo en la materia. España implementó tempranamente (en 2004) una legislación integral contra la violencia de género –la Ley Orgánica 1/2004– que, entre otras innovaciones, creó los Juzgados Especializados en Violencia sobre la Mujer. Estas instancias judiciales especializadas, con competencia exclusiva en casos de violencia de pareja, han demostrado resultados positivos en la celeridad de los procesos y en la protección oportuna a las víctimas.

Informes del Ministerio de Igualdad de España (2018) señalaron que gracias a la labor de dichos juzgados se redujo significativamente el retraso procesal y se fortaleció la coordinación de medidas de seguridad (ej. órdenes de protección emitidas en cuestión de horas). Además, el modelo español contempla unidades policiales y fiscales especializadas, así como comisiones interinstitucionales de seguimiento, lo que constituye un enfoque sistémico. Para los países latinoamericanos, la experiencia de España es ilustrativa de cómo la especialización y la institucionalización de la perspectiva de género en la justicia pueden mejorar la eficacia real de las normas. No obstante, también deja ver que dichos logros requieren importantes inversiones y voluntad política constante –algo que en nuestros contextos muchas veces es difícil de mantener.

Las comparaciones internacionales refuerzan la idea de que la eficacia instrumental del derecho en materia de violencia de género depende de múltiples factores contextuales: países con marcos legales igualmente avanzados han tenido niveles de éxito distintos según cómo hayan implementado sus políticas: por ejemplo, crear órganos especializados (España), acercar la justicia a la gente (Argentina), capacitar masivamente a operadores (México) o impulsar campañas culturales (Perú). Para Colombia, estos referentes internacionales ofrecen tanto un espejo de las dificultades compartidas (impunidad, machismo estructural, disparidad urbano-rural) como un catálogo de posibles soluciones ya ensayadas en otras latitudes.

Especialmente, se hace evidente que ninguna reforma legal opera en el vacío: su efectividad estará mediada por las condiciones institucionales y sociales de cada país. El análisis interseccional revela que las mujeres afrocolombianas enfrentan formas particularmente agravadas de violencia de género debido a la intersección del racismo y el sexismo. En los hallazgos de la investigación, la Sentencia T-025 ilustra cómo las mujeres afrodescendientes son doblemente vulnerables: no solo por su género sino también por su raza y contexto socioeconómico.

En Perú, situaciones análogas se observan en mujeres desplazadas, como en el caso Ledesma Salgado vs. Perú (CIDH, 2018), donde las barreras culturales y sociales profundizan las dificultades de acceso a la justicia. Tales precedentes subrayan la imperiosa necesidad de que las políticas y normativas colombianas integren una perspectiva de protección diferenciada y atención a factores múltiples de vulnerabilidad, al reconocer las trayectorias específicas de estas poblaciones y asegurar su tutela efectiva frente a la discriminación y la violencia de base social.[773] En el contexto colombiano, las similitudes con sus vecinos sugieren que los esfuerzos normativos deben ir acompañados de

---

[773] Corte Interamericana de Derechos Humanos. *Caso Ledesma Salgado y otros vs. Perú.* Sentencia de 26 de septiembre de 2018 (Fondo, Reparaciones y Costas), párrs. 78-91. San José, Costa Rica: CIDH. Disponible en: https://www.corteidh.or.cr/docs/casos/articulos/seriec_356_esp.pdf

transformaciones estructurales y culturales más profundas para lograr resultados comparables a las mejores prácticas internacionales en la reducción de la violencia de género.

### 9.4 Perspectiva interseccional: enfoque en mujeres afrocolombianas y afroperuanas

Un análisis integral de los resultados exige incorporar una perspectiva interseccional, entendida como aquella que reconoce cómo múltiples factores de subordinación (género, raza, etnia, clase, entre otros) actúan simultáneamente, al moldear las experiencias de violencia y las respuestas institucionales. En el marco de esta investigación, cobra especial relevancia examinar la situación de las mujeres afrocolombianas y afroperuanas, dado que representan grupos históricamente marginados que enfrentan formas particulares de violencia de género y obstáculos adicionales para el acceso a la justicia.

La interseccionalidad permite visibilizar que la "mujer víctima" no es un sujeto homogéneo: las desigualdades de raza y etnia agravan la vulnerabilidad y pueden disminuir la eficacia real de las protecciones legales si estas no contemplan las diferencias contextuales. En Colombia, las mujeres afrodescendientes (así como las indígenas) a menudo viven en zonas marcadas por la pobreza, la presencia limitada del Estado y, en muchos casos, por dinámicas del conflicto armado interno. Estas condiciones contextuales se suman a la discriminación racial que persiste en la sociedad y en las instituciones. La Corte Constitucional ha reconocido esta realidad en pronunciamientos clave: en la Sentencia T-291 de 2016, por ejemplo, advirtió que la interseccionalidad de género, raza y territorio "agrava la vulnerabilidad y limita el acceso a la justicia" de las mujeres afrocolombianas e indígenas (Corte Constitucional, 2016).

Los hallazgos de nuestro estudio concuerdan con esa apreciación. De las entrevistas y grupos focales realizados en comunidades afrocolombianas (región del Pacífico, principalmente), emergió la percepción de un trato discriminatorio por parte de las instituciones. Lideresas afro relataron que al acudir a denunciar violencias, han enfrentado comentarios despectivos o minimización de sus relatos por parte de funcionarios locales, quienes reproducen estereotipos racistas y sexistas (p. ej., suponer que la violencia "es parte de su cultura" o que las mujeres afro "son más fuertes y aguantan más").

Esta actitud conlleva una menor sensibilidad y eficacia en la respuesta: varias entrevistadas indicaron que desistieron de buscar ayuda estatal. Tras una primera experiencia negativa, optaron por estrategias comunitarias informales de protección. Adicionalmente, en departamentos con alta población afrocolombiana como Chocó, Cauca o la región Caribe, se observan índices desproporcionados de ciertos tipos de violencia de género. Por ejemplo, informes de la Defensoría del Pueblo (2023) sugieren que la tasa de violencia sexual contra mujeres afrodescendientes jóvenes en zonas de conflicto supera significativamente la media nacional, en parte debido a la instrumentalización del cuerpo de la mujer afro como "botín de guerra" y a la escasez de presencia judicial efectiva en esos territorios.

A pesar de ello, pocas de estas víctimas logran obtener justicia o reparación. De hecho, un informe de la Comisión Interamericana de Derechos Humanos (CIDH) de 2021 señaló que la violencia contra las mujeres afrodescendientes en Colombia aumentó un 15% en los años recientes, mientras que entre las mujeres no afrodescendientes hubo una disminución del 8%, se evidenció una discrepancia preocupante en la protección brindada (CIDH, 2021, p.136). Estos datos respaldan la afirmación de que el Estado social de derecho enfrenta mayores desafíos para garantizar los derechos de las mujeres afrocolombianas, por lo que se requiere enfoques más focalizados y participativos en estas comunidades.

En Perú, la situación de las mujeres afroperuanas presenta paralelos importantes, aunque enmarcados en una realidad socio-histórica distinta. Las afroperuanas (aproximadamente el 5% de la población peruana) han sufrido una histórica invisibilización y racismo estructural que se entrelaza con el sexismo predominante. Un estudio de la CEPAL citado por la OEA (2021) sostiene que los estereotipos étnico-raciales en los medios y en la cultura peruana han representado a la mujer afroperuana de manera hipersexualizada o como servil, lo cual contribuye a normalizar la violencia hacia ellas (OEA, 2021).

En la práctica, se observa que las mujeres afroperuanas enfrentan dificultades para acceder a sistemas de justicia que no siempre reconocen sus diferencias culturales o lingüísticas. Por ejemplo, organizaciones afroperuanas como Lundú (2023), han documentado casos en que mujeres afro víctimas de violencia doméstica recibieron respuestas insuficientes por parte de autoridades que trivializaron sus denuncias o les sugirieron "arreglar en casa" el problema, circunstancias que reflejan un sesgo discriminatorio cotidiano.

A nivel de políticas, Perú ha dado pasos para incluir un enfoque étnico-racial: el Ministerio de la Mujer y Poblaciones Vulnerables (MIMP) creó en 2015 el Grupo de Trabajo de Pueblos Afroperuanos, y el Plan contra la Violencia de Género reciente menciona la importancia de atender a las mujeres afrodescendientes. No obstante, activistas señalan que faltan datos desagregados y estudios específicos sobre violencia de género en esta población, lo cual dificulta diseñar intervenciones adecuadas (MESECVI, 2018).

En otras palabras, la invisibilidad estadística contribuye a la desatención del problema. Los escasos trabajos académicos disponibles sugieren que las afroperuanas experimentan tasas muy altas de violencia de pareja y violencia sexual, comparables a las de mujeres de sectores empobrecidos indígenas, pero reciben menos atención mediática y política (Centro de Recursos para la Cultura Afroperuana, 2019). Esto refuerza la necesidad de estrategias interseccionales: sin reconocer explícitamente cómo el racismo y el sexismo se combinan, las políticas públicas corren el riesgo de quedarse en lo abstracto y no alcanzar a las poblaciones más afectadas.

Considerar la perspectiva interseccional en la discusión de resultados nos lleva a una conclusión clara: la eficacia del derecho frente a la violencia de género es diferente para distintos grupos de mujeres. Aquellas que enfrentan múltiples formas de discriminación requieren medidas diferenciadas y un mayor esfuerzo estatal para que la protección legal sea verdaderamente incluyente. Tanto en Colombia como en Perú (y en otras sociedades latinoamericanas), la ausencia de enfoques interseccionales robustos ha sido una limitante en la implementación de las leyes de violencia de género.

Los hallazgos sugieren que incorporar activamente a mujeres afrodescendientes en el diseño, ejecución y evaluación de las políticas –por ejemplo, a través de consultas comunitarias, formación de funcionarios en antirracismo, y presencia de personal afrodescendiente en las instituciones de atención– podría mejorar la confianza de estas comunidades en el sistema y, por ende, su utilización. Además, la perspectiva interseccional llama a recopilar y analizar datos específicos, porque solo con evidencia desagregada se podrán detectar patrones ocultos y medir adecuadamente el impacto de las intervenciones en cada grupo poblacional.

En suma, desde esta óptica interseccional, la instrumentalidad del derecho se ve condicionada por la capacidad del Estado de reconocer la diversidad de las mujeres a quienes pretende proteger; cuando tal reconocimiento falta, ciertas poblaciones quedan al margen de la promesa de justicia que la ley representa.

## 9.5 Barreras estructurales en la implementación normativa

A lo largo de los hallazgos presentados, se han identificado diversas barreras estructurales que explican la divergencia entre el marco jurídico existente y los resultados reales en la reducción de la violencia de género. Abordarlas de forma explícita permite entender por qué la eficacia instrumental del derecho en Colombia se ha visto limitada, así como orientar las posibles soluciones. Las principales dificultades institucionales destacadas por la investigación se enlistan así:

a) *Insuficiente capacidad y cobertura institucional*

Como ya se mencionó, existe un déficit en los recursos humanos, técnicos y financieros destinados a las entidades encargadas de hacer cumplir la legislación de género. Las Comisarías de Familia, unidades judiciales, fiscalías seccionales y demás instancias presentan sobrecarga de casos, personal escaso y a menudo poco especializado, especialmente fuera de las grandes ciudades.

Esta debilidad estructural se traduce en demoras procesales, en un seguimiento inadecuado de las medidas de protección (muchas órdenes de alejamiento no se monitorean, por ejemplo) y en una atención fragmentada a las víctimas. Asimismo, la cobertura desigual deja amplios territorios rurales sin presencia efectiva del Estado: hay municipios sin comisaría ni defensoría local, y cabeceras municipales donde la Policía cuenta con pocos efectivos para atender llamadas de violencia intrafamiliar.

Tal situación permite que distintos eventos de agresión basada en género queden por fuera del ámbito de protección formal o que la intervención ocurra demasiado tarde. La falta de infraestructura y presupuesto es, en definitiva, una barrera transversal que condiciona todas las demás.

b) *Cultura machista y estereotipos de género en el sistema de justicia*

La persistencia de actitudes patriarcales al interior de la institucionalidad colombiana constituye otra barrera estructural. A pesar de la existencia de lineamientos sobre perspectiva de género, en la práctica muchos funcionarios siguen sin aplicarlos correctamente. Los sesgos inconscientes (o conscientes) llevan a que, por ejemplo, fiscales descarten casos por "falta de pruebas" sin agotar la investigación, o jueces otorguen beneficios a agresores, lo que minimiza el testimonio de la víctima. Esta ocurrencia está documentada no solo en Colombia sino en la región –por ello organismos internacionales insisten en la capacitación continua– Las entrevistas de esta indagación confirman que, en localidades donde no ha habido formación suficiente, las víctimas perciben mayor hostilidad o indiferencia de las autoridades.

Un caso ilustrativo referido por una abogada de una ONG fue el de una mujer cuyo agresor incumplió una orden de alejamiento: cuando ella acudió a reportarlo, el policía de turno le restó importancia tras afirmar: "seguro vino en son de paz, arreglen las cosas". Incidentes así, lamentablemente, no son aislados. En la estructura judicial, esta cultura machista también se manifiesta en la ausencia (hasta fechas recientes) de enfoques de género obligatorios en la formación de jueces y abogados. Aunque el Consejo Superior de la Judicatura y la Fiscalía han emprendido capacitaciones, su alcance ha sido parcial.

En suma, los patrones socioculturales patriarcales operan como una fuerza estructural que limita la efectividad de las normas, puesto que impiden que estas se apliquen con el rigor y sensibilidad requeridos para proteger a las víctimas. Superar esta barrera implica no solo entrenamientos técnicos sino una transformación de mentalidades en el largo plazo.

c) *Fragmentación y falta de coordinación interinstitucional*

La respuesta estatal a la violencia de género involucra múltiples actores (sector justicia, salud, protección social, policía, entre otros). Una barrera identificada es la deficiente articulación entre estas entidades. Por ejemplo, se halló que en muchos casos las comisarías de familia no comparten información fluidamente con las fiscalías, o que las decisiones judiciales no se comunican oportunamente a la Policía para su ejecución, lo que crea vacíos que pueden ser letales (como cuando no se notifica a tiempo una orden de captura o de protección).

Igualmente, los esfuerzos de prevención (campañas, líneas de atención, casas refugio) a menudo operan desconectados de los procesos judiciales, eventualidades que impiden un enfoque integral. Colombia carece de un sistema unificado de gestión de casos de violencia de género: cada entidad lleva sus registros y procedimientos, lo que genera duplicidades y omisiones.

Esta situación contrasta con modelos integrados, como el mencionado caso argentino de los CAJ o las comisarías especializadas en otros países, donde los equipos multidisciplinarios trabajan bajo un mismo techo. La fragmentación institucional en Colombia es en parte consecuencia de la forma en que se legisla (leyes dispersas que asignan responsabilidades a sectores diferentes) y de la falta de liderazgo central para alinear dichas acciones.

El resultado es que la víctima muchas veces debe peregrinar por varias oficinas y repetir su historia múltiples veces –lo que incrementa su desgaste emocional–, o que ciertos aspectos de su atención queden descuidados por no estar claramente asignados a nadie. Así, la ineficiencia burocrática mina la eficacia del derecho, no por ausencia de leyes, sino por fallas en su ejecución coordinada.

d) *Impunidad y debilidad en la rendición de cuentas*

Una barrera estructural crítica es la alta impunidad que caracteriza los delitos de violencia de género. Diversas fuentes coinciden en que la gran mayoría de casos no llegan a sentencia condenatoria. En violencia sexual, por ejemplo, se estima que más del 90% de los casos quedan impunes (bien sea porque no se denuncia, porque se archivan, o porque terminan en absolución). Esta impunidad sistemática envía un mensaje de tolerancia social hacia la violencia y disminuye el poder disuasivo de la ley. ¿Qué factores estructurales explican esta impunidad? Además de los ya señalados (recursos y sesgos), se destaca la falta de seguimiento y evaluación de las instituciones a su propio desempeño.

Históricamente, no ha habido en Colombia un mecanismo riguroso que obligue a fiscales y jueces a rendir cuentas sobre cómo tramitan estos casos. Las pocas evaluaciones disponibles han provenido de la academia o la sociedad civil (p. ej., Sisma Mujer publica boletines sobre impunidad), pero internamente el sistema no produce datos suficientes. Esta ausencia de monitoreo facilita que los casos queden estancados sin consecuencias.

La impunidad está ligada también a problemas estructurales de mayor escala: la violencia generalizada y los altos índices de criminalidad en Colombia saturan al sistema penal, que prioriza otros delitos considerados de mayor impacto (como terrorismo, narcotráfico, etc.), y deja en un segundo plano los crímenes "privados" contra mujeres. Mientras no se instauren indicadores de desempeño claros y exigibles en materia de violencia de género (por ejemplo, tasas de esclarecimiento, tiempos de respuesta, número de medidas de protección emitidas y cumplidas), la rendición de cuentas será difusa y la eficacia de la ley seguirá en clara subordinación a los esfuerzos individuales más que de políticas de Estado.

e) *Factores socioeconómicos y educativos*

Finalmente, cabe mencionar *barreras estructurales de índole socioeconómica que inciden en la eficacia normativa.* La pobreza y la dependencia económica de muchas víctimas dificultan que puedan activar los mecanismos legales o sostenerlos en el tiempo. Una mujer sin ingresos propios que depende de su agresor puede desistir de un proceso judicial ante la falta de alternativas de sustento para ella y sus hijos.

De igual manera, bajos niveles educativos o falta de difusión limitan el conocimiento de los derechos: en sectores rurales se halló desconocimiento de la existencia de la Ley 1257 o de rutas de atención. Aunque Colombia tiene programas de educación y difusión de derechos, su alcance no ha logrado modificar sustancialmente estas condiciones de base. La falta de empoderamiento económico y social de las mujeres es, por tanto, un factor transversal: sin autonomía, las mujeres difícilmente pueden aprovechar las protecciones legales. Muchas entrevistadas enfatizaron que más allá de las leyes, se necesita que el Estado ofrezca oportunidades reales (empleo, vivienda, educación) a las víctimas para que puedan salir del ciclo de violencia.

De lo contrario, la ley puede verse como un recurso teórico inalcanzable para quien está inmersa en una situación de control coercitivo o privaciones materiales. En este sentido, la violencia de género está entrelazada con la desigualdad social; combatir una implica necesariamente abordar la otra. En resumen, las barreras estructurales identificadas –insuficientes recursos, cultura institucional machista, falta de coordinación, impunidad y condicionantes socioeconómicos– operan conjuntamente para limitar la eficacia instrumental del derecho en Colombia frente a la violencia de género.

Estos impedimentos explican por qué, pese a contar con un marco jurídico adecuado, los indicadores de violencia se mantienen altos y las experiencias de las mujeres con el sistema de justicia son aún insatisfactorias en muchos casos. Reconocer estas barreras es el primer paso para superarlas: sólo mediante reformas profundas y esfuerzos sostenidos que aborden estos aspectos sistémicos podrá el país aspirar a remediar las desigualdades entre la normativa y la realidad. La sección final de este capítulo ofrecerá una reflexión crítica al respecto, junto con propuestas y proyecciones de futuro informadas por todos los hallazgos discutidos.

## 9.6 Reflexión crítica sobre la eficacia del derecho y consideraciones finales

Los hallazgos expuestos permiten realizar una reflexión crítica global acerca de la eficacia instrumental del derecho en Colombia frente a la violencia de género. En términos generales, se confirma la existencia de una tensión significativa entre la normativa vigente y la realidad social: Colombia ha desarrollado en las últimas décadas un andamiaje normativo sólido y progresista para proteger a las mujeres (leyes especializadas, políticas públicas, jurisprudencia garante), pero dichos avances no se traducen todavía en la disminución sustancial de la violencia ni en la garantía plena de justicia para las víctimas.

Esta laguna entre la "letra y el hecho" representa, en esencia, una falencia en la eficacia instrumental del derecho, y se entiende como la capacidad de la norma para incidir efectivamente en las conductas y en las situaciones que busca regular. Un aspecto central de esta tensión es la distinción entre avance formal y cambio real. Por un lado, Colombia exhibe un marco legal que cumple con estándares internacionales y reconoce el problema de la violencia de género en su complejidad (incluyendo facetas como el feminicidio, la violencia sexual, la violencia psicológica, la violencia económica, etc.).

Se han suscrito tratados, emitido sentencias ejemplares y diseñado protocolos. Desde la óptica normativa, podría decirse que el país ha hecho la tarea e incluso ha innovado en ciertos aspectos. No obstante, en la realidad cotidiana de muchas mujeres, estos desarrollos formales tienen un impacto limitado. La conservación de patrones de violencia, los índices de impunidad y los testimonios de insatisfacción con la respuesta estatal indican que algo se pierde en la traducción de la norma a la práctica.

El presente estudio atribuye esta discordancia a los vacíos institucionales y estructurales detallados en la sección anterior. En efecto, cuando la legislación no va acompañada de una implementación eficaz –por falta de recursos, por cultura adversa o por deficiente coordinación–, su poder transformador se diluye. Algunos autores han denominado a estas situaciones como "cumplimiento simbólico" de los derechos: es decir, se reconocen en el papel, pero en la vida real las víctimas persisten en afrontar barreras similares a las que existían antes de la ley (Díaz, 2019; Gargarella, 2020). Esto genera frustración y puede erosionar la confianza en el Estado de derecho, pues la ciudadanía percibe una distancia entre el deber ser proclamado y el ser factual.

Otra tensión relevante identificada es la que existe entre el poder judicial y las demás ramas o instancias de poder. El rol del poder judicial en la eficacia del derecho ha sido ambivalente. Por una parte, las altas cortes colombianas –en especial la Corte Constitucional– han actuado como agentes dinamizadores, al emitir fallos que llenan vacíos (v.gr. SU-599/2019 sobre violencia en conflicto), corrigen desviaciones (tutelas que protegen a víctimas ignoradas) y ordenan políticas públicas con enfoque de género (autos de seguimiento como el 092/2008).

Estos ejercicios de activismo judicial han sido cruciales para mantener vigente la agenda de género y empujar a otras entidades a actuar. Sin embargo, la eficacia de estas intervenciones judiciales depende de la receptividad y cumplimiento por parte del Gobierno y los entes administrativos. El estudio encontró que con frecuencia las órdenes judiciales se enfrentan a resistencias o demoras en su acatamiento: por ejemplo, recursos de nulidad, falta de asignación presupuestal para lo ordenado, o simples dilaciones burocráticas. Esto indica una falta de alineamiento pleno entre las distintas ramas en torno a la prioridad de erradicar la violencia de género. Adicionalmente, a nivel de la justicia ordinaria (juzgados y tribunales penales, de familia, etc.), el compromiso con la perspectiva de género varía ampliamente. Mientras algunos jueces y juezas han incorporado decididamente dichos enfoques, otros muestran rezagos, lo que resulta en una aplicación desigual de las leyes.

El poder judicial ha sido en muchos sentidos garante de los derechos de las mujeres, pero no puede suplir por sí solo las falencias de las políticas públicas ni la necesidad de una actuación coherente de todo el Estado. La eficacia del derecho en última instancia requiere una respuesta concertada de la rama judicial, la legislativa (tras producir leyes más precisas y con adecuadas provisiones de implementación) y la ejecutiva (al asegurar recursos, dirección y monitoreo). A la luz de esta reflexión, es posible identificar varias líneas de acción que se desprenden de los hallazgos, las cuales se proponen tanto como recomendaciones prácticas inmediatas como en forma de futuras líneas de emprendimiento académico para profundizar en soluciones de largo plazo:

a) *Fortalecimiento institucional y asignación de recursos*

Una recomendación prioritaria surge de la necesidad de articular las capacidades dispersas entre las instituciones responsables de la atención a la violencia de género. Esto implica aumentar significativamente el presupuesto para Comisarías de Familia, fiscalías, defensorías y juzgados especializados, e implementar la medida de garantizar la contratación de personal idóneo y la dotación logística (vehículos, sistemas de información, oficinas adecuadas). Experiencias comparadas, como los CAJ argentinos o los juzgados de violencia españoles, sugieren que la especialización y la descentralización mejoran la eficacia; por tanto, se recomienda crear centros integrales de atención a las mujeres en regiones prioritarias de Colombia, inspirados en dichos modelos. Estos centros podrían brindar servicios multidisciplinarios (asesoría legal, apoyo psicológico, ayuda económica de emergencia) en un solo lugar, lo que conllevaría a la disminución de las barreras de acceso.

Paralelamente, debe establecerse un *sistema nacional de indicadores y rendición de cuentas*: por ejemplo, metas anuales de reducción de tiempos de respuesta, incremento de denuncias atendidas, y aminoramiento de las tasas de impunidad, de modo que las instituciones tengan incentivos claros para mejorar su desempeño. Investigar los efectos concretos de inversiones adicionales y nuevas infraestructuras en la disminución de la violencia sería una línea futura valiosa, para retroalimentar las políticas con base empírica.

b) *Formación y cambio cultural en el sistema de justicia*

Es imprescindible continuar y fortalecer las capacitaciones obligatorias en enfoque de género para todos los operadores de justicia –jueces, fiscales, policía, forenses–, tal como lo ordenan tanto la Ley 1257 de 2008 como diversas sentencias. Sin embargo, los hallazgos sugieren que la capacitación aislada no basta; se requiere un plan de transformación cultural institucional. En este sentido, se recomienda la creación de unidades especializadas dentro de cada entidad (p.ej., unidades de género en la Fiscalía y en la rama judicial) encargadas de supervisar el cumplimiento de protocolos y buenas prácticas, así como de asesorar casos complejos. Adicionalmente, incorporar criterios de desempeño relacionados con enfoque de género en la evaluación y promoción de funcionarios enviaría un mensaje contundente de cambio esperado.

Desde la academia, una futura línea de aproximación podría evaluar el impacto de estas capacitaciones y reformas culturales en las actitudes y decisiones efectivas de los operadores (por ejemplo, mediante estudios antes-después o comparativos entre regiones con distintos niveles de intervención), para afinar dichas estrategias formativas.

c) *Reformas normativas específicas y desarrollo reglamentario*

Si bien el marco legal colombiano es amplio, los resultados de la exploración permiten identificar ciertas áreas donde reformas específicas podrían potenciar la eficacia. Por ejemplo, se sugiere estudiar la viabilidad de establecer jurisdicciones o juzgados especializados en violencia de género a nivel nacional, y seguir las enseñanzas del modelo español, para concentrar la experiencia y agilizar procesos. Igualmente, podría plantearse una reforma procesal que otorgue mayores facultades a las Comisarías de Familia para tomar medidas cautelares inmediatas (como detenciones breves del agresor en casos de alto riesgo) mientras la justicia penal actúa.

Otra propuesta es la creación de un estatuto único o código integral de violencia de género que compile y armonice la variedad de normas existentes (Ley 1257, Ley 1761, normas del Código Penal, etc.), lo que facilitaría su aplicabilidad por parte de operadores jurídicos de base. En términos de regulación, es necesario expedir y/o actualizar protocolos –con fuerza vinculante– para la atención de víctimas en todos los niveles (atención policial, forense, judicial). Por ejemplo, un protocolo unificado de investigación judicial de feminicidios y violencia sexual que incorpore estándares internacionales (como los de la CIDH y la ONU) ayudaría a uniformar la calidad de las diligencias.

La elaboración de estas propuestas normativas podría beneficiarse de investigaciones futuras que analicen comparativamente la legislación nacional con la de otros países exitosos, al igual que identificar vacíos o incoherencias a subsanar.

d) *Prevención y cambio sociocultural*

Más allá de la respuesta a hechos consumados, los hallazgos enfatizan que la prevención es la dimensión más débil hasta ahora en la cadena de combate a la violencia de género. Por ello, se recomienda invertir en programas educativos y campañas masivas que promuevan cambios culturales profundos. Tras inspirarse en iniciativas como las de Perú (escuelas con programas de igualdad de género) o en experiencias de países con baja violencia de género (por ejemplo, estrategias comunitarias en algunos países europeos), Colombia debería implementar de forma sostenida currículas escolares con contenidos de educación sexual integral, respeto e igualdad.

Igualmente, campañas en medios tradicionales y digitales deben apuntar a desnormalizar el machismo, visibilizar la gravedad de la violencia contra las mujeres y ofrecer modelos alternativos de masculinidades positivas. Estas intervenciones requieren evaluaciones rigurosas –otra veta para el ejercicio investigativo–, a fin de medir cambios actitudinales en la población y su correlación con las tasas de violencia a mediano plazo. Un enfoque preventivo sólido, aunque sus resultados sean a largo plazo, es indispensable para reducir la carga que recae sobre el sistema penal y lograr una eficacia última del derecho: la de prevenir la ocurrencia misma de la violencia.

e) *Perspectiva multidimensional y participación comunitaria*

Al atender a la problemática interseccional identificada, se recomienda diseñar políticas diferenciadas que aborden las necesidades de las mujeres más excluidas, entre ellas las afrocolombianas, indígenas, rurales y otras poblaciones vulnerables (mujeres con discapacidad, comunidad LBTIQ+, etc.). Esto implica, por ejemplo, reclutar y formar talento humano de dichas comunidades para que sirvan como enlace en la atención (promotoras legales afrodescendientes, intérpretes en lenguas nativas, etc.), y asegurar que los programas de protección consideren factores culturales (p.ej., adaptar protocolos en territorios étnicos que respete a las autoridades tradicionales).

Un paso importante sería incluir representantes de estos grupos en los espacios de toma de decisión: mesas de trabajo, comités evaluadores, observatorios de género, para que aporten su perspectiva y contribuyan a supervisar la eficacia de las medidas en sus comunidades. Además, la revisión futura podría centrarse en estudios de caso comunitarios –por ejemplo, cómo cierta comunidad afrocolombiana logró reducir la violencia a través de iniciativas locales– para extraer lecciones replicables y amplificar la voz de las propias mujeres como agentes de cambio.

En este orden de ideas, puede afirmarse que la eficacia instrumental del derecho en Colombia frente a la violencia de género se encuentra en una encrucijada: por un lado, nunca antes hubo un reconocimiento tan amplio del problema y una plataforma normativa tan desarrollada; por otro lado, los obstáculos estructurales y las resistencias culturales han impedido que esa plataforma se traduzca plenamente en transformaciones sociales y en justicia material para todas las mujeres.

La discusión de los resultados muestra que superar las fracturas exigirá voluntad política sostenida, recursos y reformas estratégicas, así como un involucramiento activo de la sociedad en el cambio de patrones culturales. El derecho, entendido no solo como ley escrita sino como un conjunto de instituciones y prácticas, tiene el potencial de ser una herramienta poderosa de transformación social –tal es su eficacia instrumental esperada–, pero para lograrlo debe integrarse con otras dimensiones: la educación, la movilización comunitaria, la equidad socioeconómica y la eliminación de la discriminación estructural.

Solo mediante un enfoque holístico e interdisciplinario, informado por estudios rigurosos como el presente, será posible que Colombia avance de la actual tensión entre norma y realidad hacia una convergencia donde la normativa de género se refleje en vidas de mujeres más seguras, libres y dignas. Esta obra contribuye a ese camino al evidenciar dónde están las fallas y proponer rutas de acción; corresponde ahora a los distintos actores sociales y estatales tomar estas evidencias y recomendaciones para impulsar los cambios necesarios, en aras de una sociedad verdaderamente justa e igualitaria para las mujeres.

# CAPÍTULO DÉCIMO

# CONCLUSIONES Y RECOMENDACIONES

## 10.1 CONCLUSIONES GENERALES

La violencia de género persiste como un problema estructural y de enorme magnitud en Colombia, Perú, México, Argentina y España, pese a los avances normativos y esfuerzos institucionales en las últimas décadas. En términos generales, se concluye que existe un corte pronunciado entre el marco jurídico creado para proteger a las mujeres y la realidad cotidiana que ellas enfrentan. Todos los países estudiados han adoptado leyes integrales inspiradas en estándares internacionales como la Convención de Belém do Pará y la CEDAW, tras tipificar delitos específicos como la violencia doméstica y el feminicidio; sin embargo, la eficacia instrumental de dichas normas se ve limitada por fallas en su implementación y por barreras socioculturales.

En el caso colombiano, por ejemplo, se identificó una "triple desconexión" entre (1) el diseño normativo y su aplicación efectiva, (2) las instituciones y las necesidades reales de las víctimas, y (3) las leyes y las dinámicas socioculturales que tienden a normalizar la violencia. Esta situación, exacerbada por el machismo arraigado y la falta de recursos, no solo explica la resistencia de la violencia de género sino que evidencia la urgencia de reformas integrales que construyan caminos entre la norma y la realidad.

La perspectiva jurídica comparada muestra que, a pesar de contextos distintos, los cinco países comparten desafíos comunes. Las leyes colombianas sobre violencia de género, desde la Ley 1257 de 2008 hasta la Ley 2365 de 2024, representan un marco normativo avanzado que busca prevenir y sancionar diversas formas de violencia contra las mujeres. Sin embargo, los hallazgos de esta investigación evidencian que su eficacia instrumental es limitada por barreras estructurales y culturales.

La existencia de altas tasas de feminicidio (745 casos en 2024, según la Defensoría del Pueblo, 2024) y violencia intrafamiliar (más de 62.000 casos en 2024, según el Instituto Nacional de Medicina Legal, 2024) indica que las medidas legales no han logrado traducirse en una reducción significativa de la violencia ni en una mayor seguridad para las mujeres. Además, la implementación desigual de leyes recientes como la Ley 2215 y la Ley 2365 subraya la necesidad de fortalecer los mecanismos institucionales y garantizar una distribución equitativa de recursos para que todas las mujeres puedan acceder a las protecciones legales.

Las cifras recientes son elocuentes: Colombia registró 745 feminicidios en 2024 (Defensoría del Pueblo, 2024); México documentó 827 feminicidios en 2023, y mantuvo una de las tasas absolutas más altas de la región (Infobae, 2024); Argentina reportó cerca de 250 feminicidios en 2023, con una tendencia al alza del 10,6% interanual (Página 12, 2024); Perú alcanzó 165 feminicidios en 2023, un aumento del 12% respecto al año anterior (Ministerio de la Mujer y Poblaciones Vulnerables [MIMP], 2024); y España contabilizó 58 asesinatos machistas en 2023, la cifra más alta en una década (El País, 2024).

Estas estadísticas—si bien varían en definición legal de feminicidio o violencia de género—revelan que ninguno de estos países ha logrado erradicar la violencia contra las mujeres, a pesar de contar con leyes avanzadas. Además, los datos de violencia intrafamiliar y sexual son igualmente alarmantes: en Colombia, la Fiscalía reportó 110.000 víctimas de violencia intrafamiliar en 2024, de las cuales el 77% eran mujeres, lo que refleja la dimensión masiva del problema y la insuficiencia de las políticas públicas actuales para contenerlo.

Del mismo modo, España registró más de 36.000 denuncias por violencia de género en 2023, mientras que Perú y México acumulan decenas de miles de casos de violencia doméstica y sexual cada año. En resumen, la prevalencia de la violencia machista sigue posicionada como alta en todos los contextos analizados, lo que confirma que las respuestas estatales aún no logran garantizar el derecho de las mujeres a una vida libre de violencia.

Un hallazgo central es que los factores socioculturales patriarcales erosionan la efectividad de la respuesta jurídica. La cultura machista, los estereotipos de género y la tolerancia social a ciertas formas de violencia crean un entorno donde las leyes—por robustas que sean en el papel—se aplican de forma deficiente. Esta investigación comprobó que en todos los países estudiados subsisten prejuicios y estereotipos en operadores de justicia que conducen a la revictimización de las denunciantes y a la impunidad. La falta de debida diligencia al interior de los procesos judiciales es un problema común: la mayoría de los casos de violencia de género no llegan a sentencia condenatoria, lo que sustenta un ciclo de impunidad que desincentiva la denuncia.

La Corte Interamericana de Derechos Humanos, en el emblemático caso González y otras vs. México (Campo Algodonero, 2009), ya había subrayado que los estereotipos de género en las instituciones estatales perpetúan la inacción y la impunidad frente a crímenes contra mujeres. También había establecido la responsabilidad internacional del Estado por no actuar con la debida diligencia en prevenir y esclarecer estos hechos (Corte IDH, 2009). A pesar de ello, los Estados latinoamericanos enfrentan serias dificultades para traducir esas obligaciones en prácticas cotidianas: persisten deficiencias en la investigación, demora en los procesos y trato indiferente o discriminatorio hacia las víctimas, lo cual contradice frontalmente el deber de debida diligencia reforzada asumido en instrumentos internacionales como Belém do Pará.

Asimismo, se concluye que los esfuerzos institucionales, aunque significativos, resultan insuficientes ante la longitud del fenómeno. En las últimas dos décadas se han creado juzgados especializados, fiscalías de género, líneas de atención de emergencias, casas refugio y protocolos de actuación en los países analizados. España destaca por haber implementado tempranamente Tribunales Especializados en Violencia sobre la Mujer, a partir de la Ley Orgánica 1/2004, y lograr una respuesta judicial más rápida y especializada (Ley Orgánica 1/2004, art. 43)

México, tras la sentencia del Campo Algodonero, adoptó protocolos específicos de investigación de feminicidios y capacitaciones obligatorias con perspectiva de género para policías, jueces y fiscales. Argentina estableció unidades fiscales especializadas (p. ej., la UFEM) y un registro nacional de femicidios, además de la Ley Micaela (2018) que exige capacitación de funcionarios en género. Perú fortaleció la red de Centros de Emergencia Mujer y creó juzgados especializados en familia y violencia. Colombia ha ampliado la cobertura de las Comisarías de Familia y emitidos lineamientos para la atención con enfoque de género.

Sin embargo, estos avances se ven limitados por falta de recursos, capacitación discontinua y ausencia de articulación interinstitucional. Un dato revelador es que, según la Defensoría del Pueblo de Colombia, en el 65% de las Comisarías de Familia hay inexistencia de personal especializado en violencia de género, lo que impide brindar una atención adecuada a las víctimas (Defensoría del Pueblo, 2024). Este panorama se repite en mayor o menor medida en los demás países: por ejemplo, la cobertura de refugios y servicios especializados es muy desigual entre zonas urbanas y rurales, y muchas mujeres en áreas alejadas o comunidades vulnerables no tienen acceso real a la justicia ni a protección efectiva.

En síntesis, las instituciones encargadas de prevenir, atender y sancionar la violencia machista no responden con la eficacia requerida, debido tanto a limitaciones materiales como a la falta de voluntad política sostenida para priorizar este tema. Finalmente, desde una mirada integral, esta investigación confirma que la violencia de género es un problema multidimensional que requiere respuestas igualmente multidimensionales. No basta con reformar las leyes penales si no se transforman también las estructuras sociales que la fomentan, ni con crear nuevas oficinas si no se dota de recursos y formación adecuados. La eficacia del derecho no puede medirse solo en la existencia de buenas leyes, sino en su capacidad real para transformar conductas y garantizar derechos. En palabras de Ferrajoli, el derecho penal debe tener una "eficacia instrumental" que trascienda la norma escrita y se refleje en cambios sociales tangibles (Ferrajoli, 2011).

En concordancia, esta tesis verificó que la respuesta estatal aun es mayoritariamente reactiva y punitiva. Con respuestas tardías, cuando el daño ya está consumado, y enormemente centrada en la sanción penal. Prevenir la violencia y proteger oportunamente a las potenciales víctimas constituye una de las asignaturas pendientes. Los hallazgos apuntan a la necesidad de un enfoque más preventivo, educativo y restaurativo, que ataque las raíces culturales del problema y que coloque a las víctimas en el centro de la respuesta. Solo una intervención articulada—que combine respuestas legales, educativas, económicas y sociales—permitirá superar la distancia estructural entre la protección normativa de los derechos y la experiencia concreta de millones de mujeres en la región.

## 10.2 Conclusiones específicas

### 10.2.1 Factores socioculturales y persistencia de la violencia

Se corroboró que los factores culturales patriarcales inciden directamente en la existencia de la violencia de género y dificultan la aplicación efectiva de la normativa. En todas las jurisdicciones analizadas, la violencia contra la mujer está arraigada en pautas culturales de machismo, sexismo y tolerancia social. Esta normalización cultural se manifiesta, por ejemplo, en la aceptación del castigo "disciplinario" a la pareja en algunas comunidades, en la culpabilización de las víctimas por su vestimenta o conducta, o en la idea de que la violencia doméstica es un asunto privado. Tales creencias generan tolerancia e incluso legitimación de la violencia. Se agrieta, de esta forma, el impacto de las campañas legales.

El estudio identificó que, en Colombia especialmente, la interiorización de la violencia como parte de la vida diaria de muchas mujeres (producto de siglos de desigualdad) conlleva que, considerables eventos de agresión por razones de género, ni siquiera se denuncien por considerarse "normales". Del mismo modo, en países como Perú y México, las comunidades más tradicionales reproducen roles de género desiguales que frenan los cambios legales.

La cultura machista dominante conforma uno de los mayores obstáculos para erradicar la violencia de género, ya que reproduce estereotipos de inferioridad femenina y conlleva respuestas institucionales insuficientes. Esto subraya que las leyes, por sí solas, no transformarán la realidad mientras no se aborden las raíces culturales de la violencia. Es imperativo acompañar la legislación con esfuerzos educativos y de sensibilización social profundos y sostenidos.

### 10.2.2 Marco legal y garantías de derechos fundamentales

El estudio del marco jurídico reveló avances importantes en la consagración de derechos y mecanismos de protección, pero también lagunas y desafíos en su efectividad. En los cinco países, la legislación interna reconoce el derecho de las mujeres a vivir libres de violencia y se han promulgado leyes especiales de protección. España cuenta desde 2004 con una ley integral pionera; México y Argentina aprobaron leyes nacionales de violencia contra la mujer en 2007 y

2009 respectivamente; Perú promulgó la Ley N° 30364 en 2015; y Colombia expidió la Ley 1257 de 2008, entre otras normas relevantes. Además, todos han tipificado el feminicidio o agravantes de homicidio por razón de género en sus Códigos Penales (e.g., Colombia, Ley 1761 de 2015; México, reforma de 2012; Argentina, Ley 26.791/2012).

Estas herramientas jurídicas constituyen un andamiaje legal robusto en papel, acorde con obligaciones internacionales. Sin embargo, la investigación confirmó que la sola existencia de leyes no ha garantizado la protección efectiva de los derechos fundamentales de las mujeres. Persisten vacíos en la regulación y, sobre todo, en la implementación: por ejemplo, hasta fechas recientes no existían protocolos uniformes de atención a víctimas en muchas jurisdicciones, o persistían definiciones legales estrechas que dificultaban procesar ciertas conductas (como la violencia sexual fuera de la pareja, la violencia psicológica o la violencia digital).

Un caso ilustrativo fue el de "La Manada" en España, donde una laguna legal respecto al consentimiento sexual llevó inicialmente a condenar la agresión colectiva como abuso sexual y no violación, luego de evidenciar deficiencias en la tipificación penal; la enorme presión social y el activismo feminista forzaron tanto la revisión de la sentencia por el Tribunal Supremo (que finalmente calificó los hechos como violación) como una reforma legal integral sobre delitos sexuales. Esto demuestra la necesidad de actualizar continuamente el marco normativo conforme a los estándares de derechos humanos y las realidades sociales cambiantes.

Como puede verse, el rol del marco legal es fundamental como garantía de los derechos de las mujeres, pero su eficacia depende de su correcta armonización con dichos estándares, de la claridad de sus definiciones y, crucialmente, de su aplicación rigurosa por parte de las autoridades competentes. Donde la ley ha sido clara y acompañada de voluntad política (por ejemplo, las órdenes de protección inmediatas en España, o los protocolos feminicidio en México), se observan mejoras en la respuesta; donde la ley es ambigua o queda en letra muerta, las garantías se diluyen.

### 10.2.3 Jurisprudencia y rol del Poder Judicial

El análisis jurisprudencial comparado evidenció progresos en la interpretación judicial con perspectiva de género, así como falencias persistentes. Las altas cortes de la región y tribunales internacionales han emitido fallos significativos que refuerzan la protección de las mujeres. Además del caso Campo Algodonero (CIDH, 2009) ya mencionado, la Corte IDH en decisiones posteriores –como Velásquez Paiz vs. Guatemala (2015) y *Women Victims of Sexual Torture* vs. Perú (Espinoza Gonzales, 2014)– reafirmó que la impunidad en crímenes de violencia de género constituye una violación autónoma de derechos humanos, al obligar a los Estados a investigar con seriedad y sin estereotipos discriminatorios.

A nivel nacional, los tribunales constitucionales han incorporado gradualmente el enfoque de género y de interseccionalidad. La Corte Constitucional de Colombia, por ejemplo, reconoció en Sentencias como la T-291/2016 que las mujeres indígenas y afrodescendientes sufren vulneraciones agravadas por su condición étnica, al igual que demandó respuestas judiciales diferenciadas. También en Colombia, la jurisprudencia ordenó medidas de protección especial para mujeres desplazadas por el conflicto armado (Auto 092/2008 y el seguimiento a la Sentencia T-025/2004). Así mismo, la Sentencia T-458/2022 declaró el estado de cosas inconstitucional en materia de violencia intrafamiliar, como también instó a realizar un fortalecimiento institucional.

En Argentina, la Corte Suprema impulsó la creación de la Oficina de la Mujer y de la Justicia con programas de capacitación judicial en género, además de un Registro de Femicidios de la Justicia Argentina que visibiliza la respuesta judicial. Sin embargo, pese a estos avances, subsisten serias falencias en la respuesta cotidiana del Poder Judicial. Expedientes claves analizados en esta tesis demuestran tal realidad: el caso Lucía Pérez en Argentina, donde prejuicios patriarcales iniciales llevaron a absoluciones escandalosas, muestra cómo el sesgo de género impacta las decisiones judiciales, a la par que contribuye a la impunidad; solo tras la movilización social masiva (Ni Una Menos) y la presión pública se ordenó la revisión del juicio. Ello ejemplifica el papel crucial de la sociedad civil para corregir rumbos

De igual manera, en Perú, casos como el de Arlette Contreras (sobreviviente de intento de feminicidio) evidenciaron demoras injustificadas y revictimizantes por parte de los jueces, lo que requiere la intervención de instancias superiores e incluso del sistema interamericano para encauzar la justicia. En México, episodios como el feminicidio de Ingrid Escamilla en 2020 –donde la filtración de imágenes del cuerpo de la víctima por agentes estatales mostró una atroz falta de sensibilidad– reflejan aún una carencia de perspectiva de género y humanidad en ciertos operadores de justicia, aunque luego se legisló la "Ley Ingrid" para sancionar esas conductas.

En síntesis, la jurisprudencia ha sentado bases importantes para la debida diligencia y la prevención de la discriminación en la justicia, pero queda camino por recorrer para que dichos criterios se apliquen homogéneamente en todas las instancias. La capacitación obligatoria y continua de jueces, fiscales y policías en enfoque de género –tal como disponen leyes recientes en Argentina y México, y políticas judiciales en España– es una condición necesaria para erradicar las decisiones basadas en estereotipos. Solo con un poder judicial sensibilizado, libre de prejuicios y proactivo en la protección de las víctimas, se logrará materializar la promesa constitucional de igualdad y no violencia.

### 9.2.4. Factores estructurales e institucionales que limitan la efectividad de las leyes

Esta investigación identificó múltiples obstáculos estructurales y operativos que minan la eficacia de las respuestas estatales frente a la violencia de género. Entre ellos destacan: (i) recursos insuficientes, reflejados en la escasez de personal especializado, de unidades judiciales en zonas rurales y de presupuesto asignado a políticas de género; (ii) deficiencias en la coordinación interinstitucional, que derivan en respuestas fragmentadas (por ejemplo, falta de comunicación entre la policía, la justicia y los servicios sociales, lo que puede poner en riesgo a la víctima); (iii) centralización y desigualdad territorial en la oferta de servicios, que dejan a comunidades alejadas, rurales o étnicas con poca presencia del Estado; (iv) carencias en la recopilación y uso de datos estadísticos, lo cual dificulta el monitoreo y la formulación de políticas basadas en evidencia; y (v) debilidades en los mecanismos de supervisión y rendición de cuentas dentro del sistema de justicia (p.ej., pocos jueces o fiscales sancionados por actuaciones negligentes en casos de violencia de género).

En Colombia, por ejemplo, la fragmentación institucional implica que una mujer de una vereda rural de la costa Pacífica (con alta población afrodescendiente) deba recorrer grandes distancias para denunciar y carezca de apoyo legal, lo que desincentiva la búsqueda de justicia. De igual forma, en México, la efectividad de la Alerta de Violencia de Género (mecanismo de emergencia institucional) ha variado según los estados, y lograr impactos modestos debido a problemas de coordinación y seguimiento. Por otro lado, la falta de presupuesto específico es un problema transversal: aun cuando existen planes nacionales contra la violencia (en Perú, Argentina, etc.), a menudo no se traducen en partidas suficientes y sostenidas en el tiempo, hecho este que limita su alcance.

En síntesis, las fallas no se deben exclusivamente a la voluntad de los operadores individuales, sino a condiciones estructurales del sistema. La ausencia de una política de Estado integral y sostenida en todos los niveles –que priorice la lucha contra la violencia de género con los recursos humanos y financieros necesarios– ha impedido que las leyes logren todo su potencial transformador. Se concluye, por tanto, que es indispensable abordar estas carencias sistémicas para mejorar la eficacia instrumental del derecho: sin instituciones fortalecidas y coordinadas, incluso la legislación más progresista pierde impacto real.

### 10.2.5 Vulnerabilidad de las mujeres afrodescendientes (y otros grupos étnico-raciales) frente a la violencia de género

Un aporte crucial de esta investigación, con énfasis en Colombia y Perú, es visibilizar la situación especialmente precaria que enfrentan las mujeres afrodescendientes ante la violencia de género, debido a la intersección del sexismo con el racismo estructural. Se constató que las mujeres afrocolombianas y afroperuanas sufren una triple discriminación histórica: por ser mujeres, por pertenecer a un grupo racial minoritario históricamente marginado, y en muchos casos por la situación de pobreza que resulta de siglos de exclusión.

Esta condición sistémica las coloca en una posición de mayor vulnerabilidad tanto a la violencia como a la desprotección institucional. En Colombia, por ejemplo, departamentos con alto porcentaje de población afrodescendiente (Chocó, Cauca, Valle del Cauca) presentan índices elevados de violencia contra la mujer, en un contexto de débil presencia institucional. Las barreras geográficas (distancias a centros urbanos), económicas (falta de recursos para costear traslados o asesoría legal) y culturales (desconfianza en instituciones percibidas como discriminatorias) limitan gravemente el acceso a la justicia de las mujeres afrodescendientes. Aunque la Corte Constitucional colombiana ha reconocido esta triste realidad, al señalar que la interseccionalidad de opresiones agrava la indefensión de estas mujeres (Sentencia T-291/2016), la conclusión necesaria es que las medidas estatales específicas aún son insuficientes.

En Perú, aunque la población afrodescendiente es menor en proporción, las mujeres afroperuanas también enfrentan estereotipos raciales (hipersexualización, servilismo) que aumentan su exposición a distintas formas de violencia –desde la violencia sexual hasta la obstétrica–, muchas veces sin visibilización estadística. La Relatoría de la CIDH sobre personas afrodescendientes ha advertido que el racismo impacta diferenciadamente a las mujeres afro, lo que genera obstáculos críticos para acceder a recursos judiciales efectivos ().

En comunidades afrodescendientes de ambos países se evidenció una menor tasa de denuncias formales, no porque la violencia no exista, sino por falta de confianza en el sistema y temor a ser revictimizadas o ignoradas. Además, la respuesta estatal raramente adopta un enfoque étnico: por ejemplo, pocas comisarías o centros de atención cuentan con intérpretes de lenguajes o comprenden las dinámicas culturales locales, y casi no hay datos desagregados por etnia que permitan diseñar intervenciones focalizadas. Todo ello configura un cuadro de vulnerabilidad extrema para las mujeres afrodescendientes, reflejo de la convergencia de racismo y sexismo.

En conclusión, la violencia de género golpea con mayor crudeza a quienes también sufren discriminación racial, por lo que las políticas públicas y la justicia deben adoptar una visión transversal de derechos. La falta de reconocimiento interseccional prolonga la invisibilidad de las víctimas afrodescendientes. Esta omisión incrementa la distancia entre la garantía formal de derechos y su ejercicio efectivo. La obligación estatal, conforme a estándares interamericanos, es reconocer estas diferencias y atenderlas con medidas específicas, en miras garantizar que "el acceso a la justicia sea inclusivo, efectivo e intercultural" para mujeres indígenas y afrodescendientes.

Esta tesis reafirma, entonces, la necesidad de integrar la perspectiva étnico-racial en la lucha contra la violencia de género, como condición para no dejar atrás a las poblaciones más vulnerables. En suma, las conclusiones específicas anteriormente desarrolladas sustentan la hipótesis central de esta investigación: el derecho penal y las políticas existentes, si bien han progresado en la formalización de la protección a la mujer, aún carecen de eficacia real plena debido a factores culturales, estructurales e institucionales. Para unificar los disensos, se requieren cambios profundos y multidireccionales, que van desde la transformación cultural de fondo hasta ajustes normativos puntuales. A continuación, se presentan las recomendaciones prácticas y propuestas normativas derivadas de estos hallazgos, así como sugerencias de líneas futuras de investigación que puedan profundizar en la materia.

## 10.3 RECOMENDACIONES

Para mejorar la eficacia de las leyes existentes y abordar nuevos desafíos como la violencia digital, se recomienda:

*(i) fortalecer la capacitación de operadores de justicia en materia de género e interseccionalidad;*

*(ii) ampliar los servicios de protección (como casas de refugio) a áreas rurales y marginadas;*

*(iii) desarrollar legislación específica para combatir la violencia digital, así como impulsar la penalización de conductas como el acoso en línea y la difusión no consentida de imágenes íntimas; y*

*(iv) promover campañas educativas que aborden las raíces culturales del machismo y la discriminación.*

Además, es crucial que las políticas públicas incorporen un análisis de múltiples vulnerabilidades que considere las necesidades específicas de mujeres afrocolombianas e indígenas.

Recomendaciones orientadas a fortalecer la respuesta frente a la violencia de género desde múltiples frentes: el legal, el institucional, el educativo y el de atención a las víctimas, las cuales buscan traducir los hallazgos de la investigación en acciones concretas de política pública, reforma jurídica y gestión social, que contribuyan a mejorar la prevención, protección y sanción en casos de violencia contra las mujeres. Se enfatiza, además, la necesidad de enfoques diferenciados para grupos en situación de vulnerabilidad, particularmente mujeres afrodescendientes, indígenas y rurales.

A continuación, se detallan las principales recomendaciones.

### 10.3.1 Fortalecimiento de las políticas públicas y enfoque preventivo

a) *Diseñar e implementar políticas integrales y sostenidas de prevención de la violencia de género, con financiamiento adecuado y metas medibles.*

Cada país debería contar con Planes de Acción plurianuales que articulen los esfuerzos de distintos sectores (justicia, salud, educación, desarrollo social) en la erradicación de la violencia contra la mujer, tras asegurar la continuidad más allá de los cambios de gobierno. Es vital asignar presupuestos específicos y suficientes para ejecutar estas políticas, como también superar la práctica de programas pilotos de corto plazo.

b) *Incorporar el enfoque intercultural e interseccional en las políticas públicas.*

Los planes y programas deben reconocer la diversidad de las mujeres (afrodescendientes, indígenas, niñas, adultas mayores, mujeres con discapacidad, LGBTQ+) y adaptar las estrategias a sus realidades. En ese orden de ideas, se recomienda crear mesas de trabajo con organizaciones de mujeres afrodescendientes y de pueblos originarios para codiseñar acciones de prevención en sus comunidades, que respeten sus visiones y generen confianza.

Igualmente, se debe mejorar la recolección de datos desagregados por etnia, edad, zona, etc., para orientar mejor las intervenciones.

c) *Fortalecer los mecanismos de coordinación interinstitucional.*

Se sugiere establecer sistemas integrados de atención y referencia de casos de violencia de género, donde policías, fiscales, jueces, personal de salud y trabajadores sociales trabajen de manera articulada. La creación de comités interinstitucionales a nivel local (por ejemplo, en cada provincia o departamento) puede facilitar respuestas más rápidas y completas, y evitar que la víctima quede atrapada en trámites burocráticos o vacíos de protección;

d) *Desarrollar campañas masivas y sostenidas de sensibilización dirigidas a la comunidad, especialmente a hombres y jóvenes, para desafiar las normas sociales machistas.*

Es fundamental invertir en educación comunitaria: utilizar medios de comunicación, redes sociales, líderes locales y figuras públicas para difundir mensajes de cero tolerancia a la violencia contra las mujeres, promover modelos alternativos de masculinidad no violentos y visibilizar la gravedad del problema.

Estas campañas deben considerar idiomas y contextos locales (p. ej., traducción a lenguas indígenas, referencias culturales pertinentes) para ser efectivas en poblaciones diversas.

e) *Garantizar la participación de la sociedad civil y de las víctimas sobrevivientes en el diseño, monitoreo y evaluación de las políticas públicas.*

Las organizaciones de mujeres, movimientos feministas y víctimas sobrevivientes poseen conocimiento de primera mano sobre las falencias del sistema y las necesidades reales. Su involucramiento en la elaboración de protocolos, en observatorios ciudadanos de seguimiento de casos, y en consejos consultivos gubernamentales enriquecerá las políticas con perspectiva de género desde la base y fomentará la transparencia y rendición de cuentas de las autoridades.

### 10.3.2 Reforma y fortalecimiento del sistema de justicia

a) *Profundizar la capacitación obligatoria en perspectiva de género y derechos humanos para todos los operadores del sistema de justicia: juezas/ces, fiscales, personal forense, policía judicial, defensorías públicas*

Al seguir el modelo de la Ley Micaela (Argentina), la formación debe ser continua, evaluada y con contenidos específicos sobre violencia de género, racismo y trato digno a víctimas. Esto ayudará a erradicar estereotipos en la toma de decisiones y promoverá la debida diligencia. Se recomienda incluir módulos prácticos con estudio de casos (como los analizados: Campo Algodonero, Lucía Pérez, La Manada, etc.) para extraer lecciones concretas de cómo debe (o no) actuar la justicia.

b) *Institucionalizar y expandir tribunales o juzgados especializados en violencia de género en aquellos países donde aún no existen o son incipientes*

La experiencia española de jurisdicciones especializadas ha mostrado mayor celeridad y sensibilidad en el trámite de estos casos. Países como Colombia, Perú o México deberían evaluar la creación de juzgados especializados con competencia penal y civil en violencia contra la mujer, dotados de personal capacitado y protocolos propios.
De igual modo, es crucial fortalecer las Fiscalías Especializadas de Género, garantizar su presencia en todas las regiones y proveerlas de recursos forenses adecuados (por ejemplo, equipos para recopilar evidencia científica de violencia sexual, unidades de protección de testigos.).

c) *Simplificar y humanizar los procedimientos judiciales para casos de violencia de género*

Esto implica revisar la normativa procesal para eliminar obstáculos que revictimizan a las denunciantes (por ejemplo, limitar la excesiva cantidad de declaraciones o peritajes que deba enfrentar la víctima, evitar el careo con el agresor salvo que ella lo solicite, etc.), y para acelerar la tramitación de medidas de protección y juicios.

Se recomienda implementar ventanillas únicas u oficinas de atención integral en los juzgados, de forma que la mujer pueda recibir información, asesoría legal, apoyo psicológico y asistencia social en un mismo lugar físico, y reducir su peregrinaje institucional.

d) *Asegurar la debida diligencia en todas las etapas: investigación, juzgamiento y sanción*

Los órganos de control (Consejos de la Magistratura, Procuradurías, etc.) deben establecer indicadores de desempeño específicos para casos de violencia de género (tiempos de investigación, tasa de resolución, satisfacción de la víctima) e implementar mecanismos de supervisión y sanción disciplinaria cuando se detecte negligencia, inacción o trato discriminatorio. El funcionario judicial que -en los casos de violencia de género y de forma dolosa- minimice la denuncia basándose en estereotipos, no impute o acuse de forma indebida, omita practicar pruebas cruciales o efectuar los alegatos adecuados, deben afrontar consecuencias institucionales. La impunidad no solo es en el interior del proceso penal; también consiste en la falta de consecuencias para quienes, desde el Estado, fallan en proteger a las víctimas.

e) *Reforma legal complementaria*

Proponer ajustes normativos puntuales donde se hayan identificado vacíos que obstaculizan la justicia. Por ejemplo, tipificar adecuadamente todas las formas de violencia (incluida la violencia digital, el acoso sexual en espacios públicos, la violencia económica y patrimonial, etc.), eliminar figuras atenuantes obsoletas (como la "emoción violenta" en femicidios, que aún existe en algunos códigos penales), y prohibir la mediación o conciliación en casos de violencia de pareja grave, tal como recomiendan los estándares internacionales.

Asimismo, se sugiere armonizar las legislaciones y políticas internas con los más altos estándares internacionales: por ejemplo, alinearse con el Convenio de Estambul en lo referente a consentimiento sexual y definiciones de acoso.

f) *Fortalecer la asesoría legal gratuita especializada para víctimas*

Es esencial que las mujeres, especialmente de bajos recursos, cuenten con representación letrada capacitada que las asista desde el momento de la denuncia y durante todo el proceso. Se recomienda crear un cuerpo de defensores/as públicos/as o abogadas de las mujeres con formación en género que actúen en todo el país, lo cual garantizaría la igualdad de armas frente al agresor y evitar que la víctima deba enfrentar sola un proceso complejo.

### 10.3.3 EDUCACIÓN, CAMBIO CULTURAL Y DIVULGACIÓN

a) *Incorporar la educación en igualdad y prevención de la violencia de género en todos los niveles del sistema educativo*

Se recomienda que los currículos escolares, desde la educación inicial hasta la secundaria, incluyan contenidos formativos sobre igualdad de género, resolución pacífica de conflictos, respeto a la diversidad y rechazo a toda forma de violencia. Esta educación debe ser apropiada a la edad y socioculturalmente pertinente, y fomentar en niños, niñas y adolescentes valores de respeto y equidad.

Los programas como la Educación Sexual Integral (ESI) en Argentina o iniciativas similares deben fortalecerse y aplicarse efectivamente, pese a resistencias conservadoras, dado su probado impacto en la prevención de la violencia y la discriminación a largo plazo.

b) *Realizar campañas educativas dirigidas a hombres y comunidades para cuestionar las masculinidades violentas*

Un cambio cultural requiere dialogar con los varones acerca de los mandatos sociales dañinos (como la idea de dominación o control sobre la pareja) y promover modelos alternativos de masculinidad basados en el respeto, el cuidado y la empatía.

Talleres comunitarios, programas en espacios de trabajo, involucramiento de figuras masculinas positivas (deportes, arte, líderes locales) y grupos de reflexión para hombres agresores son estrategias que deben ampliarse. Países como España han implementado programas de rehabilitación para agresores condenados; en América Latina podría explorarse su adopción, que siempre privilegie la seguridad de las víctimas.

c) *Capacitar a comunicadores y regular el tratamiento mediático de la violencia de género*

Los medios de comunicación y redes sociales juegan un rol clave en moldear percepciones. Es necesario impartir formación a periodistas para evitar la reproducción de sensacionalismo, morbo o culpabilización de la víctima en las noticias de violencia machista. Asimismo, los entes reguladores y códigos de ética deben exigir un tratamiento respetuoso y con perspectiva de derechos humanos.

Por ejemplo, ante casos de feminicidio, se debe evitar detalles que revictimicen o justifiquen al agresor, y más bien aprovechar la visibilidad mediática para difundir mensajes de prevención y recursos de ayuda disponibles. La difusión responsable contribuye al cambio cultural y envía un mensaje claro de condena social a la violencia.

d) *Promover la investigación y difusión de información sobre violencia de género*

Las universidades, centros de estudio y observatorios deben continuar con la generación de datos, informes y análisis que alimenten la comprensión pública del hecho social. Es recomendable que los gobiernos apoyen estudios nacionales de prevalencia y encuestas periódicas (como las Encuestas de Violencia contra la Mujer que algunos países ya realizan) para tener diagnósticos actualizados.

Aparte de ello, difundir ampliamente las estadísticas y hallazgos –de manera accesible al público– ayudará a sensibilizar a la ciudadanía y a desmentir mitos (por ejemplo, aclarar que la mayoría de las violencias ocurren en el ámbito doméstico y no son hechos aislados). Una ciudadanía informada es más proclive a rechazar activamente la violencia y a apoyar las medidas de protección.

e) *Integrar la perspectiva de género en la educación superior y formación profesional*

No solo en Derecho, sino en carreras como Medicina, Psicología, Trabajo Social, Educación, Policía, Militar, etc., deben incluirse asignaturas o contenidos sobre violencia de género, detección temprana, atención a víctimas y enfoque de género. Esto garantizará que futuros profesionales en todos los ámbitos tengan sensibilización básica y herramientas para contribuir desde su rol a la erradicación de la violencia machista.

Por ejemplo, es crucial que en la formación de personal de salud se enseñe a identificar signos de abuso y canalizar adecuadamente a las pacientes, o que en escuelas de policía se enfatice el trato adecuado y la protección a víctimas al atender llamados de emergencia.

### 10.3.4 Mejora de los servicios de atención y protección a las víctimas

f) *Ampliar y fortalecer la red de servicios integrales para víctimas*

Se recomienda incrementar el número y cobertura geográfica de Centros de Atención Integral a la Mujer o Casas de la Mujer, donde las sobrevivientes puedan recibir en un solo lugar asistencia médica, apoyo psicológico, orientación legal y refugio temporal si lo requieren.

Perú, por ejemplo, con sus Centros de Emergencia Mujer, y Colombia con las Comisarías de Familia, tienen esquemas que deben expandirse asegurar que lleguen a zonas rurales y comunidades étnicas, mediante unidades móviles o convenios con organizaciones locales.

Ninguna víctima debería quedar sin atención por vivir lejos de una ciudad principal. Los Estados deben destinar recursos para establecer al menos un centro integral de atención en cada provincia o municipio de alta incidencia, adaptado culturalmente a la población (personal que hable la lengua local, por ejemplo).

g) *Mejorar los mecanismos de protección inmediata*

Es fundamental optimizar la emisión y seguimiento de medidas de protección (como órdenes de alejamiento, desarme del agresor, salida del hogar) para garantizar que la mujer denunciante no quede expuesta a represalias. Se sugiere crear equipos policiales especializados de respuesta rápida para casos de alto riesgo, disponibles 24/7, que puedan acudir de inmediato ante el incumplimiento de una medida de protección o una llamada de auxilio.

Adicionalmente, evaluar la adopción de tecnologías de alerta: botones de pánico, aplicaciones móviles de emergencia geolocalizada, tobilleras electrónicas para agresores reincidentes, etc., que garantice siempre la confidencialidad y seguridad de los datos de las víctimas. Experiencias piloto en algunas ciudades latinoamericanas han mostrado resultados prometedores, aunque requieren infraestructura y protocolos robustos para ser efectivas.

h) *Brindar acompañamiento integral durante todo el proceso a la víctima y sus familiares*

Esto incluye no solo la asistencia inicial sino seguimiento continuo: terapia psicológica gratuita de mediano y largo plazo para superar el trauma; grupos de apoyo entre sobrevivientes; asesoramiento para la inserción socioeconómica (programas de empleo, becas de estudio, empoderamiento económico) que permitan a la mujer reconstruir su proyecto de vida fuera del círculo de violencia.

También se debe considerar la protección y atención de los hijos e hijas de las víctimas, que incluya apoyo psicológico infantil y garantía de manutención. En Argentina, por ejemplo, se legisló una reparación económica (Ley Brisa) para hijos de víctimas de femicidio; políticas similares podrían replicarse en otros países para aliviar el impacto económico en las familias.

i) *Asegurar el enfoque diferencial en la atención a las víctimas afrodescendientes, indígenas y de otros grupos*

Los servicios de atención deben ser culturalmente competentes. Esto implica contratar y capacitar personal de esas comunidades o con conocimiento profundo de ellas, desarrollar protocolos específicos (por ejemplo, que entiendan las dinámicas comunitarias donde la figura de la "conciliación" tradicional puede chocar con el proceso formal), y establecer alianzas con líderes comunitarios que puedan mediar en la búsqueda de ayuda.

El objetivo es generar confianza en las víctimas que históricamente han sido maltratadas o ignoradas por las instituciones.

La Comisión Interamericana de Mujeres (MESECVI) recomienda aumentar el número de oficinas receptoras de denuncias en zonas con población indígena y afrodescendiente, que las dote de enfoque intercultural e incluyan servicios de traducción cuando sea necesario. Esto debe tomarse como prioridad en países con diversidad étnica, que evite un enfoque homogéneo y restrictivo.

j) *Implementar sistemas de monitoreo y evaluación de la calidad de la atención a víctimas*

Es recomendable que las instituciones realicen encuestas de satisfacción y auditorías periódicas de sus servicios (policía, juzgados, centros de atención) desde la perspectiva de las usuarias, tal como sugieren los estándares internacionales. Los resultados deben utilizarse para mejorar procedimientos, identificar malas prácticas y reconocer también a aquellos funcionarios o dependencias que brinden un trato ejemplar.

Crear indicadores de desempeño vinculados a la atención sensible y eficaz (por ejemplo, tiempos de respuesta, porcentaje de víctimas que continúan el proceso, etc.) incentivará a las instituciones a elevar sus estándares y centrarse en las necesidades de las mujeres.

En conjunto, estas recomendaciones prácticas buscan robustecer un modelo de respuesta integral: prevenir la violencia antes de que ocurra, atender y proteger diligentemente a la víctima cuando sucede, e investigar y sancionar efectivamente al agresor para evitar la falta de consecuencias judiciales. La implementación rigurosa de estas medidas requerirá compromiso político, asignación de recursos y una gestión basada en evidencias.

No obstante, los beneficios esperados –reducción de la incidencia de la violencia, mayor empoderamiento de las mujeres, comunidades más seguras y justas– justifican sobradamente la prioridad que debe otorgarse a estas acciones. Únicamente a través de estrategias integrales, continuas y coordinadas podrá superarse la distancia entre la consagración normativa de derechos y su materialización efectiva en la vida cotidiana de las mujeres.

### 10.3.5 VIOLENCIA DE GÉNERO Y GRUPOS ÉTNICO-RACIALES MINORITARIOS

a) *Profundizar en el análisis de cómo interactúan el racismo, la pobreza y el sexismo en la vivencia de la violencia por parte de mujeres afrodescendientes, indígenas y de otras minorías*

Si bien esta tesis resaltó la situación de las mujeres afrocolombianas y afroperuanas, se requiere investigación específica (empírica y doctrinal) que cuantifique y visibilice estas intersecciones en distintos países. Estudios socio-jurídicos que recojan las voces de las mujeres afro e indígenas sobrevivientes, que evalúen las barreras de acceso a justicia que encuentran y que propongan modelos de justicia intercultural serían de enorme valor.

Asimismo, sería pertinente comparar las experiencias en América Latina con las de poblaciones afrodescendientes en otras regiones (por ejemplo, la población afrodescendiente en Estados Unidos o Europa) para identificar patrones globales de violencia interseccional y buenas prácticas de atención a estas comunidades.

## 10.4 Líneas futuras de investigación

Los resultados de esta tesis abren múltiples interrogantes y áreas que merecen ser exploradas en profundidad mediante futuros trabajos académicos, de índole jurídicos y socio-jurídicos. Dado que la violencia de género es un fenómeno dinámico y complejo, el conocimiento en la materia debe continuar en proceso de expansión y actualización. A continuación, se proponen algunas líneas de investigación futura que surgen a partir de las limitaciones y hallazgos del presente estudio, con especial atención a grupos étnico-raciales y otros enfoques emergentes.

### 10.4.1 Evaluación de la efectividad de las reformas y políticas implementadas

A medida que los países introducen nuevos instrumentos (leyes, protocolos, planes), es importante investigar su impacto real. Por ejemplo, estudios longitudinales que midan si la creación de juzgados especializados reduce los tiempos de resolución de casos y mejora la satisfacción de las víctimas, o si la capacitación obligatoria (como la Ley Micaela) se traduce en sentencias con menos estereotipos.

En México, sería valioso investigar la efectividad de las Alertas de Violencia de Género en la disminución de feminicidios en los estados donde se han declarado. En España, analizar el efecto de las recientes reformas integrales sobre violencia sexual (Ley "solo sí es sí") en la denuncia y en la percepción social.

Este tipo de exploraciones, preferiblemente con metodología mixta (cuantitativa –estadísticas pre/post– y cualitativa –entrevistas a actores–), aportarían evidencia sobre qué medidas legales o institucionales están funcionamiento y cuáles necesitarían un eventual replanteamiento.

### 10.4.2 Acceso a la justicia y reformas procesales innovadoras

Explorar mecanismos alternativos o complementarios al proceso penal tradicional para mejorar el acceso a la justicia de las mujeres. Por ejemplo, investigaciones sobre justicia restaurativa en casos de violencia de género: ¿es posible, en determinados supuestos y respetando la voluntad de la víctima, aplicar círculos restaurativos o mediación victimario-víctima sin poner en riesgo a la mujer?

Algunas experiencias piloto en Canadá o España han sido documentadas, pero falta desarrollo teórico y análisis crítico en el contexto latinoamericano. Igualmente, analizar el rol de la justicia comunitaria o indígena en la resolución de casos de violencia en comunidades rurales: ¿pueden los sistemas jurídicos consuetudinarios ofrecer respuestas más ágiles o culturalmente pertinentes, y cómo coordinarlos con el sistema oficial para garantizar estándares de derechos humanos? Este campo de investigación conectaría el derecho penal con la antropología jurídica y la sociología.

### 10.4.3 Violencia de género y nuevas tecnologías

Dado el auge de las tecnologías de la información, urge investigar la realidad de la violencia digital (ciberacoso, amenazas en redes, difusión de imágenes íntimas sin consentimiento, etc.) y la respuesta legal adecuada. ¿Las leyes actuales cubren estos nuevos modos de violencia? ¿Qué tan efectivas son las unidades de ciberdelitos para perseguir estos casos? También, estudiar el uso de tecnología en la protección de víctimas: evaluaciones sobre la implementación de aplicaciones de denuncia anónima, uso de *Big Data* para identificar patrones de violencia, o sistemas de alerta temprana basados en inteligencia artificial. Esta línea de investigación es eminentemente interdisciplinaria, puesto que abarca el derecho, la informática, la ética y la criminología, a la par que resulta cada vez más necesaria para adelantarse a formas emergentes de agresión machista.

### 10.4.4 Análisis económico y de políticas sociales en la prevención de la violencia

Otra línea relevante es investigar la conexión entre las condiciones socioeconómicas y la violencia de género, así como el costo económico de esta violencia en la sociedad. Estudios de *Law & Economics* o de economía feminista podrían cuantificar, por ejemplo, el impacto de la violencia en el PIB (días de trabajo perdidos, gastos médicos, etc.) o simular cómo ciertas intervenciones (como programas de transferencia condicionada de ingresos a mujeres, guarderías gratuitas, etc.) podrían reducir la dependencia económica que muchas veces ata a las víctimas a sus agresores. Brindarían argumentos adicionales, desde la perspectiva económica, para invertir en la erradicación de la violencia de género como una cuestión de derechos humanos y de desarrollo sostenible.

### 10.4.6 Evaluación comparativa internacional y regional

Ampliar el espectro comparado más allá de los países estudiados, que incluya otras regiones, podría arrojar lecciones valiosas. Por ejemplo, investigar la experiencia de países escandinavos que tienen bajas tasas de violencia de pareja, o de países con sistemas jurídicos distintos (Asia, África) para ver qué enfoques alternativos existen. En el ámbito regional, realizar comparativas entre las naciones latinoamericanas en cuanto a implementación de la Convención de Belém do Pará: ¿qué factores explican que algunos hayan logrado mayores reducciones en violencia que otros? Este análisis comparado más amplio fortalecería las recomendaciones de política mediante evidencia de diferentes contextos.

La agenda de investigación sobre violencia de género se mantiene amplia y urgente. Los ámbitos propuestos –interseccionalidad étnica, evaluación de políticas, justicia restaurativa, violencia digital, análisis económico y comparado– son apenas algunos de los muchos que requieren atención académica y estatal. Cada nueva investigación debe orientarse a cerrar vacíos de conocimiento que actualmente obstaculizan una respuesta más eficaz. Por ejemplo, entender mejor las necesidades de las mujeres afrodescendientes permitirá diseñar políticas más inclusivas; conocer el impacto real de una ley permitirá optimizarla; anticipar los desafíos tecnológicos ayudará a adecuar el marco jurídico a los tiempos actuales.

La violencia de género, en tanto suceso social en evolución, demanda un aprendizaje continuo y una adaptación constante de las estrategias legales y sociales. Por ello, esta tesis invita a la comunidad académica y a los tomadores de decisión a profundizar en estas líneas de investigación, con el firme propósito de que el conocimiento generado se traduzca en cambios normativos, institucionales y culturales que, finalmente, logren garantizar a todas las mujeres una vida libre de violencia y discriminación, tal como lo exigen la justicia y la dignidad humanas.

# BIBLIOGRAFÍA


ACNUR. 2024. *Refugiadas y violencia de género: Informe regional para América Latina.*

Agencia Nacional de Defensa Jurídica del Estado. 2023. *Informe sobre litigio estratégico con enfoque de género.* Bogotá

Aguilar, M., and L. S. Lezcano. 2017. *Feminicidio: Una aproximación al contexto legal y social.* Medellín: Universidad de San Buenaventura, Facultad de Derecho.

Alcaldía de Bucaramanga. 2024. "Experiencias en control social y calidad de la atención," p. 18.

Alcaldía de Medellín. 2024. "Impacto de las veedurías ciudadanas en la atención de violencia de género," p. 30.

Alfaro Moreno, T. 2023. *15 años de una política pública federal transformadora: Acceso a la justicia 2008-2023.* Buenos Aires: Ediciones SAIJ.

Alfaro, P. 2023. *Transformaciones en el Ministerio de Justicia y Derechos Humanos: El papel de los Centros de Acceso a la Justicia.* Buenos Aires: Ministerio de Justicia y Derechos Humanos.

Álvarez, C. 2020. "Evaluación crítica de VioGén: desafíos y límites." Universidad Autónoma de Madrid.

Amnistía Internacional. 2021. *La brecha entre derechos y realidad: Violencia de género y obstáculos para la justicia en Argentina.* Buenos Aires: Amnistía Internacional Argentina.

Amnistía Internacional. 2023. *Derechos de las mujeres y acceso a justicia en América Latina: Informe regional,* p. 34.

Angarita Feo, J. 2018. "Colombia: País donde abundan las leyes y escasea la legalidad." Razón Crítica.

Angwin, Julia, Jeff Larson, Surya Mattu, y Lauren_Kirchner. 2016. "Machine Bias." *ProPublica.*

Arias López, Beatriz. 2018. "Feminización de la violencia y narcotráfico en Medellín." *Universitas Humanística* 85: 167–190.

Aristóteles. 2016. *Ética a Nicómaco.* Bogotá: Imprenta Nacional.

Asamblea General de las Naciones Unidas. 1948. "Declaración Universal de los Derechos Humanos." Resolución 217 A (III), 10 de diciembre de 1948.

Asamblea General de las Naciones Unidas. 1979. "Convención sobre la Eliminación de Todas las Formas de Discriminación contra la Mujer (CEDAW)." Resolución 34/180, 18 de diciembre de 1979.

Asamblea General de las Naciones Unidas. 1993. "Declaración sobre la Eliminación de la Violencia contra la Mujer." Resolución 48/104, 20 de diciembre de 1993.

Asociación Amanecer de Mujeres por Arauca. 2024. "Prácticas de resistencia y redes de apoyo," p. 12.

Asociación Amanecer de Mujeres por Arauca. 2024. "Testimonios y desafíos del liderazgo femenino en Arauca," p. 8.

Asociación de Mujeres del Caribe. 2023. *Testimonios y resistencias: voces de mujeres afrodescendientes.*

Asociación Evas y Adanes. 2021. "Memorias del activismo feminista en La Guajira," pp. 9–11; 14.

Asociación para el Progreso de las Comunicaciones (APC). 2022. *Violencias digitales: herramientas para la acción.* Informe de la Asociación para el Progreso de las Comunicaciones, 2022.

Ballesteros, Jorge, y Verónica Arroyo. 2021. *La inteligencia artificial en América Latina: oportunidades, riesgos y propuestas para una regulación democrática.* Fundación Karisma. https://web.karisma.org.co/wp-content/uploads/2021/12/IA-Latam-FINAL.pdf

Baratta, A. 1986. *Criminología crítica y crítica del derecho penal.* México, D.F.: Siglo XXI Editores.

Bejarano, A. M. 2002. *Mujeres y participación política en Colombia.* Bogotá: Universidad de los Andes.

Bermúdez, S. 2023. "IA, justicia y discriminación algorítmica." *Revista Derecho y Sociedad* 15(2): 35–60.

Blondet, Cecilia. 2015. "Las trampas de la ley: límites institucionales en la lucha contra la violencia de género en el Perú." *Revista Peruana de Ciencias Sociales* 20(1): 113–134.

Bobbio, Norberto. 1997. *Teoría general del derecho.* Madrid: Editorial Trotta.

Bonino, Luis. 2003. *La cultura de la violencia.* Barcelona: Paidós.

Borrillo, D. 2012. *Homofobia: historia y crítica de un prejuicio.* Madrid: Bellaterra.

Bourdieu, Pierre. 1998. *La domination masculine.* París: Éditions du Seuil, colección Liber. 142 páginas. ISBN□978-2-02-035251-2

Bourdieu, Pierre. 2001. *Masculine Domination,* traducido por Richard Nice. Stanford, CA: Stanford University Press. 133–144 páginas. ISBN□978-0-8047-3818-7

Breceda Pérez, José A. 2024. *La dignidad humana frente a la inteligencia artificial: un análisis ético y normativo en América Latina.* Instituto de Ciencias Sociales y Administración, UACJ. https://cathi.uacj.mx/handle/20.500.11961/29652

Burrell, Jenna. 2016. "How the Machine 'Thinks': Understanding Opacity in Machine Learning Algorithms." *Big Data & Society* 3(1).

Butler, Judith. 1990. *Gender Trouble: Feminism and the Subversion of Identity.* New York: Routledge.

Cabildo Mayor Emberá. 2024. "Barreras de idioma y acceso a la justicia," p. 3.

Cabildo Mayor Emberá. 2024. "Cosmovisión y sanación colectiva frente a la violencia de género," p. 10.

Cabildo Mayor Emberá. 2024. "Prácticas de resolución de conflictos y violencia de género," p. 7.

Calvo González, G., and R. Camacho Bejarano. 2014. "La violencia de género: Evolución, impacto y claves para su abordaje." Enfermería Global, no. 33.

Camargo Rodríguez, J. A., and C. A. Blanco Botero. 2012. *Comunicación, memoria y resiliencia.* Bogotá: Universidad Sergio Arboleda.

Cañón Ortegón, L. 2017. "La solidaridad como fundamento del Estado social de derecho, de la seguridad social y la protección social en Colombia." Páginas de Seguridad Social 1, no. 1.

Caracol Radio. 2021. "Boyacá reporta alta incidencia de abuso sexual infantil," 17 de septiembre.

Casa de la Mujer. 2024. "Boletín de Feminicidios en Colombia." Bogotá: julio.

Casa de la Mujer. 2024. "Feminicidios y violencia estructural," p. 19.

Casa de la Mujer. 2024. Informe especial sobre violencia de pareja. Bogotá.

Castaño, Camilo. 2023. "Marginalidad y territorio en la Amazonía colombiana." *Estudios Amazónicos* 5(2): 40–62.

CEDAW. 1979. *Convención sobre la Eliminación de Todas las Formas de Discriminación contra la Mujer.* Naciones Unidas.

Comité para la Eliminación de la Discriminación contra la Mujer (CEDAW). 2017. *General Recommendation No. 35 on gender-based violence against women, updating General Recommendation No. 19 (CEDAW/C/GC/35),*

Comisión Económica para América Latina y el Caribe (CEPAL). 2020. *Violencia contra las mujeres en América Latina y el Caribe: Análisis regional con enfoque en zonas rurales e indígenas.* Santiago: CEPAL.

Comisión Económica para América Latina y el Caribe (CEPAL). 2022. *Políticas públicas para la igualdad de género en América Latina.* Santiago: CEPAL, pp. 19, 26.

Comisión Económica para América Latina y el Caribe (CEPAL). 2023. *Innovación tecnológica y brechas de género en América Latina.* Santiago: CEPAL.

Comisión Económica para América Latina y el Caribe (CEPAL). 2023. *Violencia de género y justicia digital en América Latina: desafíos y oportunidades.* Santiago: CEPAL.

Comisión Económica para América Latina y el Caribe (CEPAL). 2024. *Brecha digital en zonas rurales de América Latina.* Santiago: CEPAL.

Comisión Económica para América Latina y el Caribe (CEPAL). 2024. *Cooperación internacional y financiamiento para la erradicación de la violencia de género,* Santiago: CEPAL, p. 36.

Comisión Económica para América Latina y el Caribe (CEPAL). 2024. *Observatorio de Igualdad de Género de América Latina y el Caribe.* Santiago: CEPAL. repositorio.cepal.org+8lac.unwomen.org+8cepal.org+8

Comisión Económica para América Latina y el Caribe (CEPAL). 2024. *Panorama Social de América Latina 2023–2024*. Santiago: CEPAL. cepal.orgrepositorio.cepal.org

Cepeda Espinosa, Manuel J. 2019. *Justicia, cultura y violencia*. Bogotá: Legis.

Cepeda, Iván. 2022. "Pueblos indígenas y sistemas normativos propios: desafíos de género en La Guajira." *Revista Colombia Diversa*, pp. 53–55.

Charlesworth, Hilary, y Christine Chinkin. 2000. *The Boundaries of International Law: A Feminist Analysis*. Manchester: Manchester University Press, 414 pp. ISBN 978-0-7190-3739-9.

Chaverra Mena, Yackson Eustaquio. 2024. "Factores de riesgo diferenciales en la violencia de género en el Pacífico colombiano."

Chaverra Mena, Yackson Eustaquio. 2024. "Retos de la IA en justicia penal de género en el Pacífico colombiano."

Chaverra Mena, Yackson Eustaquio. 2025. "Innovación tecnológica y justicia de género en el Chocó."

Chaverra Mena, Yackson Eustaquio. 2025. *Violencia de género y eficacia jurídica en Colombia*. Lima: Universidad de San Martín de Porres.

Citron, Danielle K. 2014. *Hate Crimes in Cyberspace*. Cambridge, MA: Harvard University Press.

COICA (Coordinadora de las Organizaciones Indígenas de la Cuenca Amazónica). 2023. "Participación política de la mujer indígena en la Amazonía." En *Comunicado* (6 de febrero de 2023).

Collins, Patricia Hill. 2000. *Black Feminist Thought: Knowledge, Consciousness, and the Politics of Empowerment.*, 2.ª ed. New York: Routledge.

Congreso de Colombia. 1991. *Constitución Política de la República de Colombia.*

Congreso de Colombia. 2008. *Ley 1257: Normas de sensibilización, prevención y sanción de formas de violencia y discriminación contra las mujeres*. Diario Oficial n.º 47.147.

Colombia. 2014. *Ley 1719: Medidas de protección a víctimas de violencia sexual en el conflicto armado.* Diario Oficial n.º 49.140.

Colombia. 2015. *Ley 1761: Tipificación del feminicidio como delito autónomo.* Diario Oficial n.º 49.434.

Colombia. 2021. *Ley 2126: Promoción de la articulación interinstitucional en políticas de género.* Diario Oficial n.º 51.756.

Colombia. 2022. *Ley 2215: Garantía del derecho a la igualdad de trato para las mujeres.* Diario Oficial n.º 52.017.

Colombia. 2024. *Ley 2365: Medidas de prevención y atención a las víctimas de acoso sexual laboral.* Diario Oficial n.º 52.891.

Colombia. 2000. *Ley 599: Código Penal.* Bogotá: Congreso de la República.

Comisaría de Familia de Quibdó. 2023. "Estadísticas de atención a violencia intrafamiliar." *Informe institucional,* p. 2.

Comisión Colombiana de Juristas. 2023. *Justicia y género: análisis jurisprudencial comparado.*

Comisión Económica para América Latina y el Caribe (CEPAL). 2023. *Estrategias innovadoras de atención a víctimas rurales en Colombia,* pp. 90–101.

Comisión Económica para América Latina y el Caribe (CEPAL). 2023. "Al menos 11 mujeres son víctimas de femicidio cada día." *Comunicado de prensa*, 25 de noviembre de 2023 iadb.org.

Comisión Interamericana de Derechos Humanos (CIDH). 2023. *Acceso a la justicia para mujeres víctimas de violencia en las Américas.*

Comisión Nacional de Género (Colombia). 2021. *Informe anual sobre equidad de género en la justicia.* Bogotá: Comisión Nacional de Género.

Consejería para la Equidad de la Mujer. 2023. "Evolución institucional en Boyacá y Santander," p. 17.

Consejería Presidencial para la Equidad de la Mujer. 2023. *Política pública nacional de equidad de género.*

Consejo Comunitario General del San Juan. 2024. "Participación política de la mujer afro," p. 4.

Consejo de Estado (Colombia). 2018. *Acción de tutela contra providencia judicial.* Radicación n.º 11001-03-15-000-2017-03131-01 (M. P. Lucy Jeannette Bermúdez Bermúdez).

Consejo de Europa. 2011. "Convenio de Estambul sobre la prevención y lucha contra la violencia contra las mujeres y la violencia doméstica." 11 de mayo de 2011.

Constitución Política de Colombia. Arts. 1, 2, 13, 42 y 43.

Corporación Sisma Mujer. 2022. *Día Internacional de la Mujer 2022: Violencias contra las mujeres y participación en el mercado laboral.* Bogotá: Unión Europea.

Correa Flórez, M. C. 2018. "La violencia contra las mujeres en la legislación penal colombiana." *Nuevo Foro Penal* 90.

Corte Constitucional de Colombia. 1995. *Sentencia C-029.*

Corte Constitucional de Colombia. 2006. *Sentencia C-355.*

Corte Constitucional de Colombia. 2008. *Auto 092.*

Corte Constitucional de Colombia. 2014. *Sentencia T-878.*

Corte Constitucional de Colombia. 2016. *Sentencia T-291.*

Corte Constitucional de Colombia. 2018. *Sentencia T-095.*

Corte Constitucional de Colombia. 2020. *Sentencia C-396.*

Corte Constitucional de Colombia. 2021. *Sentencia C-349*

Corte Constitucional de Colombia. 2022. *Sentencia T-198.*

Corte Constitucional de Colombia. 2023. *Sentencia T-417.*

Corte Constitucional de Colombia. 2024. *Sentencia T-459.*

Corte Interamericana de Derechos Humanos. 2009. *Caso González y otras ("Campo Algodonero") vs. México. Sentencia del 16 de noviembre de 2009.*

Corte Interamericana de Derechos Humanos. 2014. *Caso Espinoza Gonzáles vs. Perú. Sentencia del 20 de noviembre de 2014.*

Corte Interamericana de Derechos Humanos. 2019. *Caso Artavia Murillo y otros (Fecundación in vitro) vs. Costa Rica. Sentencia del 28 de noviembre de 2019.*

Corte Interamericana de Derechos Humanos. 2021. *Caso Guzmán Albarracín vs. Ecuador. Fondo, Reparaciones y Costas. Sentencia de 24 de junio de 2021.*

Crenshaw, Kimberlé. 1991. "Mapping the Margins: Intersectionality, Identity Politics, and Violence against Women of Color." *Stanford Law Review* 43, no. 6: 1241–1299.

Da Silva, A., A. García Manso, y G. Sousa da Silva Barbosa. 2018. "Una revisión histórica de las violencias contra mujeres." *Revista Direito e Praxis.*

DANE. 2022. *Encuesta Nacional de Uso del Tiempo.* Bogotá.

DANE. 2023. *Indicadores de violencia de género en Colombia.*

DANE. 2024. *Estadísticas por departamento: violencia basada en género.*

De Sousa Santos, Boaventura. 2002. *El derecho de los oprimidos.* Bogotá: ILSA.

De Sousa Santos, Boaventura. 2009. *Sociología jurídica crítica.* Madrid: Trotta.

Defensoría del Pueblo de Perú. 2022. *Reporte Igualdad y No Violencia No. 31 (agosto 2022). "Qué pasó con ellas: desapariciones femeninas y feminicidios en Perú, agosto 2022."* Lima: Defensoría del Pueblo.

Defensoría del Pueblo. 2022. *Informe sobre violencia contra la mujer en territorios étnicos.*

Defensoría del Pueblo. 2023. *Alerta temprana sobre violencia de género en el Bajo Cauca antioqueño.*

Defensoría del Pueblo. 2024. *Informe especial: mujeres en situación de riesgo en zonas de conflicto armado.*

Díaz Leante, Elena B. 2020. *La eficacia como figura central en la creación de normas jurídicas.* Madrid: Universidad Pontificia Comillas.

Díaz, Andrés. 2021. "La violencia de género en adolescentes en España: Un estudio empírico." *Revista de Estudios de Juventud* 123: 271–280.

Díaz, Iris R. 2019. *Centros de acceso a la justicia en América Latina: Un modelo de intervención integral.* México, D.F.: Editorial Jurídica Internacional.

Díaz, R. 2019. *Clasificación jurídica de los feminicidios en Argentina: retos y desafíos.* Buenos Aires: Universidad de Buenos Aires.

Díaz, R. 2021. "Crítica a la tipificación del feminicidio en América Latina." *Revista Latinoamericana de Derecho Penal* 13(2): 221–243.

Dworkin, Ronald. 1986. *Law's Empire.* Cambridge, MA: Harvard University Press.

Dworkin, Ronald. 1989. *Los derechos en serio.* 2ª ed. Barcelona: Editorial Ariel S.A.

ECLAC (Economic Commission for Latin America and the Caribbean). 2022. *Gender Equality Observatory for Latin America and the Caribbean. Annual Report.* Santiago: ECLAC.
Disponible en: https://oig.cepal.org/en/annual-report (consultado el 31 de julio de 2025).

ECLAC/CEPAL. 2024. *Boletín estadístico sobre género y tecnologías en América Latina.* Santiago: CEPAL.

El Espectador. 2024. "Violencia digital contra mujeres lideresas." Edición del 12 de abril.

El Tiempo. 2023. "Fiscalía investiga subregistro en casos de violencia de género." 10 de abril.

El Tiempo. 2024. "Violencia de género y acceso desigual a internet." 25 de enero.

Escobar, Arturo. 2015. *Sentipensar con la tierra: Nuevas lecturas sobre desarrollo, territorio y diferencia.* Bogotá: Universidad del Cauca.

Espitia, Marcela. 2022. "Violencia de género en territorios rurales: un enfoque diferencial." *Revista Justicia y Sociedad* 14(1): 87–104.

Facio Montejo, Alda. 2001. *Declaración Universal de Derechos Humanos: textos y comentarios inusuales.* San José, Costa Rica: ILANUD, Programa Mujer, Justicia y Género. 500□p. ISBN□9977-25-124-X.

Falcón, Sylvanna. 2016. *Power Interrupted: Antiracist and Feminist Activism inside the United Nations.* Seattle: University of Washington Press.

Felipe, Fernando. 1999. *Sociología del derecho: El orden jurídico y sus condicionantes sociales.* Bogotá: Editorial Universidad.

Feminicidio.net. 2023. "Mapa de feminicidios en América Latina." https://feminicidio.net (consultado el 31 de julio de 2025).

Ferrajoli, Luigi. 2011. *Principia Iuris: Teoría del derecho y de la democracia.* Madrid: Trotta.

Fondo de las Naciones Unidas para la Infancia (UNICEF). 2014. *10 derechos fundamentales de los niños, niñas y adolescentes.* New York: UNICEF.

Fondo de las Naciones Unidas para la Infancia (UNICEF). 2020. *Poner fin a la violencia: Proteger a los niños, niñas y adolescentes de la violencia, la explotación y el abuso.* New York: UNICEF.

Fórum Brasileiro de Segurança Pública. 2021. *Anuário Brasileiro de Segurança Pública.* São Paulo: Fórum Brasileiro de Segurança Pública.

Foucault, Michel. 1975. *Vigilar y castigar: nacimiento de la prisión.* Madrid: Siglo XXI Editores.

Foucault, Michel. 2006. *Seguridad, territorio y población.* Buenos Aires: Fondo de Cultura Económica.

Foucault, Michel. 2007. *Nacimiento de la biopolítica.* Buenos Aires: Fondo de Cultura Económica.

Fraser, Nancy. 1997. *Justice Interruptus: Critical Reflections on the "Postsocialist" Condition.* New York: Routledge.

Fraser, Nancy. 2009. *Scales of Justice: Reimagining Political Space in a Globalizing World.* New York: Columbia University Press.

Fuller, Lon L. 1969. *The Morality of Law.* Rev. ed. New Haven: Yale University Press.

Fundación Karisma. 2022. *Vigiladas: mujeres, datos y algoritmos.* Bogotá. https://karisma.org.co (consultado el 31 de julio de 2025).

Fundación Karisma. 2023. "Discriminación algorítmica y violencia simbólica en redes." *Boletín 15.*

Fundación WWB Colombia. 2023. *Estudio sobre autonomía económica femenina en zonas rurales.*

Fundación WWB Colombia. 2024. "Mujeres emprendedoras y violencia de pareja: desafíos estructurales."

Galeano, Eduardo. 1998. *Patas arriba: La escuela del mundo al revés.* Bogotá: Tercer Mundo Editores.

Gamboa, Isabel. 2023. "Entre el miedo y la justicia: relatos de mujeres víctimas de violencia en el Amazonas." *Revista Jurídica de la Amazonía* 7(1): 51–76.

García Hernández, Renán J., Verónica García Martínez, y Verónica De la Cruz Villegas. 2020. "Reflexiones acerca de la violencia de género en México y la educación como estrategia de cambio." *Revista Perspectivas Docentes.*

García Villegas, Mauricio. 2016. *La eficacia simbólica del derecho: Sociología política del campo jurídico en América Latina.* Bogotá: Penguin Random House.

García Villegas, Mauricio. 2017. *Normas de papel.* Bogotá: Dejusticia.

García, Ana. 2020. *Educación y perspectiva de género: Claves para una sociedad equitativa.* México, D.F.: Universidad Nacional Autónoma de México.

García, Lorena. 2021. "Implicaciones éticas de la inteligencia artificial en el derecho penal." *Revista Colombiana de Derecho y Sociedad* 11(2): 143–166.

Gómez López, Catalina, Rodrigo Murad, y María C. Calderón. 2013. *Historia de violencia, roles, prácticas y discursos legitimadores: Violencia contra las mujeres en Colombia 2000–2010.* Bogotá: Ministerio de Salud y Protección Social.

Gómez, Camila. 2023. "Acceso a justicia digital en municipios de tercera y cuarta categoría." Observatorio Judicial Rural, Universidad de los Andes.

González, Fernando. 2022. *El derecho a no obedecer.* Medellín: Corporación Otra Parte, Editorial Eafit.

González, Juan Carlos. 2022. "Feminismos interseccionales en contextos rurales." *Estudios Feministas* 30(2): 113–135.

González, Juan Carlos. 2023. *Pueblos indígenas y justicia propia.* Bogotá: Ediciones Uniandes.

González, M. 2023. "Justicia con perspectiva de género en Colombia: avances y desafíos." *Revista Nueva Justicia* 9(1): 15–39.

González, Marta Lucía. 2020. "Prácticas judiciales y revictimización en casos de violencia de género." *Análisis Jurídico Contemporáneo* 8(3): 245–269.

Gramsci, Antonio. 1971. *Selections from the Prison Notebooks.* New York: International Publishers.

Grupo de Género de la Fiscalía General de la Nación. 2023. *Informe sobre investigaciones por violencia basada en género.*

Grupo de Género de la Fiscalía General de la Nación. 2024. "Boletín especial sobre feminicidios en departamentos de frontera."

Haraway, Donna. 1991. *Simians, Cyborgs, and Women: The Reinvention of Nature.* New York: Routledge.

Hernández Sampieri, Roberto, Carlos Fernández Collado, y Pilar Baptista Lucio. 2014. *Metodología de la investigación.* 6ª ed. México, D.F.: McGraw-Hill.

Hernández, Mariana. 2023. "Jueces automatizados: ¿una solución a la mora judicial o un riesgo para los derechos fundamentales?" *Revista Derecho y Tecnología* 5(1): 88–107.

Hernández, Mariana. 2024. "Toma de decisiones judiciales asistidas por IA en casos de género." *Revista Derecho Penal y Criminología* 34(2): 99–123.

Hobbes, Thomas. 2007. *El Leviatán.* México, D.F.: Instituto Nacional de Estudios Políticos (reimpresión).

Hooks, bell. 1984. *Feminist Theory: From Margin to Center.* Boston: South End Press.

Hooks, bell. 2000. *Feminism Is for Everybody: Passionate Politics.* Boston: South End Press.

Hooks, bell. 2004. *The Will to Change: Men, Masculinity, and Love.* New York: Washington Square Press.

Human Rights Watch. 2023. *Retrocesos en la garantía de derechos para mujeres rurales. Informe Anual.*

Human Rights Watch. 2024. "Violencia digital contra defensoras de derechos humanos en Colombia."

Instituto Nacional de Medicina Legal y Ciencias Forenses (INMLCF). 2023. *Forensis 2022: Datos para la vida.* Bogotá: Instituto Nacional de Medicina Legal y Ciencias Forenses.

Instituto Nacional de Medicina Legal y Ciencias Forenses (INMLCF). 2024. *Forensis 2023: Informe nacional de violencia en Colombia.* Bogotá: Instituto Nacional de Medicina Legal y Ciencias Forenses.

Instituto Amazónico de Investigaciones Científicas (SINCHI). 2023. "Indicadores de género en municipios amazónicos."

Instituto Colombiano de Bienestar Familiar. 2023. "Diagnóstico sobre maltrato infantil y violencia de género en zonas rurales."

Instituto de Estudios Regionales (INER). 2023. "Cuerpos, territorios y resistencias." Universidad de Antioquia.

Instituto Nacional de Estadística (INE). 2023. *Estadística de Violencia Doméstica y Violencia de Género, Año 2022.* Madrid: INE.

Instituto Nacional de Estadística y Censos (INEC) Ecuador. 2023. *Encuesta nacional sobre violencia de género en contra de las mujeres.*

Instituto Nacional de Estadística y Geografía (INEGI). 2022. *Estadísticas de feminicidios en México.* México, D.F.: INEGI.

Instituto Nacional de Estadística y Geografía (INEGI). 2023. "Estadísticas a propósito del día internacional de la eliminación de la violencia contra la mujer." Comunicado de Prensa No. 706. México, D.F.: INEGI.

Instituto Nacional de Medicina Legal y Ciencias Forenses. 2023. *Boletín estadístico mensual: Enero 2023.* Bogotá: Grupo Centro de Referencia Nacional sobre Violencia (GCERN).

Instituto Nacional de Medicina Legal y Ciencias Forenses. 2024. *Informe anual 2024.* Bogotá: Instituto Nacional de Medicina Legal y Ciencias Forenses.

Instituto Nacional de Salud. 2019. *Informe de evento: Violencia de género e intrafamiliar, Colombia, 2018.* Bogotá: Instituto Nacional de Salud.

Instituto Nacional de Salud. 2023. *Informe de evento: Primer semestre violencia de género e intrafamiliar y ataques con agentes químicos.* Bogotá: Instituto Nacional de Salud.

Instituto Nacional de Rehabilitación (INR). 2024. *Informe nacional sobre prácticas restaurativas en violencia de género.* Bogotá: Instituto Nacional de Rehabilitación.

Inteligencia Artificial y Sociedad. 2023. "Seminario internacional sobre IA y Derechos Humanos en América Latina." *Memorias académicas.*

International Center for Transitional Justice (ICTJ). 2022. *Acceso a la justicia y reparación integral en Colombia: Enfoque de género.*

Jaramillo, Isabel. 2019. *Derecho y género.* Bogotá: Universidad de los Andes.

Jaramillo, Isabel. 2023. "Justicia patriarcal y resistencias jurídicas." *Anuario de Derecho Crítico* 6: 55–78.

Jurado, Lina María. 2024. "Testimonios como herramienta de justicia restaurativa." *Revista de Derecho Penal y Criminología* 35(1): 137–162.

Kelsen, Hans. 2009. *Teoría pura del derecho.* 4.ª ed., 9.º reimp. Buenos Aires: Editorial Eudeba.

Lagarde y de los Ríos, Marcela. 1996. *Género y feminismo: desarrollo humano y democracia.* Madrid: Horas y Horas. Primera edición, 244 p. ISBN 978-84-87715-60-5.

Lara, Catalina. 2023. "Violencia institucional contra mujeres indígenas en procesos judiciales." *Revista Justicia Plural* 11(2): 105–130.

Lemaitre Ripoll, Julieta, y Esteban Restrepo-Saldarriaga, eds. 2019. "Thinking about Law and Violence in the Colombian Post-Conflict." *Revista de Estudios Sociales* 67 (enero–marzo 2019).

Lemaitre Ripoll, Julieta. 2019. *El Estado siempre llega tarde: La reconstrucción de la vida cotidiana después de la guerra.* Bogotá: Universidad de los Andes.

León, Angélica. 2024. "Desigualdades estructurales y algoritmos de riesgo penal." *Revista Latinoamericana de Derecho Digital* 2(1): 91–115.

López de Lizaga, José Luis. 2008. "La ética del discurso y el concepto kantiano de deberes hacia uno mismo." Proyecto de Investigación Pensamiento Complejo y Educación para la Ciudadanía, Universidad de Zaragoza.

López Medina, Diego Eduardo. 2010. *El derecho de los jueces.* Bogotá: Legis.

López, Juliana. 2022. "Aproximaciones feministas a la violencia estructural en Colombia." *Revista de Estudios de Género La Manzana de la Discordia* 17(1): 75–97.

MacKinnon, Catharine. 1989. *Toward a Feminist Theory of the State.* Cambridge, MA: Harvard University Press.

Maldonado, Carlos. 2021. *Ética de la inteligencia artificial.* Bogotá: Ediciones Unisabana.

Maldonado, Carlos. 2023. "Gobernanza algorítmica y riesgos para los derechos fundamentales." *Revista Digital de Derecho Público* 7(1): 55–78.

Marta, Lorena. 2023. "Experiencias comunitarias de justicia de género en el Vaupés." *Revista Amazonía Jurídica* 5(1): 81–102.

Medellín, Camilo. 2020. *La interpretatio iuris y los principios generales del derecho: Corte Constitucional, Consejo de Estado y Corte Suprema de Justicia 1991–2019*. Bogotá: Editorial Legis.

Mejía Hernández, Luis M., y Andrés J. Méndez Sánchez. 2020. *Eficacia del derecho*. México, D.F.: Universidad Nacional Autónoma de México.

Menéndez, Sofía. 2013. "Análisis de la evolución de la violencia de género en España." *Revista Española de Sociología* 20: 41–60.

Ministerio de Hacienda (Argentina). 2019. *Informe de casos acumulados de violencia de género 2013–2018: Base RUCVM*. Buenos Aires: Ministerio de Hacienda.

Ministerio de Igualdad de España. 2022. *Informe anual de feminicidios*. Madrid: Ministerio de Igualdad.

Ministerio de Justicia y del Derecho (Colombia). 2023. *Política pública de acceso a la justicia con enfoque diferencial*.

Ministerio de Justicia y Derechos Humanos (Argentina). 2019. *Guía de información sobre violencia de género: Conocé y ejercé tus derechos*. Buenos Aires: Presidencia de la Nación, Centro de Acceso a Justicia, Ediciones SAIJ.

Ministerio de las TIC (Colombia). 2023. *Diagnóstico de brecha digital por género y región*.

Ministerio de Salud (Colombia). 2019. *Violencias por razones de género: Análisis de la situación en Colombia*. Bogotá: Ministerio de Salud.

Ministerio Público (Colombia). 2023. *Informe especial sobre revictimización institucional en procesos judiciales*.

Ministerio Público (Colombia). 2024. *Informe de seguimiento a casos de feminicidio en zonas rurales y de frontera*.

Montero Palacios, Juan Pablo. 2014. "La dignidad humana en la jurisprudencia constitucional colombiana: Un estudio sobre su evolución conceptual." Bogotá: Universidad Católica de Colombia, Facultad de Derecho.

Mora, Clara. 2024. "Retos del debido proceso en procesos automatizados." *Derecho y Sociedad Digital* 3(1): 117–142.

Moreno, Gloria Amparo. 2022. "Feminismos negros y justicia epistémica." *Estudios Sociales Afrolatinoamericanos* 4(1): 44–67.

Movimiento de Mujeres del Chocó. 2024. "Memoria y dignidad: testimonios de mujeres afro víctimas de violencia." Quibdó.

Mujer Rural Colombia. 2023. *Diagnóstico participativo de violencias en el campo colombiano.*

Naciones Unidas. 2021. *Violencia contra la mujer: desafíos globales y respuestas estatales. Informe del Relator Especial.*

Naciones Unidas. 2023. *Justicia de género y digitalización: avances y retos en América Latina.*

Naciones Unidas. 2024. *Pobreza multidimensional y violencia estructural de género.*

National Crime Records Bureau (India). 2021. *Crime in India 2021*. New Delhi: National Crime Records Bureau.

Nussbaum, Martha C. 2000. *Women and Human Development: The Capabilities Approach.* Cambridge: Cambridge University Press.

Nussbaum, Martha C. 2006. *Frontiers of Justice: Disability, Nationality, Species Membership.* Cambridge, MA: Harvard University Press.

O'Neil, Cathy. 2016. *Weapons of Math Destruction: How Big Data Increases Inequality and Threatens Democracy*. New York: Crown.

Observatorio Colombiano de Feminicidios. 2024. *Informe 2024*. Bogotá.

Observatorio de Género de la Presidencia. 2023. *Informe anual sobre políticas públicas de género y equidad.*

Observatorio de Género de la Universidad Nacional de Colombia. 2020. [Referencia a completar; se sugiere identificar informe o boletín].

Observatorio de Justicia Digital. 2024. *Algoritmos, derechos y decisiones judiciales en Colombia.*

Observatorio del Pacífico Colombiano. 2023. *Violencias territoriales y resistencias afrodescendientes en el Chocó.*

Observatorio Internacional de Equidad Digital. 2024. "Brechas de género en el acceso a la justicia virtual."

Oficina de la Representante Especial del Secretario General sobre la Violencia contra los Niños. 2020. *Violencia contra niñas, niños y adolescentes en tiempos de COVID-19.* Santiago: CEPAL – UNICEF.

Oficina del Alto Comisionado de las Naciones Unidas para los Derechos Humanos. 1999. *Protocolo de Estambul: Manual para la investigación y documentación eficaz de la tortura y otros tratos crueles, inhumanos o degradantes.* Ginebra: Naciones Unidas.

Okin, Susan Moller. 1989. *Justice, Gender, and the Family.* New York: Basic Books.

ONU Mujeres Colombia. 2023. *Tecnologías digitales y derechos de las mujeres: oportunidades y desafíos.* Bogotá: ONU Mujeres. https://colombia.unwomen.org (consultado el 31 de julio de 2025).

ONU Mujeres. 2022. *Violencia contra mujeres en América Latina y el Caribe: análisis regional.*

Organización de Estados Americanos (OEA). 2023. *Guía para la implementación de políticas de justicia con perspectiva de género.*

Organización de las Naciones Unidas. 1995. "Declaración de Beijing y Plataforma de Acción." 15 de septiembre de 1995.

Organización de las Naciones Unidas. 2000. "Resolución 1325 del Consejo de Seguridad." 31 de octubre de 2000.

Organización de las Naciones Unidas. 2014. *Los derechos de la mujer son derechos humanos.* Ginebra: Oficina del Alto Comisionado para los Derechos Humanos.

Organización de las Naciones Unidas. 2021. *Informe sobre violencia de género en contextos de conflicto armado.* New York: Naciones Unidas.

Organización de los Estados Americanos. 1994. "Convención Interamericana para Prevenir, Sancionar y Erradicar la Violencia contra la Mujer (Convención de Belém do Pará)." 9 de junio de 1994.

Organización Mundial de la Salud. 2023. *Violencia contra la mujer: prevención y atención desde el sistema de salud.*

Orozco Pantaleón, Walter. 2008. "El machismo en México y su esencia." *Revista EntreVerAndo*, Universidad Veracruzana Intercultural.

Paz, Natalia. 2023. "Justicia indígena y sistemas de protección de mujeres en contextos de pluralismo jurídico." *Revista Derecho Plural* 4(2): 99–122.

Peña, Ana María. 2023. "Juzgar con enfoque de género: avances jurisprudenciales y resistencias institucionales." *Revista Colombiana de Derecho Procesal* 12(1): 63–86.

PNUD. 2023. *Indicadores de desarrollo humano con enfoque de género en Colombia.*

PNUD. 2024. *Justicia para todas: acceso efectivo y sin discriminación. Informe anual.*

ProPublica. Angwin, Julia, Jeff Larson, Surya Mattu y Lauren Kirchner. 2016. "Machine Bias." *ProPublica.* https://www.propublica.org/article/machine-bias-risk-assessments-in-criminal-sentencing (consultado el 31 de julio de 2025).

Ramírez, Sofía. 2023. "Algoritmos predictivos y perfilamiento penal en Colombia." *Revista Derecho y Tecnología* 6(1): 55–79.

Red Nacional de Mujeres. 2023. *Cartografía de la violencia contra las mujeres por regiones.*

Red Nacional de Mujeres. 2024. "Barreras institucionales en el acceso a la justicia para mujeres víctimas."

Restrepo, Mariana. 2023. "Subregistro de la violencia basada en género en Colombia: causas y consecuencias." *Revista Criminalidad* 65(2): 141–169.

Rico, Nieves. 1996. *Violencia de género: Un problema de derechos humanos.* Santiago: Comisión Económica para América Latina y el Caribe (CEPAL), Serie Mujer y Desarrollo, no. 16.

Rodríguez Garavito, César. 2022. "Justicia algorítmica y derechos humanos: propuestas desde América Latina." *Derecho y Sociedad Global* 9(2): 101–126.

Rodríguez Sánchez, José M. 2013. "Tolerancia, valor fundamental para reconocer los derechos humanos." *Revista Magazine* 6, no. 67.

Rodríguez, Gabriela. 2023. *Cuerpos violentados: Género, conflicto y justicia.* Bogotá: Ediciones UExternado.

Rodríguez, Juan Pablo. 2024. "Sistemas expertos y toma de decisiones judiciales: evaluación crítica del caso PRISMA." *Revista Colombiana de Derecho Penal* 38(1): 113–142.

Salazar, Viviana. 2023. "Interseccionalidad en contextos rurales: mujeres negras en el Pacífico." *Estudios Afrolatinoamericanos* 3(2): 45–71.

Sanabria, Laura. 2023. "La revictimización institucional: testimonios de mujeres víctimas de violencia sexual." *Revista Justicia para la Paz* 7(1): 87–109.

Sánchez de los Monteros Arriaga, Ana C. 2020. "La violencia de género en México: ¿En qué vamos?" *Revista Digital Universitaria.*

Sánchez, Carolina. 2024. "Mujeres víctimas en procesos de justicia transicional: análisis desde el enfoque diferencial." *Revista Justicia Global* 10(1): 55–77.

Sanjuán Núñez, Lucía. 2019. *El análisis de datos en la investigación cualitativa.* Barcelona: Universitat Oberta de Catalunya.

Secretaría de Gobernación (SEGOB). 2018. México, D.F.

Semana. 2023. "Fiscalía: cifras de feminicidio y violencia intrafamiliar." Edición del 21 de julio.

Sevy Fua, Víctor. 2013. *Fundamentos filosóficos del Humanismo de Viktor Frankl.* México, D.F.: Universidad Iberoamericana.

Suárez, Daniela. 2024. "Justicia restaurativa en casos de violencia contra la mujer: límites y posibilidades." *Revista Derecho y Convivencia* 6(1): 121–145.

Sutherland, Edwin H. 1949. *White Collar Crime.* New York: Dryden Press.

Tascón, Julieta. 2023. "Feminismos digitales: luchas y resistencias en la red." *Ciberfeminismo Latinoamericano* 2(1): 29–53.

UNESCO. 2023. *Género y acceso a la tecnología en América Latina.*

UNICEF. 2024. *Niñas en riesgo: violencia y desprotección institucional en Colombia.*

Unión Africana. 2003. "Protocolo de Maputo sobre los Derechos de las Mujeres en África." 11 de julio de 2003.

Universidad de los Andes, Universidad Nacional de Colombia, and Centro de Estudios de Derecho, Justicia y Sociedad (Dejusticia). s.f. [Título no especificado]. Bogotá: Dejusticia. Nota: Información incompleta, requiere verificación.

Urbano, Ana, y Rocío Vargas. 2020. "Implementación de políticas públicas en Perú: Un análisis crítico de la Ley N° 30364." *Revista de Estudios Jurídicos Latinoamericanos* 45, no. 2: 89–108.

Useche, María C., Wilmer Artigas, y Belén Queipo. 2019. *Técnicas e instrumentos de recolección de datos cuali-cuantitativos.* Riohacha: Universidad de La Guajira.

Valencia, Lina. 2023. "Plataformas tecnológicas y acoso digital: vacíos jurídicos en la legislación colombiana." *Revista de Derecho Informático* 5(1): 101–125.

Vásquez Rocca, Adolfo. 2008. "Zygmunt Bauman: Modernidad líquida y fragilidad humana." *Nómadas. Revista Crítica de Ciencias Sociales y Jurídicas* 19.

Velásquez, Pedro. 2023. "Eficacia de las medidas de protección en violencia de género: revisión empírica." *Revista Judicial Colombiana* 19(2): 133–158.

VioGén. Ministerio del Interior de España. 2023. *Sistema de seguimiento integral en los casos de violencia de género.* Madrid.

WOLA. 2023. *Mujeres afrodescendientes y violencia estructural en América Latina.*

World Bank. 2023. *Digital Technologies and Gender Equality.* Washington, D.C.: The World Bank Group.

Young, Iris M. 1990. *Justice and the Politics of Difference.* Princeton: Princeton University Press.

Zagrebelsky, Gustavo. 2008. *Principios y votos: El Tribunal Constitucional y la política.* Madrid: Editorial Trotta.

Zuboff, Shoshana. 2019. *The Age of Surveillance Capitalism.* New York: PublicAffairs.

# GLOSARIO

**Acción afirmativa.** Medidas temporales y específicas adoptadas por el Estado y las instituciones para corregir desigualdades estructurales y promover la igualdad real de oportunidades. Su objetivo es superar la brecha histórica que ha mantenido a las mujeres y a otros grupos marginados en posiciones subalternas. Estas acciones –como cuotas de participación, programas de formación y estímulos económicos– se justifican por la necesidad de equilibrar la balanza de la igualdad material y están integradas en el marco normativo colombiano con fundamento en la perspectiva de género y en la obligación estatal de erradicar todas las formas de discriminación.

**Big Data.** Análisis de grandes volúmenes de datos, estructurados y no estructurados, mediante herramientas algorítmicas capaces de revelar patrones y tendencias. En el ámbito de la violencia de género, la analítica de datos permite identificar factores de riesgo, diseñar sistemas de alerta temprana y asignar recursos de forma más eficiente. Su uso debe combinarse con controles éticos y garantías de protección de datos para evitar sesgos y nuevas formas de discriminación, tal como se advierte en el capítulo dedicado a las tecnologías de la información y la inteligencia artificial.

**Ciberdelincuencia.** Conjunto de conductas delictivas que se cometen a través de medios electrónicos o redes digitales, como el acoso en línea, la divulgación no consentida de imágenes íntimas, el doxing y la sextorsión. Estas conductas agravan la violencia basada en género porque amplifican el alcance y la permanencia del daño. El libro analiza la digitalización de la violencia en el capítulo 5.4.3, donde se advierte que la irrupción de las tecnologías exige respuestas penales y preventivas adaptadas al siglo XXI.

**Debida diligencia.** Obligación reforzada del Estado de prevenir, investigar, sancionar y reparar adecuadamente las violaciones de los derechos humanos. En materia de violencia de género, la Convención de

Belém do Pará (1994) exige a los Estados adoptar políticas integrales y remover las barreras que perpetúan la impunidad. La jurisprudencia constitucional colombiana ha reiterado que la falta de acción estatal frente a la violencia contra las mujeres constituye una violación de esta obligación.

**Debido proceso.** Principio constitucional que garantiza a todas las personas un juicio justo, con respeto a la presunción de inocencia, la legalidad de las pruebas, el derecho de defensa y la motivación de las decisiones. Es un pilar del garantismo penal y se extiende a las actuaciones administrativas y disciplinarias. Su observancia es transversal en la obra, como exigencia indispensable para que la respuesta penal sea legítima y respetuosa de la dignidad humana.

**Derechos humanos.** Conjunto de prerrogativas inherentes a la dignidad de toda persona por el solo hecho de ser humana. Son universales, interdependientes e indivisibles, y obligan al Estado a respetar, proteger y garantizar la vida, la integridad, la libertad y la igualdad de las personas. El capítulo 2.1 expone cómo los marcos internacionales, como la CEDAW y la Convención de Belém do Pará, obligan a adoptar medidas eficaces para prevenir y sancionar la violencia de género.

**Doxing.** Práctica de revelar o difundir información personal o sensible de una persona sin su consentimiento, con el propósito de intimidar, amenazar o coaccionar. Se ha convertido en una forma de violencia digital que afecta desproporcionadamente a las mujeres activistas y defensoras de derechos. La obra analiza este fenómeno en el contexto de la ciberdelincuencia y advierte sobre la necesidad de sanciones penales específicas y mecanismos de protección.

**Eficacia instrumental del derecho.** Capacidad de las normas jurídicas para producir los efectos deseados en la realidad social. Una norma es eficaz cuando previene y erradica la violencia de género y mejora la protección de las víctimas. El libro señala que la mera existencia de leyes no garantiza la transformación social si no se acompaña de políticas públicas, recursos y voluntad institucional.

**Eficacia jurídica.** Concepto que evalúa la distancia entre la letra de la ley y su aplicación práctica. Implica medir si las disposiciones legales se traducen en resultados concretos y verificables. En el ámbito de la violencia de género, la eficacia jurídica depende de la adecuación normativa, la coordinación interinstitucional y la disponibilidad de recursos para aplicar las leyes.

**Eficacia simbólica del derecho.** Fenómeno por el cual las leyes cumplen una función declarativa o legitimadora sin generar cambios reales en las conductas sociales. La obra sostiene que, en materia de violencia de género, la eficacia simbólica –la ley como declaración de principios– prevalece sobre la eficacia material debido a la ausencia de políticas coherentes y a la falta de seguimiento y evaluación.

**Enfoque de género.** Perspectiva analítica que reconoce las desigualdades históricas entre hombres y mujeres y busca incorporar mecanismos de acción afirmativa, protección especial y reparación transformadora en el diseño y aplicación de normas. Exige revisar estereotipos y roles tradicionales, y articular políticas públicas que garanticen la igualdad sustantiva, como se discute en los capítulos 2.2 y 2.5.

**Enfoque diferencial.** Metodología que adapta las políticas y normas a las particularidades de grupos con vulnerabilidades específicas (mujeres indígenas, afrodescendientes, rurales, personas con discapacidad, entre otros). Reconoce que la discriminación opera de manera distinta según factores como etnia, edad, territorio y condición socioeconómica, y exige medidas de protección y acceso a la justicia que respondan a esas diferencias. Este enfoque atraviesa el capítulo 3.6 y la jurisprudencia constitucional citada.

**Enfoque interseccional.** Herramienta analítica que estudia cómo múltiples ejes de discriminación –género, raza, clase, etnia, orientación sexual, discapacidad– interactúan y generan vulnerabilidades acumulativas. Se emplea para comprender por qué ciertos grupos de mujeres, como las afrocolombianas y las indígenas, están expuestas a formas agravadas de violencia. El libro desarrolla este enfoque en los capítulos 3.2 y 9.4, retomando la teoría de Crenshaw.

**Estado social de derecho.** Modelo constitucional que combina el respeto a los derechos fundamentales con la intervención del Estado para garantizar la igualdad material y la justicia social. Exige políticas activas para superar la pobreza, la exclusión y las desigualdades, y reconoce la dignidad humana como fin supremo. El capítulo 5.2 explica que la violencia de género constituye un desafío estructural para el Estado social de derecho porque revela la insuficiencia de los mecanismos de protección vigentes.

**Feminicidio (o Femicidio).** Homicidio de una mujer motivado por su condición o identidad de género. Este delito refleja la expresión más extrema de la violencia patriarcal y en Colombia está tipificado como delito autónomo por la Ley 1761 de 2015 ("Ley Rosa Elvira Cely"). Los agravantes incluyen relaciones de poder desiguales, violencia previa, odio o discriminación, y el parentesco entre víctima y agresor.

**Garantismo penal.** Corriente doctrinal que subordina el poder punitivo del Estado a la protección de los derechos fundamentales. Reclama que la política criminal se fundamente en la legalidad, la proporcionalidad y el respeto al debido proceso, y critica la expansión desmedida del derecho penal. El capítulo 2.3 muestra cómo el garantismo penal, inspirado en Baratta y Ferrajoli, debe orientar la lucha contra la violencia de género sin sacrificar derechos básicos.

**Género.** Construcción sociocultural de roles, identidades y expectativas asociadas a los sexos. Diferencia las nociones de masculinidad y feminidad no como datos biológicos sino como productos históricos que crean jerarquías y desigualdades. La conceptualización desarrollada en el capítulo 2.2 sigue a autoras como Connell y Butler y subraya que el género es relacional y dinámico.

**Gobernanza multinivel.** Estrategia de coordinación que integra distintos niveles de gobierno (local, regional, nacional e internacional) y actores de la sociedad civil para diseñar e implementar políticas públicas. En materia de violencia de género, la doctrina comparada resalta que una gobernanza multinivel robusta es necesaria para garantizar la coherencia entre las normas y su ejecución.

**Inteligencia Artificial (IA).** Rama de la informática que desarrolla sistemas capaces de realizar tareas que normalmente requieren inteligencia humana, como aprender, razonar y resolver problemas. En el ámbito jurídico se emplea para análisis predictivo, gestión de expedientes y sistemas de alerta. El libro advierte que estos desarrollos deben someterse a controles éticos y garantías de derechos para evitar sesgos y discriminación, especialmente en la administración de justicia.

**Interseccionalidad.** Concepto propuesto por Kimberlé Crenshaw que explica cómo la combinación de distintos factores de identidad (género, raza, clase, orientación sexual, etnia) genera experiencias únicas de discriminación. La obra lo aplica para analizar la situación de las mujeres afrocolombianas y afroperuanas, mostrando cómo el racismo estructural y la pobreza se entrelazan con la violencia de género.

**Machismo.** Ideología cultural que promueve la dominación masculina y la subordinación femenina. Se manifiesta en actitudes, normas y prácticas que naturalizan la superioridad de los hombres y la desigualdad de género. El capítulo 3.2 examina cómo el machismo, junto con el racismo y la pobreza, limita el acceso de las mujeres a la justicia y reproduce patrones de violencia.

**Marianismo.** Estereotipo cultural complementario del machismo, descrito por Evelyn P. Stevens, que idealiza a la mujer como abnegada, sumisa y sacrificada. Este ideal refuerza la expectativa de que las mujeres soporten la violencia y mantengan la unidad familiar a cualquier costo. El capítulo 3.7 lo contextualiza dentro de la historia colonial latinoamericana.

**Monocultivo institucional.** Concepto de Mauricio García Villegas que denuncia la tendencia a replicar modelos institucionales sin adaptarlos a los contextos locales. En materia de violencia de género, se refiere a la promulgación de leyes sin acompañamiento de recursos, capacitación y cambios culturales, lo que convierte al derecho en un ritual de legitimación más que en un instrumento de transformación.

**Patriarcado.** Sistema social y cultural de dominación masculina que estructura las relaciones de poder en la familia, el trabajo, la política y la cultura. El patriarcado legitima la subordinación de las mujeres y otras identidades feminizadas, y se reproduce a través de normas, costumbres y narrativas históricas. Los capítulos 3.1 y 3.7 analizan cómo la violencia de género es una manifestación del orden patriarcal.

**Perspectiva de género.** Metodología que integra la diferencia sexual y los roles de género en el análisis jurídico, político y social. Busca identificar y desmantelar las estructuras de discriminación, garantizar la igualdad sustantiva y promover la participación activa de las mujeres en la toma de decisiones. El capítulo 3.5 propone que la justicia con perspectiva de género es obligatoria para operadores jurídicos y legisladores.

**Protocolo de Palermo.** Denominación abreviada del Protocolo para Prevenir, Reprimir y Sancionar la Trata de Personas, especialmente Mujeres y Niños (2000), adicional a la Convención de las Naciones Unidas contra la Delincuencia Organizada Transnacional. Obliga a los Estados a adoptar medidas legislativas y cooperar internacionalmente para combatir la trata y proteger a las víctimas. La obra lo menciona en el capítulo 5.4 en relación con la trata de mujeres y la violencia transnacional.

**Reparación integral.** Conjunto de medidas encaminadas a restablecer los derechos de las víctimas de violencia de género de manera completa, incluyendo la indemnización económica, la restitución de derechos, las garantías de no repetición y la reparación simbólica. La Ley 1257 de 2008 impone al Estado la obligación de ofrecer rutas de atención, acompañamiento psicosocial y programas de reintegración. La obra subraya que la reparación integral debe abordarse con enfoque interseccional y participación activa de las víctimas.

**Revictimización.** Daño adicional que sufren las víctimas cuando el sistema judicial o los servicios de atención reproducen los estereotipos, discriminaciones o tratos vejatorios que dieron origen a la violencia. Se produce, por ejemplo, cuando las mujeres son culpabilizadas, cuestionadas o sometidas a trámites engorrosos. El capítulo 5.3 denuncia que la revictimización evidencia la brecha entre el discurso legal y la práctica institucional.

**Sextorsión.** Forma de extorsión en la que la persona agresora amenaza con difundir material sexual no consentido a cambio de favores sexuales, dinero u otras ventajas. Constituye una manifestación de la violencia digital de género que combina la invasión de la intimidad con la coacción y el chantaje. El libro la ubica junto al doxing como uno de los delitos emergentes que requieren respuesta penal y programas de prevención.

**Subregistro.** Deficiencia en los sistemas de información que impide conocer la magnitud real de la violencia de género porque muchos casos no se denuncian o no se consignan adecuadamente. El fenómeno del subregistro, documentado en el capítulo 9.1, dificulta la formulación de políticas públicas eficaces y contribuye a la impunidad.

**Triangulación metodológica.** Estrategia de investigación que consiste en utilizar múltiples fuentes de información, técnicas y perspectivas teóricas para validar los resultados y aumentar la fiabilidad del análisis. El capítulo 4.7 explica que la triangulación permite contrastar datos cuantitativos y cualitativos y superar los sesgos inherentes a cada método.

**Violencia basada en género (VBG).** Conjunto de actos de violencia física, sexual, psicológica, económica o simbólica dirigidos contra una persona o grupo por razón de su género o identidad de género. Se origina en desigualdades estructurales y normas discriminatorias y afecta principalmente a mujeres y niñas, aunque también puede impactar a hombres y a personas de diversas orientaciones sexuales. El capítulo 3.1 define la VBG como una violación de derechos humanos que exige una respuesta interseccional y territorial.

**Violencia de género.** Toda acción u omisión que cause daño o sufrimiento físico, sexual, psicológico, económico o patrimonial por razón de sexo o género, con el fin de mantener relaciones de dominación. Incluye la violencia doméstica, laboral, institucional y digital. Los capítulos 1.1, 2.2 y 3.1 presentan una conceptualización integral de la violencia de género, reconociendo su naturaleza multidimensional y estructural.

**Violencia intrafamiliar.** Violencia ejercida en el ámbito familiar que puede ser física, psicológica o sexual. En Colombia está regulada por la Ley 1257 de 2008 y se castiga con agravantes cuando se dirige contra mujeres, niñas, niños o personas mayores. Se destaca en el capítulo 1.1 como parte de las manifestaciones de la violencia de género.

**VioGén.** Sistema integral de seguimiento y valoración del riesgo de violencia de género implementado en España, que utiliza tecnologías de la información e inteligencia artificial para gestionar denuncias, asignar niveles de riesgo y coordinar medidas de protección. La obra analiza su posible adaptación al contexto colombiano en el capítulo 7.4 y advierte sobre la necesidad de salvaguardar los derechos fundamentales y evitar sesgos algorítmicos.

www.ingramcontent.com/pod-product-compliance
Lightning Source LLC
LaVergne TN
LVHW050843051026
849532LV00006BA/2090